U0014742

13 Foods that Shape Our World

The Food Programme

形塑世界的
13種食物

格蘭菲迪食物暨酒品大獎、英國食物作家協會年度最佳食物作家

亞歷克斯‧倫頓 Alex Renton — 著

林佩蓉、方淑惠—譯

飢餓如何改變人類的過去、現在與未來
How Our Hunger has Changed the Past, Present and Future

目錄

序

—— 英國美食記者　希拉・迪倫（Sheila Dillon）

　　《食物面面觀》（*The Food Programme*）於1979年9月開播，原為廣播四台（Radio 4）的單季系列節目，由6集節目構成。記者德瑞克・庫珀（Derek Cooper）是該節目首位主持人，他多年來力促英國廣播公司（BBC）委製認真探討食物相關議題的系列節目，最後獲廣播四台首肯。庫珀後來透露，在節目開播後，他偕同節目製作人拜訪該台負責人。他們向負責人徵詢，是否可在他委製的6集節目播畢後，繼續製播該節目。負責人大吃一驚道：「但是到那時，可以探討的食物議題不是應該都說完了？」經庫珀說服，負責人才相信可能還有更多議題可以探討，勉強同意他們繼續製播該節目。而43年後，這個節目依然在播送。

　　從本書13個章節的內容可以瞭解到，可供講述、品嘗、探索的食物是永無窮盡的。食物的世界日新月異，而做為一面可窺知大千世界的透鏡，食物扮演著無與倫比的角色。該節目的歷史，是一段見證驚人變化的歷史。

　　我第一次收看《食物面面觀》節目是在1980年代中期從紐約歸來的時候。當時我已在紐約待了6年，最後兩年是擔任激進派雜誌《食物監測》（*Food Monitor*）的記者。我對《食物面面觀》一無所知，只是隨意聽著廣播四台的節目（很高興回到了有精彩談話性廣播節目的國度），但是一副渾厚低沉的男性嗓音吸引了我的注意力。這副嗓音正從法國某地報導一場以頌讚法國葡萄酒與英國起司

為主題的慶典。

　　主題是這樣設定沒錯，但原定的英國起司卻沒送來，所以實際提供給群聚在會場的法國釀酒師和其他當地民眾品嘗的，是兩大塊不知名的切達起司，一塊是白的，一塊是黃的——「染黃的」，這副嗓音說道。太令人遺憾了，他繼續報導，因為與葡萄酒相比，這些起司幾乎索然無味。沒人知道這些起司是哪裡來的；它們很明顯是工廠量產的起司，根本無法代表英國具地方特色的美味農莊起司。主持慶典的英國領事大為惱火，以低沉圓潤的聲調堅稱這些起司「味道好極了」，甚至比他在本國吃到的都要好。庫珀很有禮貌地諷刺了女王陛下的代表，並且使眾人重新認識到，工業化食品與優質食品，以及視美食為重要國家象徵的國家與不做此想的國家之間，究竟存在著何種差異。這也彰顯出這個節目的特色，那就是它除了可以拋出難以回答的問題，也具備新聞報導的性質，甚至還富有娛樂性。

　　就在那天，我立志接下來一定要到《食物面面觀》節目工作。我買了一份《廣播時報》（*Radio Times*）查詢製作人的姓名，然後寫信給他。經過了幾年的時間和不懈的努力，我終於獲聘成為該節目的記者。

ㄅ

　　現今在倫敦 BBC 廣播大樓外，立有一尊喬治・歐威爾（George Orwell）雕像。歐威爾是《動物農莊》（*Animal Farm*）與《一九八四》（*1984*）兩部小說的作者，也曾擔任過 BBC 的製作人。這尊雕像一手持菸，另一手叉腰的姿態就像他正站在臨時演說台上準備發表主張，以便將世界導向正途。雕像旁的牆面上，刻著歐威爾作品的一句名言：「自由的意義，就在於我們有權利告訴別人他們不想

聽的話。**1**」

　　1979年時，沒多少人在乎食物的重要性。即使時至今日，食物議題依然不受政府、行政機關及各大政策制定機構重視。而據我親身經驗，要讓BBC的新聞時事部門領會到食物的生產消費狀態，實際上與各政府單位日常公布的報告資料同等重要，是極其困難的事。上述情形反映出，我們的社會長期以來認為食物屬於家務及女性事務的範疇，因此微不足道，無關緊要。這個觀念至少在工業革命之初即已深植在社會之中。在英國，食物的最高價值只在於收銀台打出的廉價金額。諸如食物可以怡情養性，並且是健康之本、人類與大自然間的重要連結等觀念，從未受到人們重視。

　　在第二次世界大戰後的數年間，我們可以理直氣壯地主張，食品業和政府有許多充分的理由推動更加積極的廉價食物政策。在經歷嚴格的食物配給制度後（某些糧食的配給一直持續至1954年），將食物體系工業化並降低糧食成本似乎是合理之舉。英國正在重建，民眾已厭倦限糧措施，渴望有所變革。

　　奇怪的是，長期以來沒有任何人質疑過此種工業運作模式，直到柴契爾／雷根主政的年代才有所改變。在「公共就是壞的，私人就是好的」哲學觀點盛行下，當局解除了對企業併購及公共領域一般營利事務的管制。企業變得更加壯大。在食品業界，保障酪農乳價的奶製品行銷委員會（Milk Marketing Board）遭到解散。以低價採購為既定策略的超市逐漸接管了零售市場。我們的食品供應走向了全球化。

---

1 譯注：譯文取自鄭光明所著《言語行為、言論自由與傷害：立基於言語行為的言論自由理論》，國立臺灣大學出版中心。

　　此番變革的後果之一，就是批發市場的銷售一落千丈。經營規模大的農家若因為不願負擔超市所附加的成本（必須支付上架費、吸收買一送一優惠方案的成本等）而不願對其供貨，立刻就會發現自己可供貨對象已所剩無幾。如同我們在《食物面面觀》節目中多次揭露的，在超市採購方權力至高無上，農家無契約保障的世界裡，農家恐淪落破產邊緣。在康沃爾郡，我們看到一畝畝為了供應超市而種植的花椰菜已可採收，卻由於色澤是乳黃色而非白色遭到拒收。這些花椰菜最後會被犁入土壤當肥料，因為即便是英國最大的果菜批發市場柯芬園（Covent Garden），也無法再接手銷售如此大量的蔬菜。

　　與此同時，在大型超市周圍林立的郊區購物中心搶走了商業街的生意：這些購物中心罕見地將肉鋪、麵包店、蔬果店或魚鋪等店家結合在一起，無論就價格或便利性而言都深具競爭力。

　　《食物面面觀》即是在此時空背景下製播，期盼藉以認真探討食物議題，並跳脫從未經過深思熟慮的工業運作模式來審視食物體系。何者可以從中受益？我們的食物品質出現什麼問題？大型工廠生產的食品，是否和酪農場或商店街麵包店的一樣好吃？食材是從何處取得？在製程中使用了何種添加物來削減生產成本？大型工廠所生產的食物對我們的健康又有何影響？

　　這些都是極其重要的問題，但《食物面面觀》並不是紀實性的系列節目——它之所以關注這些問題，乃是該節目催生者求真務實的性格使然。雖然庫珀非常認真探討食物議題，但對他來說，能談論食物也是生活最大的樂事之一。正是這份不滅的熱情成就了節目的名聲。儘管節目中探討了種種嚴肅議題，43 年來卻也為人們帶來滿滿的歡樂，並透過食物生動地呈現了世界各地的人民與文化樣貌。我們曾在聖露西亞節（Santa Lucia feast）期間從瑞典

報導實況，也曾在衣索比亞的大裂谷（Rift Valley）報導當地的農作狀況。當時的衣索比亞經歷了一場大飢荒，之後農民依開發專家建議停止種植雜種玉蜀黍，恢復輪作模式，不但得以飽食無虞，還能將剩餘的豆子、咖啡、蔬菜出口至他國。丹·薩拉蒂諾（Dan Saladino）在坦尚尼亞與一群哈扎人（Hadza）一起狩獵並大啖野味。庫珀和我在蘇聯垮台後的俄羅斯及烏克蘭，與麵包師傅、市場攤販以及靠退休金過活的民眾（在那個奇特年代的法外之地，他們的退休金突然變得一文不值）一起聊天吃飯。我們在墨西哥城探究玉蜀黍歷史時，吃到了最美味的墨西哥夾餅，也在蘇格蘭的謝德蘭郡（Shetland）吃到在露天棚屋內曬乾的茹斯蒂羊肉（Reestit mutton）。薩拉蒂諾曾赴委內瑞拉報導在該國政府瀕臨垮台時陷入危機的糧食體系。製作人瑪格麗特·科林斯（Margaret Collins）和我，曾和一群彬彬有禮、充滿自信的青少年，一同在芝加哥這座城市裡最燦爛耀眼的餐廳用餐。這些青少年來自芝加哥各家最難入讀的學校。主廚每週都會邀請這些學子來此，好讓他們能夠品嘗到可樂和漢堡以外的美食。我們曾在希臘與年輕的難民一起吃飯，並且和薩拉蒂諾的父親一起享用最美味的披薩。在2019年，除了薩拉蒂諾和我之外，又加入兩位主持人：釀酒師傑佳·懷斯（Jaega Wise），以及周遊世界、同時也是園藝家的萊拉·卡辛（Leyla Kazim）。他們已以飲食為媒介，講述了各種嶄新的觀點和故事。

我們不定期推出的《飲食人生》（*A Life through Food*）系列節目，更邀請到保羅·麥卡尼（Paul McCartney）、瑪杜爾·賈弗里（Madhur Jaffrey）、英國平價三明治咖啡館 Pret a Manger 創辦人朱利安·梅特卡夫（Julian Metcalfe）、普魯·利思（Prue Leith）、傑米·奧利佛（Jamie Oliver）、娜迪婭·海珊（Nadiya Hussain）、奈潔拉·勞森（Nigella Lawson）、瑞克·史坦（Rick Stein）及其

他許多名人擔任佳賓。這是個充滿歡樂，並兼具新聞紀實性的節目。

1988年初，該節目的新聞紀實性有了大幅提升。當時我們與身兼廣播四台《今日農業》（*Farming Today*）節目製作人的記者迪倫・溫特（Dylan Winter）一起報導了狂牛症的爆發。儘管政府長期以來並未承認，但大眾很快就明白，狂牛症是一味追求廉價食品的政策所釀成的大禍。而這場禍事將耗費納稅人數十億英鎊的稅金——最後的總額尚未估算出來。關於農場牲畜爆發狂牛症的始末及其造成的廣大影響，本書第十二章將會有進一步的討論。

狂牛症危機使大眾對政府和專家的信任有所動搖。重要的是，此事件亦證明追求廉價食品有其代價，而在此例中，所付出的是天文數字的高昂代價。在此之前，只有一些政策專家（policy wonk）以及更寥寥無幾的記者質疑過英國供應的廉價食品。如今廉價食品問題已引發了更廣泛的討論，並促使業界改變食品製造方式。我們也因此開始認真看待起司師傅、麵包師傅、熟食店、年輕一代的肉販、農家、有機蔬菜箱計畫、農貿市場、列明供應商資料的餐廳……這些都是現今在食物體系中被我們視為理所當然的要素。

英國雖然尚未成為美食天堂，但已開始並持續做出改變，以期改善食物品質，這是因為相較於1979年鮮有質疑聲浪的情形，現今大眾在飲食上已培養出質疑精神。你不一定非得成為《食物面面觀》的記者才能推動這項改變。假如你運氣好，有足夠收入，現在就可以截然不同的方式看待及利用食物體系。然而就現下而言，這個「假如」是較為高遠的想望，因為當今的社會比1979年更不平等，社會安全網也較不牢靠。

在2022年，英國民眾所吃的食物當中，大約55%屬於超加工（ultra-processed）食品：主要用全脂、澱粉、糖等工業製品製成，而且通常添加了人工色素、香料和穩定劑。人類為此種飲食所付出

的代價，包括罹患第二型糖尿病、心臟病、肥胖症、中風，以及多種癌症。而環境為此所付出的代價，則包括雨林遭到砍伐以闢地種植做為牛隻飼料的大豆；土壤因為連年不間斷密集栽植單一作物而變得貧瘠；牲畜悲慘地集中飼養在工廠化的農場裡；甲烷和碳大量排放，造成全球氣溫升高。由於生活費持續攀升，能買到便宜的食物仍舊是全民所望，由此所帶來的後果已開始令我們難以招架。

報紙、廣播、電視等媒體至今仍在倡導廉價食品的「必要性」。我最近收聽了一位新聞記者對詹姆士‧瑞班克斯（James Rebanks）的訪談。瑞班克斯是農夫，也是暢銷書《明日家園》（*English Pastoral*）的作者。這位記者對瑞班克斯語帶批判，因為他說道，瑞班克斯似乎認為食物的價格應該更加高昂，而事實上，人人都知道「我們需要便宜的食物來養活窮人」。瑞班克斯則回道：「讓食物變得更便宜，並無法解決貧窮的問題。重新分配收入才能消除貧困。你剛剛說的只不過是宣傳的話術罷了。」這位記者於是迅速改變了話題。

然而，正如倫頓在探索13種食物的過程中所揭示的，糾結於錯誤並無法讓我們獲得持續質疑求變的動力，但我們可以從創變者（change maker）身上獲得這股動力。這也是《食物面面觀》與廣播四台在2000年懇請查爾斯王子及知名演員史蒂芬‧弗萊（Stephen Fry）應允協助我們設立「BBC食品暨農業大獎」（BBC Food and Farming Awards）的緣故。此獎甫跨越20週年，受獎者身在英國各地，包括在醫療院所和學校等機構工作的廚師、食品飲料製造商、街頭小吃攤、零售商、企業家、食品店、農夫等，他們正透過優良的食品改變周遭人們的生活與經濟狀態。

BBC透過此獎，充分體現了創辦人約翰‧瑞斯（John Reith）所設立的公共廣電服務目標：發揮教育、告知與娛樂功能。我們赴

全國各地進行實地評審訪查以及頒獎典體本身的錄音紀錄，成了精彩的廣播以及 podcast 節目內容。我美籍的先生雖然外表看來嚴肅，在收聽時卻總是淚流滿面。而即使我在路上、在節目製作帶上已聽過全部內容，我在聽到這些聲音實際播送出來時，還是會大受感動。誠如 BBC 總裁蒂姆‧戴維（Tim Davie）在 2021 年頒獎典禮後台對製作團隊所說的，「這」就是 BBC 的活力所在。

多年來，總有人批評《食物面面觀》偏好報導優良食品及其製造商。該節目總是得小心翼翼地拿捏分寸：我們讓業界有發聲機會，是因為此事合情合理，而且以營利為目的本無不妥之處。不過在我們現今所生活的世界裡，有 4 家公司掌控了 9 成的全球糧食貿易市場，4 家公司掌控了逼近 9 成的肉品業市場，而種子與農藥的產銷市場更是僅由 3 家公司主導。而在英國，4 家超市壟斷了食品零售市場。這一切意謂著，獨占超市貨架的全球性企業有龐大的公關和廣告預算，能夠以對自身有利的說法為旗下的食品宣傳，來守住基本利潤。2017 年，肥胖健康聯盟（Obesity Health Alliance）便曾指出，英國垃圾食品公司的廣告費用，至少是政府推廣健康飲食預算的 27 倍。我們在報導石油和天然氣產業的情況時，也同樣不能忽略此等事實，因為我們現已得知，油氣產業長期以來扭曲了關於氣候變遷的真相，繼而影響了我們對氣候危機的回應態度。

BBC 的製播指南規範我們應呈現深具意義的報導，並向權力問責。和 BBC 製作的每個紀實節目一樣，《食物面面觀》也致力以持平、正確的報導內容求得真相。而有時這表示必須恰如歐威爾所說，告訴別人他們不想聽的話。

本書即是秉持相同報導理念撰寫而成，希望讀者能從中獲得樂趣和新的洞見。

1
求主時常賜給我

麵包

「安德魯‧惠特利（Andrew Whitley）深信，透過重塑日常食糧的面貌，可以建立適合地球，也適合人類的食物體系。」

——薩拉蒂諾採訪長期推動「真麵包」（real bread）運動的安德魯‧惠特利，《食物面面觀》，2021 年

麵包是文明的產物：是必須具備科學知識、農藝、技藝，以及最重要的，合作精神，方能製成的人工製品。製作麵包的要素相當簡單：麵粉、酵母、鹽巴、水、熱能。每項都是人類生活中的要角，而除了水以外，俱是仰賴積累的知識產製或取得。此外尚有另一項關鍵要素：經過精心分配的時間。酵母需要時間成長，生麵團需要時間發酵，麵包需要時間烘焙與冷卻。

麵包可能是人類最早製作的食品之一。和其他動物一樣，人類在久遠之前便以草的種子為食；根據考古發現，人類開始用石頭磨碎種子的時期，早於似乎已開始馴養動物為食的時期。此種粗糙的碎粉是做為煮粥之用。在拌和好的粉末中，細菌會大量生長，釋放出二氧化碳，為種子泥增添風味和體積。

目前已知最古老的麵包，出現在大約一萬四千四百年前的偏遠地區，也就是現今約旦東部靠近伊拉克邊境的沙漠地帶。2017年，研究人員在舒巴伊卡一號遺址（Shubayqa 1）的壁爐內，發現了燒焦的食物殘骸。這些殘骸經電子顯微鏡分析，證明是穀物的殘跡，並如作家羅伯特‧潘（Robert Penn）在他所著的《慢速發酵》（Slow Rise）一書中所描述，「經過脫粒、篩選、研磨，可能還包括過篩處理，再加水混合成團狀，然後烘烤……這便是麵包的誕生過程。」

從此之後展開了人類以麵包為象徵及主食的歷史。在聖經中，麵包是「生命支柱」，而神從天降下「天糧」（bread of heaven），

即神賜的瑪納（manna），以餵養流浪的古以色列人。麵包與權力可說息息相關：如同本書其他食物的沿革中所見，掌握處理食糧的方法，使其能夠貯存、運輸和交易，乃是各大文明發展的基礎。

麵包可以防止窮人起而對抗富人。在古羅馬，統治階級會發放免費的穀物給平民（plebs）：如古羅馬諷刺詩人尤維納利斯（Juvenal）所說，「麵包和馬戲」是安定羅馬城的秘訣。自此之後，提供購買麵包及其重要原料「麵粉」的補助金，成了許多社會的必要措施，而統治階級若未能妥善為之，將面臨可怕的後果。「那就叫他們吃蛋糕吧！」據說18世紀的法國皇后瑪麗‧安東尼（Marie Antoinette）在聽到窮人吃不起麵包時遂如此回答。於是法國民眾便將她送上了斷頭台。（她所用的法文字是brioche〔布里歐麵包〕——因為含有蛋和糖——其比樸素的法式長棍麵包還要昂貴，可謂是一個殘酷的笑話，如果她確實這麼說過的話。）

在18、19世紀，倫敦民眾曾因為麵包價格而發起幾次暴動。而在暴動之後，當局進行了政治改革。麵包一如既往地具有象徵和政治意義：當全球小麥價格在2008年後飆升，一些國家的麵包價格上漲了3成或更高的幅度。在北非與中東地區爆發的阿拉伯之春（Arab Spring）民眾抗議行動中，麵包成了訴求之一。示威者在2011年走上開羅街頭之時所高喊的口號之一，是要求「麵包、自由、社會正義」，而抗議的浪潮最後在政府垮台中平息。

人們覓求穀物來製作麵包的過程摧毀了森林，改造了大地景觀，無論是美洲或俄羅斯的大草原皆可見此影響。此過程誠然造成重大損害，但一些卓然體現人類巧思，並帶來莫大幸福感的麵包類食品也應運而生，包括佛卡夏麵包（Focaccia）、猶太辮子麵包（challah）、法式長棍麵包、口袋麵包（pita）、椒鹽蝴蝶餅（pretzel）、酸種麵包（sourdough）1、南美玉米餅（arepa）、拉瓦

什薄餅（lavash）、貝果、義大利拖鞋麵包（ciabatta）、衣索比亞扁平麵包（injera）、土耳其芝麻圈麵包（simit）、德國黑麥麵包（pumpernickel）、布里歐麵包、英國洞洞餅（crumpet）等。（印度全麥烤餅〔chapati〕、墨西哥玉米薄餅〔tortilla〕、司康〔scone〕及其他未加入酵母的麵包沒有列在其中，因為麵包的一般定義是製作過程必須加入酵母。）

> 20世紀是自文明之始以來，第一個大多數人未忙於種植、收割穀物，然後將之脫粒、研磨、烘焙成麵包的年代。
> —— 羅伯特・潘，《慢速發酵》（2021 年）

麵包象徵著共聚一堂。拉丁文和古法文中的伴侶、夥伴等詞語，是指和我們一起食用麵包之人。古希臘人稱埃及人為「吃麵包的人」，而在今日的埃及，麵包的現代用詞是aish，其同時也有「生命」之意。我們似乎可以合理假定，自從人類開始烘焙麵包以來，麵包即已成為慰藉、財富、夥伴關係及共同體的象徵與標記。

但是在20世紀，麵包的樣貌大幅改變，因為時間（製作麵包的第六大關鍵要素）變得更加昂貴。我們開始認為製作麵包是一種浪費時間的苦差事。我們發明越來越多的工序來省略天然的製作步驟及提高麵包的利潤。這表示麵包可以用更快的速度大規模生產出來，並且保存得更久。但如此一來，我們便疏離了製作麵包的要素，捨棄了精心製作一條美味麵包所需的緩慢節奏和儀式。

現在的麵包是做得越來越好了—— 對可以買得起那些麵包的人而言。舉例來說，2021年，在愛丁堡全市有十幾家的小型手工麵包店；該市的麵包供應商Company Bakery每週會將一條有機酸種麵包配送到我家門口，但其價格是超市切片全麥麵包的3倍以上，超

出了許多人的負擔能力。

劣質麵包

「為何那麼多國家的有錢人都吃如此劣質的麵包？」食物歷史學家碧·威爾森（Bee Wilson）在她融合歷史論辯的著作《飲食大未來》（*The Way We Eat Now*，2019年出版）中提出此一問題。她並指出，窮人在這件事上更沒有多少選擇的餘地。在英國，普通麵包的品質顯然在近兩個世紀前就開始惡化。隨著英國工業化，城市裡忙碌的上班族只能仰賴他人製作基本的食物。有些人的房子甚至連廚房都沒有。然而，這股不再自行烹調食物的趨勢造成了黑心食品橫行。在1850年代，各個城市的麵包店都習慣在材料中加入具有毒性的明礬以及骨粉和白堊，因為這些物質可以增加麵粉的體積，還可以讓麵包變得更白。當時黑麵包（brown bread）已被貶為鄉下人的食物。黑心食品出乎意料地幾乎沒遭到什麼抗議。威爾森在她講述黑心食品歷史的《美味詐欺》（*Swindled*）一書中寫道：「有不少人認為，為了讓賣相好看，摻入一點點無害的黑心物質是合乎情理的作法。」「買方自負注意責任」（buyer beware）是公平的準則，而政界人士也不願回應對此加以監管的呼聲。

反觀法國，自法國大革命時期以來，即已針對麵包所含物質及其製作方式實施了嚴格規範。1793年，新共和國的政府聲明：「以後不會再有富人吃小麥麵包，窮人吃麥麩麵包之分。所有的

---

1 譯注：酸種麵包是以麵粉中天然存在的活酵母和乳酸菌長時間發酵。

麵包店未來都只能製作一款麵包：那就是「平等麵包」（Bread of Equality）。違者將處以監禁。」此項規定，加上後續在19世紀施行的嚴格標準，使得法國（雖然也有工廠製造的麵包）得以將麵包大國的美名延續至今。

英國在1860年終於通過了《食品與藥品反摻假法》（Food and Drug Adulteration Act），立下政府出面規範食品問題的先例。但那時做為社會大眾重要食糧的麵包已成為一大危害，主要是因為其全是用漂白的白麵粉製作，所以穀物中包含的所有營養成分和維生素幾乎都流失了。1910年，倫敦南部一位勞工階級人士，即同時也是社會主義者、婦女參政運動者的莫德・彭伯・里夫斯（Maud Pember-Reeves）驚愕地觀察到，她看過的孩童所吃的食物主要（如果不是全部）都是白麵包。

白麵包當道

我們不太清楚英國何時開始選擇用漂白的白麵粉來製作麵包，或許同樣出自造成亞洲人獨鍾白米的偏見：顏色黝黑、顆粒較粗糙的穀物象徵著貧窮的烙印。伊莎貝拉・畢頓（Isabella Beeton）大為暢銷的烹飪書《每日料理》（*Every Day Cookery*）1890年版中，列有「美味自製麵包」食譜，當中並未載明所使用的麵粉種類或顏色——她必是想當然認為讀者用的都是白麵粉。維多利亞女王的私人廚師查爾斯・埃爾梅・弗朗卡泰利（Charles Elme Francatelli）在1852年出版了暢銷書《給勞動階級的簡明烹飪書》（*A Plain Cookery Book for the Working Classes*），當中也未載明使用何種麵粉。不過他的「如何自製麵包」食譜似乎是為了平常不會自己動手做麵包的人所寫。

不想自己做麵包是可以理解的：將烤箱加熱到200℃以上來烤麵包必須負擔昂貴的燃料費。而直接在麵包店買麵包（縱使摻入了明礬、骨粉、漂白劑），對都市人來說是更好的選擇。

土司三明治——最省錢的一餐

這道食譜出自畢頓夫人首次出版於1861年的另一本暢銷書《畢頓夫人的家務管理書》（*Mrs Beeton's Book of Household Management*）。她寫道：「將一片很薄的冷土司夾在兩塊抹了奶油的薄麵包片中間做成三明治，再撒上胡椒粉和鹽巴調味即可。」英國皇家化學學會（Royal Society of Chemistry）調查了英國的各種小氣食譜後，表示這道三明治是有史以來發表過最省錢的午餐，只要花上現在的7.5便士就可享用一份330卡的輕食。

對許多婦女來說，能免除做麵包這項自古相傳下來的苦差事，簡直是天大的福音。畢頓夫人即讚揚道格利斯博士（Dr Dauglish）發明的新技術能製作出「充氣麵包」，亦即在工廠用機器將二氧化碳打入麵團所製成的麵包。她盼望這類技術及更多的工業變革能「將家庭主婦和專業麵包師傅從大量的勞動中解放出來」。

現今燃料雖然變得比較便宜，但從另一個層面來看，在家烘培麵包仍然代價高昂。據莎拉‧布萊德爾（Sarah Bridle）在她所著的《食物與氣候變遷》（*Food and Climate Change*，2020年出版）中所計算，如以影響氣候的氣體排放量為代價，自製一條麵包的代價是

從店裡買一條麵包的10倍。而這些代價全是在烤箱加熱的過程中產生。

強健英國人體格的麵包

里夫斯記述蘭貝斯區（Lambeth）勞動階級將麵包做為主食的報告獲得了關注。隔年，在當時及今日均是英國最具影響力的報刊之一的《每日郵報》（*Daily Mail*），發起了「標準麵包」運動。這項運動獲得了英王喬治五世的醫生和一位名人，國會議員奧斯瓦爾德‧莫斯利爵士（MP Sir Oswald Mosley，英國未來法西斯主義領袖）的支持。

《每日郵報》指出，由於窮人4成的飲食都來自麵包，且幾乎全是由白麵粉製成，因此麵包可能是造成人民「身體機能退化」及「全民體格變差」的原凶。而後者更是引發熱議的一大問題。不良的飲食似乎導致國民的身高越變越矮。在1902年，英國陸軍不得不將招募新兵的最低身高標準降低約15公分到約152公分，但將近半數的合格者仍因為健康和牙齒狀況欠佳而無法錄用。《每日郵報》大肆報導了此種狀況。

該報呼籲，英國必須採取措施讓「乳黃色的麵包」回歸正位，並且「驅逐蒼白不健康的篡位者」。《每日郵報》並寫道：「在徒有澱粉的白麵包開始蔚為風潮之前，原有的美味農莊與農家麵包，是讓英國男性以體健骨壯、女性以美貌聞名於世的功臣。」此外，《每日郵報》也祭出600英鎊的獎金（相當於今日5.5萬英鎊）徵求優質麵包的作法。

再過十多年世人才會對維生素有所認識，促使現代營養學開始起步，但《每日郵報》已確切指出了問題所在。當時無所不在的白

麵包無疑是造成全民維生素B不足的罪魁禍首，因為小麥胚芽在研磨過程中遭到丟棄，而且英國在英王愛德華七世時代較貧窮的時期，佝僂病和其他相關疾病十分盛行。用氯漂白麵粉的亂象，必定也讓毒素進入日常的麵包之中。

到了1911年末，該報社終於可以發表勝利宣言：「全民飲食改革」的目標已成功達成。《每日郵報》表示，無數的家庭已改吃其推廣的標準麵包，也就是用未摻雜任何物質的純麵粉，以及至少含80％的小麥胚芽成分所做成的麵包。當時甚至每天都會有一條標準麵包遞送到白金漢宮。但是《每日郵報》的創辦人諾斯克里夫勛爵（Lord Northcliffe）未能說服政府制定標準麵包的相關法規。一些惡意批評者指稱他之所以發起標準麵包運動，只是為了證明他麾下的報社影響力是多麼強大。

英國在第二次世界大戰期間禁止製作白麵包，部分原因同樣基於健康相關考量（雖然此次並未提及人民身體機能退化問題）。在實施食物配給制度，人民處於挨餓邊緣的情況下，英國萬萬不能浪費掉麵粉中的大量營養物質，況且麵粉主要還是橫跨大西洋進口而來。美國於1943年開始施行同類規定，包括禁止販賣切片麵包，因為切片麵包變質的速度較快。但此禁令遭到民眾反抗，因此預先切片的麵包（自從在1930年代問世後，8成的國民都是購買此種麵包）又重新出現在架上。

英國在1947年解除白麵包禁令時，政府的營養學家感到非常遺憾。此時的英國國民，尤其是孩童，幾乎在各方面都比1939年時來得健康，而食用較營養的麵包是部分原因所在。白麵包於是再度登上霸位，儘管從1940年代起，自製麵包食譜的確不時建議可用「小麥」（全麥）麵粉來代替白麵粉。不過在戰後的英國，還有誰會真的親手做麵包呢？只有被視為怪胎的人，也就是素食主義者、反現代

主義者，還有那些閒得沒事做的人，才會這麼做。

> 麵包看起來挺不錯的……適合沒有精力，以及在許多情況
> 下，甚至連一把切麵包的刀都沒有的家庭主婦。
> —— 一位 1950 年代的麵包師傅對量產切片麵包的看法，
> BBC 檔案資料

1970 年代的麵包

「我哥和我會吃很多 Mother's Pride 或 Sunblest 等品牌的麵包。我們有時一口氣可以吃掉一整條……我有陣子對雷利‧史考特（Ridley Scott）在 1973 年拍攝的 Hovis 牌麵包電視廣告非常著迷。在這部著名的廣告片中，一名送麵包的男孩在德弗札克《新世界交響曲》的樂聲中，推著一輛自行車爬上鋪著鵝卵石的小道。但是我從來沒吃過片中廣告的黑麵包。當時我們所吃的是去除營養成分，除了一片白之外—— 白到可以瞎了眼—— 什麼都沒有的白麵包：我們早餐吃淋上蜂蜜的白土司；午餐時用白麵包把牛肝培根燉肉的湯汁吸乾抹淨；在格蘭治山（Grange Hill）前喝茶賞景時，則是吃白土司佐馬麥醬（Marmite）和焗豆當茶點。」

—— 羅伯特‧潘，《慢速發酵》（2021 年）

不過反抗的勢力依然存在。1954 年，桃樂絲‧格蘭特（Doris

Grant）出版了一本名為《給親愛的家庭主婦》（*Dear Housewives*）的小書冊，儘管書名平實（又老派），卻對改善一般英國家庭的飲食品質深具影響力。當時她已是頗為知名的人物，因為她推崇歷史最早的均衡飲食法「海氏飲食法」（Hay System），發起對抗貪婪食品業者的行動，並發明了可以在家自製的美味全麥麵包「格蘭特麵包」（Grant Loaf）。

「我記得這款麵包在戰後不久問世時引發了大轟動。」新一代倡導「真食物」（real food）運動的人士，珍·葛里森（Jane Grigson）在1974年寫道。「這是貨真價實的麵包，而且因為不需揉捏麵團，只要幾分鐘的時間就能做好。」格蘭特在1954年出版的書冊重擊了「麵包店的毒物」：這些毒物含有宛如「大雜燴」的危險添加物、缺乏維生素、保存日期短，而且更是淡而無味。她指出，如果在窗台放上她的自製麵包及買來的白麵包的碎屑，鳥兒會先啄食黑麵包屑。而她的拉布拉多犬根本就對白麵包不屑一顧。

然而，就在格蘭特撰文出書之際，麵包業正在研發迄今最有效率的生產方法。由倫敦城外一家烘焙產業研究機構的科學家研發出的喬利伍德烘焙法（Chorleywood Baking Process，簡稱CBP），很快就會成為英國及其他許多國家的主要麵包生產方法。

就某種形式而言，我們今日所吃的麵包有90%仍是採用喬利伍德烘焙法製程來生產。在製程當中，低蛋白小麥粉除了經過高速攪拌烘焙，還添加了各式各樣的加工助劑（processing aid）、「酵母改良劑」、防腐劑、乳化劑和其他化學成分，另外通常也加入了大量的鹽和糖。在1961年投產的喬利伍德烘焙法製程，可以生產出比先前所有麵包更加輕柔、鬆軟的麵包，不僅速度飛快、品質一致，還十分便宜。這種麵包不但壓低了一條麵包的單價，保存期限也更長，越來越多進入職場的婦女因而受惠，因為她們不再有時間天天

去採購食品。

一般超市麵包含有的添加劑和改良劑

固體脂肪、大豆粉、乙酸、麵筋粉、還原劑（L-半胱氨酸酸鹽酸鹽）、麵粉處理劑（抗壞血酸）、乳化劑（單及雙脂肪酸甘油酯、乳酸硬脂酸鈉、單硬脂酸甘油酯、卵磷脂等）、漂白劑、防腐劑（丙酸鈣）、酵素。

對某些人來說，這種麵包更具吸引力，尤其是因為它沒什麼硬皮。但對其他人來說，好比是柔軟溼潤、沒有味道的脫脂棉。羅伯特‧潘在《慢速發酵》中寫道：「如果有一團軟黏的糊狀物緊貼在你的上顎，就像帽貝附著在岩石上一樣……那就表示你吃到的是用喬利伍德烘焙法做出來的麵包。」20世紀中期的英國真食物運動鬥士伊麗莎白‧大衛（Elizabeth David）評論道：「這種麵包也許是工廠技術的重大成就，但是一點味道都沒有。它能夠稱做麵包嗎？」而美國的真食物運動鬥士，身兼電視名廚與作家的茱莉亞‧柴爾德（Julia Child）提出了這個著名的問題：「若是一個國家的麵包吃起來像面紙，它還能稱為一個大國嗎？」

在進行大力遊說後，烘焙業成功確保了其所使用的許多添加物無需列在外包裝的成分標示上。而業界所持的論據是，由於這些「加工助劑」與「酵母改良劑」是用來幫助麵團發酵，會在烘焙過程中消失，所以實際上並不存在於麵包成品裡。然而，各種添加物的確會在許多不同層面影響麵包的品質，而且顯然也會影響到我們的

身體。

　　在1954年營養學發展之初，格蘭特基於其觀察所得，針對工廠製麵包恐對人體健康產生的影響表達了擔憂，而她的擔憂與今日許多人憂心的問題可說大同小異。維生素B群和維生素E不足依然是一大問題；佝僂病尚未在英國絕跡，甚至在較富裕的家庭也可見其蹤跡，而缺鈣可能是造成英國較貧窮地區爛牙盛行率高居全球之冠的原因之一。預言了今日之憂的格蘭特，將糖稱為「第二號公敵」：現今超市麵包每片的含糖量可能有3公克之多。

　　漂白麵粉後的殘留物雖然不致造成重大問題，但漂白依然是製程中的一環。如果白色的麵粉沒有標示「未漂白」，則必定是經過化學處理而變白；麵粉也可經天然工序處理變白，但速度相當緩慢。

　　或許最值得我們重視的是，對幾乎所有思索麵包價值和吃麵包的人來說，格蘭特明確指出了一項切身相關的事實：全麥麵粉因為含有纖維，可以強化我們的腸道運作機能。她認為「維生素B可以強化結腸」，因為她自己就曾為便秘所苦。她的想法是對的，而且維生素B尚有其他益處：在降低腸癌和結腸癌風險上可以發揮一定作用；這些癌症的發生率近年來有快速增加的趨勢，但起因尚不清楚，不過有人認為，如喬利伍德烘焙法麵包等含有添加物又缺乏纖維的高度加工食品可能是原因之一。平心而論，麵包業已對麵包含有過多添加物的批評做出回應。英國烘焙協會（Federation of Bakers）會長戈登・波爾森（Gordon Polson）表示：「現今英國麵包的含鹽量是歐洲所有國家當中最低的。」儘管目前未有涵蓋所有品牌的調查數據，一般麵包額外添加的糖分（有些糖分是天然存在的）似乎也日漸減少。

　　雖然在一個世紀前，諾斯克里夫勛爵透過標準麵包運動展現了《每日郵報》的影響力，但今日的情況還是沒有改變。真麵包運動

（Real Bread Campaign）的共同發起人惠特利指出，現今麵包的品質可能遠比當時還要糟糕。「我想諾斯克里夫勛爵要是看到今日工廠製麵包的模樣，恐怕會在墳裡氣到跳腳⋯⋯我們希望政府能賦予麵包和奶油相同的保護機制，讓任何想摻入添加物的人都必須另尋名義為之。」

麵團發酵問題

格蘭特麵包遠比標準的白麵包健康，而且更美味。這款麵包輕輕鬆鬆就能做好，因為其仍使用到一樣重要的現代原料：1茶匙的速發「活性」酵母（450克的麵粉使用7克的酵母）。依照格蘭特的配方來製作麵包，麵團發酵膨脹的時間只有20~30分鐘，揉製的麵包則需要1~3小時，傳統酸種麵包更是需要12小時以上。不過製作「真麵包」的人可能會對使用非親自培養出來的酵種嗤之以鼻。

酵母會與麵團中的麵粉和水相互作用，產生讓麵包變得可口、好消化的乳酸桿菌，以及至關重要的二氧化碳氣體。這些二氧化碳泡泡能讓麵團膨脹起來並撐開麵筋。

傳統的麵包製作過程十分緩慢：從一開始餵養酵種起算，可能24小時後才能有麵包出爐。酸種麵包（或許是人類新石器時代的祖先最早製作的麵包）可能必須靜置「發」個4小時以上，然後再靜置於冰箱一整夜。難怪自19世紀以來，麵包批發商就不斷在尋找快捷的製作方法。

長期以來，啤酒廠一直是現成酵母的供應來源。在自然狀態下，酵母會呈現濃湯狀，並且不斷冒泡，顯然富有生氣，但是並不穩定。到了19世紀末，製造商將酵母培養物中的水分抽取出來，製成可以保存及販售的酵母塊。之後便陸續衍生出速發酵母和「即

溶酵母」，其不需加水活化，並可產生更多的二氧化碳。使用喬利伍德烘焙法及含酵素酵母製作的標準麵包，可在1小時內完成。現今，喬利伍德烘焙法麵包通常會在麵團發酵後冷凍起來，然後運送到超市在店內烘烤，以新鮮出爐的麵包香吸引顧客。

然而，惠特利在他2006年出版的劃時代著作《麵包大小事》（*Bread Matters*，其包含真麵包運動人士的衷心懇求，同時也是一本絕佳的麵包製作手冊）中，主張慢製而成的麵包不但風味與質地遠遠較佳，還含有許多在自然發酵過程中產生的營養物質。有些家用麵包機的快製配方，需要用15克的速發酵母搭配400克的麵粉（用量是格蘭特麵包配方的2倍以上）。可是未消化的酵素會在人體腸道中造成各式各樣的問題。

我們現在食用的麵包量遠低於以往：食用量自1950年代以來已減少約50%，而根據英國烘焙協會的資料，這個數字仍在持續下滑。現今英國每人每年麵包食用量約是43條，相當於30公斤：在一個世紀前則達150公斤。而市面上販售的麵包75%都是白麵包。有許多原因造成麵包食用量大減，包括其他醣類食物的興起。英國家庭從前每餐大多會在桌上擺一條麵包，現在則是以米飯和義大利麵食替代。不過我們並未因此在飲食上做出任何重大改變，以補足真麵包中的各種有益成分。蔬果的食用量增加了，但絲毫未補足失去的維生素和纖維。英國烘焙協會的波爾森指出，縱使英國人主要吃的是白麵包，其仍占了一般人飲食纖維量的17%。

民眾日益認識到膳食纖維的重要性，促使業者研發出各種產品來因應，例如全麥比例占5成的半全麥麵包，色澤較黝黑並加入少許全穀雜糧的麵包，甚至還有標榜是酸種麵包，但實際卻是添加酵母製成的麵包。迪倫在2007年訪談一位麵包業代表時打趣道：「要是有火星人降臨地球可能會問：『直接做各種不同的全麥麵包不就

得了嗎？』」對此，這位代表的回答是，因為他自己（還有全國的
民眾）都喜歡白麵包。

　　儘管許多英國人在2020~2021年因疫情關係禁足在家，開始養
成自製麵包的習慣，波爾森表示，綜觀整個市場，白麵包現在仍一
如既往地受歡迎。英國家庭可能買來享用的許多手工麵包，仍舊是
以白麵粉製作。許多人更喜歡將這些麵包烤來吃，或是做成培根三
明治。因此，我們大多數人購買的現代白麵包，可說是用來帶出其
他風味的食材，而非用來飽腹的食糧。

麩質恐懼症

　　到了2000年代初，真麵包運動的抗議活動逐漸受到英國大眾關
注，傳統與大型的麵包店也都注意到了其所提出的訴求。但接著又
浮現了一項新的憂慮，那就是大眾對構成麵包麵粉中主要蛋白質成
分的麩質懷有疑慮。與大眾在面對有關健康和生活方式的憂慮時常
採取的其他對策一樣，以所謂的「麩質不耐症」為由而大改飲食習
慣並無可靠的科學理據。事實上，一些研究人員已得出的結論是，
除非患有乳糜瀉（coeliac disease）此種自體免疫性疾病，否則一般
人最好不要避免攝取麩質，因為如此一來會造成其整體飲食品質下
降。[2]

　　然而，在某些保健作家以及社群媒體網紅的推波助瀾下，「無
麩質飲食」成為繼幾年前的「低醣飲食」風潮後最大的健康熱潮。
2013年一項民調發現，29%的美國人會試圖削減麩質的攝取量，或
完全避開含麩質的食物。[3]歐洲的情況也相仿。根據市調公司英敏
特（Mintel）的數據，在2018年，15%的英國家庭會避開含麩質和
小麥的食物。這股拒吃麩質的熱潮廣受嘲諷：在卡通《南方四賤客》

（*South Park*）中，全市的人都不吃含麩質的食物，因為他們相信吃到麩質，雞雞就會掉下來。

儘管如此，到了2018年，大多數的超市都買得到「無麩質食品」。食品行銷界所稱的「不含某種成分」或「更適合自己」的食品，是最賺錢的新食品類型之一，而「無麩質食品」已成為當中一大產品線。根據慈善機構英國乳糜瀉協會（Coeliac UK）在2020年發表的一份報告，英國的無麩質食品市場規模，已從2009年的9,300萬英鎊，成長至2018年3.94億英鎊的估值。「無麩質」的標示很快地出現在數十種食品上，包括啤酒（其本身是含有麩質的）以及原本就不含麩質的巧克力和洋芋片。這股新的狂熱對手工麵包店來說並非好消息。它們開始期盼能在漫長的抗爭中勝出，重建真麵包應有的地位。

麵包是人類最古老的主食之一，而將其所含的主要成分妖魔化絕非合情合理的事。事實上，為了因應現代快速烘製麵包的需求，小麥種已被刻意培養成含有更多的麩質成分。業界也會從小麥中萃取麩質再添加到快速製成的麵包中，以豐富麵包的口感。但是用傳統麵粉依循古法製作的麵包，其麩質成分始終如一。

有鑑於此，人們開始熱衷於重新找回古早一些用來製作麵粉的種子和植物，而《食物面面觀》即報導過如穀物實驗室（The Grain Lab）等機構。穀物實驗室每年會與農民、麵粉業者、麵包業者聚會一次，共同探究古早流傳下來的穀種及製作技術。身兼麵

---

2 Kmietowicz, Zosia, 'Gluten-free diet is not recommended for people without celiac disease' *British Medical Journal* 2017; 357.

3 'Gluten goodbye', npr.org, 9 March 2013.

包師與作家的維多利亞‧金貝爾（Victoria Kimbell）鼓勵在家自製
酸種麵包者，可以試著將20%平常使用的麵粉換成傳統麥種製成
的麵粉，例如二粒小麥（emmer）、圓錐小麥（rivet）、單粒小麥
（einkorn）、東方小麥（khorasan）等。

　　要製作不含麩質的麵包、義大利麵食、披薩並非易事。穀物中
的麩質通常可以提供富有彈性的口感，而使用多種化學物質和油脂
可以重現此種筋道，只是製程既複雜又昂貴。但消費者卻願意掏出
更多錢來購買：在撰寫本書時，特易購超市（Tesco）一條不含麩質
的白麵包要價1.8英鎊，但其自有品牌的標準白麵包售價只要59便
士4。

　　英國烘焙協會的波爾森指出，無麩質麵包之所以昂貴，部分原
因在於業者必須研發新技術來製作此種麵包。「嚴格說來，它並不
是真正的麵包。實際上，生產消費者想要的麵包在技術上極具挑戰
性，並且需要大量的資金。」此外，若是將構成麵包的重要成分去
除，可能必須額外添加鹽巴、油脂、糖，才能使無麩質的麵包能夠
入口。惠特利的確會提供一些無麩質麵包的作法，但他告誡道：
「小麥的麩質是獨特的成分，只有使用非屬食材的奇怪添加物才能模
仿它提供的口感。」

　　無麩質飲食的風潮今日仍在持續。這股風潮明顯嘉惠了大約
1%的確患有乳糜瀉的人口，他們在飲食上有了更多選擇，世人也
更瞭解其所受之苦。但尚未有人可以確切說明造成乳糜瀉，或腸躁
症、氣喘及其他患者被告知是麩質過敏所致的症狀病例數顯著上升
的原因。

　　在牽涉到大筆金錢的食品與健康議題上，相關科學研究似乎往
往無法給出一致的答案。不過有大量的研究已發現，上述症狀與傳
統食品中的麩質成分關係非常薄弱，顯示許多問題可能是另外的飲

食成分所造成。

有證據顯示，自認為有麩質不耐症的人，若是改吃加工較少、慢速發酵的麵包，尤其是酸種麵包5，症狀就會改善。如格蘭特在多年前所說，現代人腸道的問題，可能是工廠製麵包營養不足並摻有人工添加物所造成。

麵包的黃金年代？

納森・米佛德（Nathan Myhrvold）是曾任職微軟的大富豪。他投入部分財產成立一間實驗室來研究烹飪方法，並出版了5冊全彩大開本套書，記述他探究麵包烘焙方法的成果。（在研究過程中，他連同60位廚師所組成的研究人員共烘焙了3.6萬條麵包。）《現代主義麵包》（*Modernist Bread*）是針對特定讀者群編寫而成的套書，售價是400英鎊。

身為明尼蘇達州麥農的孫子，米佛德對傳統麵包製法的尊重無人能出其右。然而，他指出某些長久流傳下來的知識其實是錯誤的觀念。米佛德在2018年《食物面面觀》的一集節目中接受薩拉蒂諾訪問，講述了1970年代真麵包運動在法國興起，以及「加州北部一群嬉皮人士」參與其中的過程。

他敘述道：「人們回顧了麵包的歷史，認為超市的東西正在摧毀麵包的樣貌，於是提議回溯古法來製作出風味絕佳的麵包。長期

---

4 譯注：1英鎊等於100便士。

5 See citations in www.theguardian.com/lifeandstyle/2016/mar/23/sourdoughbread-gluten-intolerance-food-health-celiac-disease.

下來，眾人持續一點一滴地探求更久遠的製作方法。在競爭中要能勝過對手一籌，就是向對方嗆道：『你用瓦斯烤箱來烤啊？我都是燒木柴。』然後，對方會還擊道：『你的麵粉是買的啊？我都是自己磨的！』雖然這些交流可以激盪出一些不錯的火花，但在這之後呢？要開始用石器做麵包嗎？我們何時真正想做出更好的麵包？」

米佛德堅信，麵包的黃金年代不在過去，而是現在。要讓麵包回歸基本製作方式，有賴消費者和麵包店共同抵制工業化的麵包，但這並不表示我們必須抗拒所有新創的現代工序或技術。米佛德認為，手工麵包業者對「免揉麵包」抱持著可笑的鄙視態度。免揉麵團是自1940年代起即已存在的省力作法，正如我們所見，格蘭特對於她自創的麵包不需特別揉捏麵團可說是深感自豪。

米佛德說道：「麵團根本不用揉捏。揉了並不會達到預期的效果。不揉麵團照樣可以做出好麵包。」重點在於，準備好適合的酵母，讓混合後的水和麵粉有足夠的時間「自解」（autolyse），只要經過8小時的發酵，便可適當撐開麵團。添加一、兩滴酸果汁對發酵的過程也有幫助。

米佛德的實驗室還有幾項其他重大發現。其中一項是可以用自然的方法克服全麥麵包質地過乾又厚重的問題；解決之道很簡單，就是先用較白的麵粉做麵團發酵，等麩質開始伸展時，再加入麥麩和胚芽。他也針對所有自製麵包者會面臨的問題給予確切指示，那就是麵團過度發酵而崩塌時該怎麼辦。麵團會崩塌是發酵過程產生太多二氧化碳，使麩質過度延展所造成：麩質的整個結構會變得脆弱不堪。

米佛德在他的書中寫道：「根據一般常識，過度發酵的麵團已經無法挽救，應該扔掉。但我們的實驗結果恰恰相反。事實上，我們可以救回同一批麵團達10次之多，之後麵團品質才會嚴重減

損。」補救方式很簡單：把麵包整個壓扁、整型，然後再重新發酵
一次。不過米佛德也提醒，這個方法不適用於酸種麵包，因為其麩
質結構較堅韌，酸度也較高，除非在發酵早期就能發現出了差錯。

在經過無數次的試吃及實驗後，米佛德咯咯地笑著說道：「我
自己胖了大概7~8公斤。」他最喜歡的是哪一款麵包？米佛德嘗過
的麵包數量可能比地球上任何人都多。他挑選的是他的研究夥伴，
糕點主廚法蘭西斯可‧米戈雅（Francisco Migoya）自創的麵包：
巧克力櫻桃酸種麵包。「這款麵包不是甜味的，但是裡面的黑巧克
力，還有那些櫻桃……哇！我不知道該怎麼形容才好。」這款麵包
的食譜可參見「現代主義烹飪」（Modernist Cuisine）網站。

21世紀面臨的壓力

就造成氣候變遷的氣體排放量而言，大多數家庭產生的最大影
響來自使用烤箱。烤箱如經常使用，所排放的氣體可能占一般家庭
排放量的30%，遠高於熱水器所占比例。6 有些方法可以減輕些許
影響：我們可以從利用風扇降低烹調的溫度，以及減少預熱烤箱的
時間做起。

然而，無可迴避的事實是，比起我們各自在家啟動烤箱，將溫
度加熱到240℃來烤幾條麵包，大量烘製販售的麵包在能源使用上
要有效率多了。倘若我們能如以往的社區般，和鄰居共用一個烤
箱，氣體排放量的數字會好看很多。另一種方法是向新興的正宗商

---

6 See S.J. Bridle, *Food and Climate Change without the Hot Air* (UIT Cambridge,
2020), and www.bbc.co.uk/food/articles/cooking_carbon_footprint

店街麵包店購買麵包。這些麵包店在「真麵包運動」等團體的支持下已投注相當心力，為有能力尋得正統麵包作法的人士重現純正的麵包。不過這當然是比較昂貴的選項，並不是人人都負擔得起：在地麵包店所賣的酸種麵包，一條通常要價約 4 英鎊以上。

在 21 世紀，我們用來做麵包的穀物，以及種植這些穀物的農民，將會因為氣候形態的轉變而面臨越來越大的挑戰。小麥提供所有人類 20% 的營養，而在全球每年為供食用而種植出的 7.5 億公噸小麥中，95% 都是做成麵包。英國食用的小麥每年高達 20% 是進口而來。我們十分依賴加拿大的穀物來製作麵包，因為其是所謂「較強健」的穀物，亦即蛋白質含量較高，富含可以撐起麵包結構的麩質。由於加拿大盛產優質小麥，因此英國的收成欠佳時，加拿大的小麥便可填補缺口。但是氣候變遷影響了整個北美大平原的作物形態和產量，在此情況下，兩國長達一世紀的糧食依賴關係如今已變得較不牢靠。

在較貧困的國家，小麥短缺往往會引發危機，我們要是認為自身不會遭遇此等情境就太愚蠢了：在第二次世界大戰後的時期，英國及其他北歐國家因作物歉收而遭逢飢荒危機，美國因此將小麥輸往英國協助紓困，並發起全民運動，呼籲美國消費者削減 15% 的麵包食用量。各大產麥國若預計收成不佳，仍然會影響全球的股價和物價。不過現今小麥的價格也掌握在各個市場，以及占有優勢、以獲利為導向的跨國公司手中，而非由政府掌控。因此，我們可能比以往都更容易感受到氣候的衝擊。

我們在未來幾十年會遭遇何種境況？種植英國用來製作麵包的穀物，每年會產生大約 200 萬公噸的溫室氣體排放量。雖然以下的數據聽起來著實駭人，不過喝一杯牛奶所產生的排放量，確實是吃 2 片麵包的近 10 倍（乳牛如果是在歐洲養殖，則會排放 250 克的碳

及其他氣體7）。目前，我們將全世界所有穀物的2成拿來餵養農場牲畜。隨著世界人口不斷成長，對全球糧食生產帶來更多壓力，此種作法勢必得有所改變。

如果有負擔能力的人可以認同麵包就像許多其他主食，值得花費更多錢來取得，與種植小麥相關的環境問題便可望獲得解決，例如或可先解決化學肥料大量使用的問題。而麵包如同本書提及的許多主食，實際價格比現代史上大多數的時期都要便宜。1931年，一條標準4磅（1.8公斤）的白麵包在英國的售價是7便士，計入平均工資變動後，相當於現今的5.58英鎊。而在2021年，特易購2條800克標準白麵包的售價是1.19英鎊。

米佛德在接受《食物面面觀》訪問時，引用了美國農業部對一條麵包整體成本收益結構的調查結果：「農民只拿到5分錢，是圓餅圖中最小的一塊。塑膠袋成本和穀物成本相同。廣告成本比穀物成本還高。運輸成本則更高……我們身為消費者必須承擔部分責任。因為我們不願像購買咖啡、酒、巧克力般，花更多錢來購買麵包……」他指出社會大眾也因此得到他們應得的麵包，呼應了許多其他麵包業者的心聲。

---

7 S.J. Bridle, *Food and Climate Change without the Hot Air* (UIT Cambridge, 2020). 生產1克的牛奶會製造2克的碳。文中數據為歐洲乳業數據。就對氣候變遷的影響而言，歐洲乳業的生產效率比其他地區來得高。

2
萬世磐石

鹽巴

「本書的名稱是為了反駁當前將鹽巴妖魔化的言論。每個會下廚煮食的人都知道，鹽巴是不可或缺的調味料。鹽巴雖然不用加太多，但若是放得不夠，食物就會變得淡而無味。而沒味道的料理就不是好料理。」

—— 主廚尚恩・希爾（Shaun Hill），《鹽巴至關重要》（*Salt Is Essential*）作者，《食物面面觀》，2018 年

鹽是力量的泉源，可以驅動事物的發展。鹽促發了革命，締造了貿易帝國，促成從威尼斯以至利物浦等大城的建立。這個簡單化學物質的重要性，在於其可做為烹調的原料和工具，為食物增添價值和生命力，而此點也反映在所有語言中：英文的salary（薪資）、sausage（香腸）、sauce（醬汁）、salacious（好色）等字詞，皆是源自印歐語系的字根sal。

世界各地皆可見到以鹽做為隱喻的例子。法文mettre son grain du sel，「撒上食鹽」（實意為「插話」），意思是加入創意、靈感、可改變話題內容的想法。鹽也具有淨化作用：日文與英文都用「一撮鹽」（實意為「持保留態度」）來試探吹噓或不實之言。鹽也代表著社區和社會的凝聚力：在西班牙和波蘭，人們會說你必須和某人一起吃過「一堆鹽」才能成為真正的朋友。

在達文西的壁畫《最後的晚餐》中，耶穌的叛徒猶大打翻了面前的鹽罐。此舉觸犯了社會的禁忌而招來厄運。鹽是獨特、貴重、至關重要的物質，在人類任何史篇中都應獨占一章的篇幅。

鹽的功用

鹽是一種化合物，化學式為NaCl，又稱氯化鈉，是簡單卻又

複雜無比的物質。雖然我們目前仍未完全瞭解鹽的一些作用機制，但其最基本的功效在入口之時即可感受出來。鹽可以輕易與食物分子結合，在入口時會進入到唾液中。鹽的氯化鈉成分會穿透有孔的上皮組織，直接刺激口中神經末梢的細胞，繼而啟動我們的味覺。鹽對人體生理機能運作，對我們的神經、肌肉、血液健康都極其重要。然而，我們實際上不需要大量的鹽來維持身體運作，所需的量遠低於國人平均每天吃下的8.5克。

神經科學指出，腦中的神經元控制著調節鹽分攝取量的荷爾蒙，促使我們渴求或停止攝取鹽分，而對鹽分的渴求是由基因支配。沒了相應基因的老鼠，其鹽分攝取量是有此基因者的3倍，並且很快就產生高血壓症狀。事實上，我們每天只需要大概0.5克的鹽來維持神經與肌肉的正常運作，儘管官方建議上限是這個數值的12倍。

只有氯化鈉（40%是屬於金屬的鈉，60%是屬於酸性物質的氯化物）實際上嘗起來有我們所稱的鹹味，不過鈉可另與許多酸性物質結合成化學家亦稱為鹽的其他化合物。肥皂即是一種鈉鹽。胺基酸，如天門冬胺酸（aspartate）、麩胺酸（glutamate）等，形成鹽後可以賦予起司、醃肉其令人欲罷不能的風味。因此，天然存在於起司或臘肉、海菜、番茄中的麩胺酸鈉（味精成分）和「鮮味」（umami），可以輕輕鬆鬆將平淡的味道變成令人食指大動的美味。我們為何要在義大利麵上撒上磨碎的帕馬森起司？就是要讓幾乎沒有味道的碳水化合物變得美味好吃。

大腦會告訴我們要攝取鹽分，正如同其告訴我們要攝取糖和油脂一樣。當我們的味蕾通報任務已順利完成，大腦便會透過荷爾蒙系統獎勵我們。此種基本機制引發了許多禍害，包括造成健康狀況不佳、導致人類之間的衝突等。羅馬人為了爭奪鹽場、確保食鹽供

給而發動戰爭；而在美國內戰中，鹽場也是軍隊攻占的標的。鹽稅的課徵曾在世界各地引發叛亂，特別是 1920 年代在英國統治下的印度。不過鹽巴當然也是一些基本飲食樂趣的來源。

> 鹽巴是味道的警察：它可以讓一道菜當中的各種風味井然有序，阻止強者欺壓弱者。
> —— 食物歷史學家瑪格麗特・維薩（Margaret Visser），《一切取決於晚餐》（*Much Depends on Dinner*）（Grove，2010 年）

　　在烹調過程中，鹽可以發揮神奇妙用，讓食材改頭換面。加了鹽巴，鬆軟的魚或肉可以變得緊實，溼軟的蔬菜可以變得鮮脆。鹽可以降低水的冰點，這也是為何鹽是冰淇淋製作過程中的要角，並可用來撒在結冰道路上確保行車安全。和糖一樣，鹽巴可以掩蓋苦味，並突顯其他味道：大多數的蛋糕或甜餅乾食譜都會在食材中加入一點鹽巴，讓味道嘗起來有種難以言喻的感覺，比如有深度？層次？活力？儘管這種感覺無以名狀，或根本不存在於味道之中，我們還是可以了然於心。

　　麵包要是沒加鹽巴，味道根本難以入口，不過一公斤的麵粉只需要加入極少量、大約幾茶匙的鹽即可，僅占麵粉用量的 1.2%。橄欖油漬新鮮番茄切片只要撒上一點岩鹽，就會發生神奇轉變，使其本身的味道變得更加豐富。

　　主廚莎敏・納斯瑞特（Samin Nosrat）是 Netflix 紀錄片的主角，以及《鹽、油、酸、熱》（*Salt Fat Acid Heat*）一書作者。她在接受《食物面面觀》訪問時說道：「使用適當分量的鹽——在大多數的情況下，會比我非常有健康意識的母親用的還要多——是帶出食物極致美味的關鍵。用對分量，食物的味道就可登峰造極。適度

用鹽調味，便可嘗到更豐富的味道。這是我做為廚師所學到的最基本功夫，對我的職涯有極大的影響。」

用鹽巴調和苦酸味

鹽掩蓋或消除苦味的能力，與其提味的功效同樣驚人，但科學上尚未能闡明背後的原因。讀者不妨用一個馬克杯的水來做實驗。將一顆檸檬擠汁加入水中，這時水味應該會苦酸到讓你的表情扭曲。但只要在水中拌入半茶匙的鹽即可中和苦味。

鹽與權力

鹽和糖一樣，除了可刺激腦部的快樂中樞，尚有另一種特性，其同樣極其重要，對人類飲食文化及食品貿易的運作有深遠的影響。沒有鹽，就沒有白毛豬火腿（jamon serrano）、鹽鱈魚、日曬番茄乾、火腿和煙燻魚。

鹽分濃度只要達到3%，沙門氏桿菌就無法生長，而引發中毒的肉毒桿菌在鹽分濃度達到約5.5%時就會死亡。因此，我們可以將魚浸漬在鹽分大概6%的溶液中醃製，使這種保存期限極為短暫的食物變成可以保存數月的蛋白質補充品。鹽將漁夫或肉農的勞動成果，轉化成可以貯存的資產。

食鹽發揮保存功效的關鍵在於基本的自然滲透作用。在此作用

下，具有滲透性的薄膜可以讓物質穿透進來，直到兩側濃度達到平衡為止。植物透過根莖吸收水分也是同樣的原理。鹽會將水分吸取出來，直到食物細胞膜內外的含水率達到一致。醃製過程也可殺死細菌，因為細菌細胞中的水分會被吸出，直到其死亡為止，而在此過程中魚或肉的肌肉組織會變得乾燥。

　　鹽可用來醃製食品及殺菌的特質，使其成為具有地緣政治重要性的物資，並在文明形成的過程中扮演舉足輕重的角色。在罐頭製造和冷藏技術發明前，人們必須用醃製的方式保存新鮮肉品，鹽巴因而持續發揮重大功效。經過醃製後，肉品無需在牲口宰殺幾天內食用完畢，成了可以搬運、貯存且深具價值的商品。即使是亦可保存肉品的煙燻法，也必須先在肉的表面抹上一層鹽巴才能展開燻製過程。

「牛肉醃製裝桶妙方」，出自《主婦廚房實用基礎手冊》（*The Good Huswifes Handmaide for the Kitchin*），湯瑪斯·道森（Thomas Dawson）（1594年出版）

　　將牛肉浸泡在純醬汁（用啤酒、鹽、醋調成的醃泡汁）中一天一夜。之後將牛肉取出，鋪在欄架（架子）上用布蓋好，並將欄架擱在一個容器或蓋子上，以保存流出來的純醬汁。然後煮沸滷水，再次放入牛肉，待滷水冷卻後，靜置兩天一夜。接著將牛肉取出，再鋪於欄架上2~3天。

　　之後用麻布擦拭每塊牛肉，等牛肉乾燥後撒上鹽巴，以一層牛肉、一層鹽的方式放置：兩邊必須各放一根棍子，讓滷水可以從鹽當中流出來。

有能力保存肉品，即意味著擁有權力和支配力。必須跋涉各地的族群，如商人、陸海軍等，不用去尋覓或掠奪食物就可飽餐一頓。因此，鹽成了獲取權力的工具及權力的象徵；英文salary（薪資）一字是源自古時發放給人民、羅馬軍團士兵做為薪餉的鹽塊。擁有鹽源可以坐享龐大財富，而到了中世紀初期，食鹽已是貴如黃金。沿海城市因為鄰近產鹽區而繁榮興盛，之後更是因為食鹽交易和醃製食品而致富。許多社區與經濟體都藉由醃製肉類來貯存販賣而興起。但是這一切都比不上鹽漬鱈魚造就的財富。

鹽漬鱈魚、鱈魚肉、鹹魚、鹹鱈魚乾

想像一下，在你眼前出現一節扭曲的黃色乾肉條，上面帶有尖刺和皺褶，有點像是一段老舊的繫泊繩。走近後可以聞到一股味道，只有輕微的氨味，不致令人退避三舍。在歐洲任何一座城市的加勒比海物產雜貨店後方，必可發現大塊的鹹鱈魚乾。店家會將這些魚乾塊堆在貨架下方，或是將整塊切分的尾段和魚乾掛在繫於橡子的細繩上。用手觸摸魚乾，會發現魚肉呈纖維狀、完全乾透、堅韌又出奇地輕盈，但正如人們所說的「像板球棒一樣硬」。

鱈魚乾曾是歐洲各地窮人以及加勒比海地區自由工人與奴隸工人的蛋白質來源。正如歷史上常見的轉折，此種原本用來充飢果腹的食物變成了眾所喜愛的主食。大西洋鱈魚經過好幾個世紀的過度捕撈後已難見蹤跡，如今西非與加勒比海地區大多數的鹹魚料理都改用狹鱈魚（pollock）及其他數量較充足的白肉魚。上等的傳統鹽鱈魚排可以賣到頂級牛肉切片的價格，在西班牙一公斤要價25歐元，在英國的售價還更高。

傳統文化使得鹽鱈魚成為地中海一帶的美味佳餚。鹽鱈魚在葡

萄牙、義大利、克羅埃西亞是一道在耶誕節時享用的料理，而在北
非國家則是慶祝開齋節（Eid-al-Fitr）的大餐。它在奈及利亞、迦
納、巴西、安哥拉，以及加勒比海地區，依然是各種珍貴小吃和文
化特色菜餚的基本食材。

鱈魚是洄游魚種。人類在一千多年前學會將在特定季節才會到
來的大量魚群，變成終年可得的蛋白質來源，除供本身社區所需，
也售予他人食用。最初用來保存鱈魚的方法仍沿用至今，也就是僅
去除內臟、切分魚肉，然後將之晾在岩石上或通風石屋內的架上風
乾，藉以達到殺菌效果。在所有北歐國家和一些蘇格蘭島嶼皆可見
到這些活動的遺跡。

但是整個過程可能需耗時數月。大約1,000年前，來自更南邊
的漁民引進了速度更快的新技術：鹽漬曬乾法。此法始於日照強
烈、製鹽容易的地中海國家。於是食鹽北售至漁民發現鱈魚蹤跡之
處，也就是西北大西洋地區，接著售往冰島，最後銷售至加拿大附
近的廣大沿岸地區。在以歐洲為中心的世界，人們紛紛開始醃製鱈
魚販售至各地。鱈魚與食鹽創造了無數財富，並促成城邦的建立。

鹽所開創的基業

歷史學家莉琪‧科林漢（Lizzie Collingham）在她所著的《帝
國的滋味》（*The Hungry Empire*）一書中，以充分論據說明，鹽在英
國早期做為貿易國的發展上具有關鍵影響力。截至1615年，每年春
天英格蘭西南部會有250艘船航向紐芬蘭島（Newfoundland）盛產
鱈魚的漁場。造船及製作船索、船帆的需求，為英格蘭創造了成千
上萬的工作機會。倫敦的投資人對貿易事業的發展大感振奮，因為
每趟航程的報酬率可高達14%。專為貿易而建造的商船應運而生。

　　1664年，詹姆斯・楊格（James Yonge）及他的「羅伯特波納文屈號」（Robert Bonaventure）展開了一趟典型的航程。他先是從普利茅斯（Plymouth）向南航行6,000英里，到達博阿維斯塔島（Boa Vista），其是非洲西岸維德角（Cape Verde）附近的一座島嶼。早前在1620年，葡萄牙人將一批非洲奴隸引進這座幾無人煙的島嶼，主要是為了製鹽以供大西洋貿易之需。楊格的船在滿載的情況下，從非洲往西北駛向紐芬蘭島，到達現今加拿大境內。在楊格將鹽貨賣給其他船隻後，羅伯特波納文屈號另外進行了一些捕魚作業。楊格帶著滿滿一船的鱈魚乾，繼續前往地中海地區及義大利北部的熱內亞（Genoa），在當地把鹽鱈魚賣掉。他之後可能又將船裝滿了葡萄酒、無籽葡萄乾、橄欖油，再啟程返回英格蘭的德文郡（Devon）。

　　用鹽醃製的鱈魚及肉類可為船員補充營養，也是推動貿易的助力；多虧這些醃製品，長達數月的航程才得以成行。到了17世紀末，英國已是航海大國，而其戰艦和商人會攜帶一桶桶的鹹豬肉、奶油、牛肉（英國皇家海軍稱之為「愛爾蘭馬肉」[1]）做為船員的糧食。在19世紀出現冷凍和罐頭肉品前，這樣的情況一直沒什麼改變。

　　醃製技術也使得其他產業得以發展。歐洲各國開始將非洲奴隸運送到美洲的糖料、棉花、菸草種植園（當然也包括了鹽場）工作後，很快就發現，進口富含蛋白質的食品來餵養這批奴工，比利用他們的時間和勞力來生產自己的食物更合乎成本效益。

---

1 譯注：水手通常會戲稱又硬又難吃的鹹肉為鹹馬肉。

到了 18 世紀中葉，在加勒比海地區，一名奴工堪稱是一筆貴重的資產，其價值以 21 世紀的水準而言，相當於一輛家庭房車的價格。奴隸產業開始進口較劣質的鹽鱈魚，即長了真菌的「紅色」鱈魚以及鱈魚頭，來餵養他們的非洲奴隸。由於整個歐洲對鱈魚的需求殷切，較省錢的作法是將桶裝的醃鯡魚運送到種植園，再補充鹽醃的牛肉和牲口頭肉。

愛爾蘭和蘇格蘭西部地區開始大量供應奴隸產業物資：截至 1800 年，光是英國就有 80 萬名奴隸在加勒比海地區的種植園工作，其中半數是在牙買加。1798 年，議會一項調查發現，每年有 84,782 桶的鯡魚（共 9,000 萬條魚）從英國運往西印度群島。

今日在牙買加，阿開木果（ackee）煮鹹魚（拌炒阿開木果泥、辣椒、洗淨的魚肉）享有國菜的美譽。這道菜餚仍會使用鹽鱈魚頭來烹煮。牙買加的小孩會被告誡不要盯著烹煮前扭曲的乾魚頭瞧，因為其模樣會讓他們嚇到做惡夢。

鹹魚的食用

鹽不只有保存魚肉的功用，它還能提升、增添許多魚類的價值，從鰻魚、沙丁魚到鱈魚等不一而足。無論是新鮮或冷凍的鱈魚肉，吃起來都淡而無味。鱈魚吸引人們食用的主因是其肉質緊實雪白、呈現片狀的紋理，而非擁有動人的美味：絕大多數的人去炸魚薯條店買一份炸鱈魚當晚餐時，一定會外帶醋、鹽或番茄醬等調料。雖然歐洲料理採用新鮮鱈魚的經典食譜少之又少，但單是在葡萄牙就有一千多道以鹽鱈魚為食材的料理。「馬介休」（Bacalhau，葡語「鹽醃鱈魚乾」）在葡萄牙以及加勒比海地區仍舊是最具代表性的食材。

在大西洋周邊國家中，唯有英國從未用鹽鱈魚來烹製「高級料理」，或許是因為鹹魚會令人聯想到貧窮的下層社會。在莎士比亞的時代，人們把醃過的乾鱈魚稱為「可憐的約翰」（poor John）。然而，魚經過醃製沖洗後會產生奇妙的變化：魚肉會因而增添富有層次又誘人的風味，以及格外有勁道的口感。英國最知名的海鮮大廚瑞克·史坦（Rick Stein）建議，要食用「平淡乏味」的新鮮鱈魚，只能佐以可強烈提味的調料：里奧哈（Rioja）葡萄酒醬汁，或是加入豬肉淡菜雜燴濃湯中燉煮。但他寧可吃鹽鱈魚。

大受歡迎的《畢頓夫人的每日料理》（*Mrs Beeton's Every Day Cookery*）有幾道新鮮鱈魚食譜，主要是以法式醬汁烹調，但只有一道鹽漬鱈魚食譜。畢頓夫人指出，做這道料理時，必須先將魚浸泡整晚，然後在基督徒的懺悔日「聖灰日」（Ash Wednesday）搭配蛋醬與歐洲蘿蔔（防風草根）做為冷食食用（可能是為了守齋之用）。

製鹽技術

幾千年來，製鹽只有2種方式，亦即透過日曬或火煮來蒸發海水，或開採遠古海洋遺留在地下的鹽層。鹽若是越潔白，價值就越高：人們知道製鹽過程充滿髒汙，尤其是在河口地區，因此擔心鹽粒中含有雜質。

「在歷史上，人們對用鹽種類的講究有過諷刺性的翻轉。」暢

銷書《萬用之物：鹽的故事》(*Salt: A World History*)的作者馬克‧科蘭斯基（Mark Kurlansky）在接受《食物面面觀》訪問時如此說道。「因為在20世紀之前，鹽的種類一直多不勝數──人們無法維持鹽質的一致性，難以有效去除當中的雜質。舊時的食譜通常會載明需使用特定種類的鹽巴，因為當時有許許多多種截然不同的食鹽。」他指出，以前的鹽是越白就賣得越貴，而現今出自法國布列塔尼地區蓋朗德鎮（Guérande）鹹鹽沼澤等地的髒灰鹽，卻是最昂貴的鹽品之一。

　　鹽經過漂洗後會變得更加潔白，但其過程極其複雜，堪比工業製程。食鹽品質一直到現代才有真正的改善。1911年，芝加哥商人喬伊‧莫頓（Joy Morton）在食鹽中添加了「防結塊劑」，也就是碳酸鎂，解決了長久以來難以讓食鹽保持完全乾燥的問題。莫頓鹽業公司的廣告詞「雨在下，鹽照撒」("When it rains – it pours")₂注定成為家喻戶曉的金句。數十年來，美國的食譜都會注明使用莫頓牌的鹽巴，而該公司今日仍是業務昌隆。

自製鹽鱈魚

　　加勒比海超市（Caribbean Supermarkets）及英國一些主流超市都可以買到鹹魚。話雖如此，你也可以用新鮮的鱈魚，或任何非高脂的白肉魚自行醃製，儘管很難如傳統鹽漬曬乾法般減除魚肉8成的水分與重量。

　　用廚房紙巾將一塊厚魚片擦乾，置於可密封的保鮮盒內，再鋪滿一層厚厚的鹽巴，靜置24~48小時。每隔一段

時間將盒內的汁液倒掉。在鹽漬過程完成後，可以直接烹調魚片，或是將魚片擱在冰箱的架上去除更多水分。之後可以將乾燥的魚片吊掛起來，或採取較不正統但更實際的作法，將其放入冰箱或冰櫃裡冷藏。

在烹調魚片前，必須確實去除多餘的鹽分：有些食譜會建議將魚片浸泡在清水中24小時，或煮沸2次後再將水倒掉。之後便可參照數之不盡的食譜來料理魚片，如焗烤鱈魚（brandade）、鹹魚餡餅，或是經典牙買加鹹魚油炸餡餅佐辣醬等，都是初試身手的好選擇。

太多或太少

適當攝取鹽分是相當重要的一件事。每年世界各地有200萬人即因為飲食含鹽量過高而死亡。因此，我們對氯化鈉攝取量的擔憂確有道理，也讓食品業賺進大把鈔票。順勢推出的「低鈉鹽」是以氯化鉀與氯化鈉混製而成的鹽品。鉀的作用恰與鈉相反，其有降低血壓之效。然而，我們吃進嘴裡的鹽，有8成都來自加工食品的添加物。目前已證實，食品包裝上縱使標榜「低鹽」，對我們整體的鹽攝取量幾乎沒有影響：食物作家威爾森表示，這些通常只是行銷

---

2 譯注：改編自英文諺語：It never rains but it pours。

話術的說法,卻大大左右了我們的日常飲食。

我們在下廚時,可以試著用醬油代替食鹽(醬油雖然也含鹽,但分量較少)。另外,利用令西方消費者畏懼厭惡,但在東亞廣受使用的味精來提味,也有助於減少鹽的用量。

加碘鹽是添加了碘化鉀的食用鹽,目的是為了預防常見的碘缺乏症,如果患有此症會影響到甲狀腺的功能。自1930年代以來,食鹽中已普遍加碘:這是首批透過飲食實施的大眾健康介入措施之一,而現今許多國家仍強制要求在食鹽中加碘。2016年一項調查發現,在未強制要求加碘的德國,1/3的成人與孩童都患有輕度至中度的碘缺乏症。人體缺碘最先會產生的甲狀腺異常症狀,是脖子腫大(這種症狀以前被稱為「大脖子病」),之後可能陸續出現的症狀包括體重減輕、掉髮、心律不整、腦功能失調等。

削減菜餚用鹽量?

研究結果顯示,在做菜時不放鹽,等菜上桌再讓用餐的人自行決定加多少鹽,是不太恰當的作法。在餐桌上加鹽的人,吃進的鹽往往會比同一道菜在烹調時即放入的鹽量還要多。撰寫《鹽、油、酸、熱》一書的主廚納斯瑞特指出,「大多數的人都會犯用鹽量過少的錯」,煮水時所放的鹽量尤其不足。「鹽是最重要的提味劑。」不過她提醒,這並不表示就得用較多的鹽來調味。「我們應該善用鹽的功效,也就是早點放鹽,並且在整個烹調過程適當用鹽。如果不提前用鹽醃肉,讓鹽有充分的時間均勻散布開

來，肉就無法適當地調味。鹽需要時間入味。在日本，菜餚或其他食材本身即含有鹽分。日本人不會在餐桌上擺鹽罐，因為鹽早已加在味噌或醬油裡了。」

致命的鹽

到了20世紀中期，鹽逐漸被視為危害健康的問題之一：鹽若是攝取過量，顯然就成了毒藥。心臟病學家葛雷漢・麥葛瑞格（Graham MacGregor）教授指出：「英國人吃進的鹽量好比一種慢性長期毒素，多年下來，慢慢地推升我們的血壓。而血壓升高是造成中風、心臟病發作、高血壓的最大原因。鹽可謂致使相關病患死亡的主要殺手。」現今，我們大部分的鹽攝取量是來自加工食品、即食餐點和外食。根據英美的研究，其占所有成人鹽攝取量比例達70%。[3]

麥葛瑞格教授在他的職涯中不斷積極推動減鹽、減糖的飲食文化。他對於巧克力等美食產品用鹽量增加的情形深感遺憾，並且嘲諷特製鹽廠商的說詞。「各種特製鹽並沒有什麼不同，它們都是氯化鈉含量96~98%的鹽。有些特製鹽還標示為有機鹽，但把化學製

---

3 'The Bulk of US Salt Intake Comes from Processed Foods', American Heart Association research quoted on cardiosmart.org (2018). Original research unavailable. UK research from 2008/9: www.ncbi.nlm.nih.gov/pmc/articles/ PMC3561609/

品稱為有機產品簡直是一派胡言。在鹽水煮沸蒸發後，鹽中保留的微量元素極少，根本無法發揮什麼作用。」

無論這些鹽是呈片狀或粉狀，同樣都無法顯示其是採用任何特定手工製法製成的鹽，都只是試圖迎合消費者對於外觀的喜好而已。片狀鹽理所當然體積較大，因此從包裝上看來可能較經濟實惠。咬嚼片狀鹽的聲響誠然相當悅耳，但任何聲稱其「溶於舌尖的方式不同」之說，都不過是行銷話術罷了。片狀鹽的好處之一是不會像細鹽一樣結塊，所以不需摻入防結塊的化學物質。

大多數的廚師都認同麥葛瑞格的看法，亦即特製鹽實際上並沒有不同之處；它們是用來滿足消費者觀感，而非烹調需求的產品。名廚馬克・希克斯（Mark Hix）平常在烹調時不會使用特製鹽，而是使用一般的食鹽。他笑道：「要是把海倫夢（Halen Môn）海鹽丟進滾煮馬鈴薯的水裡就太浪費了。」他喜歡這個品牌的香草風味鹽（和海鮮、鴨肉都很搭），但坦承用香草枝也能達到同樣的效果。

諸如安格爾西島（Anglesey）的海倫夢等業者的海鹽，是抽取未經處理的海水加熱蒸發製成：製程的本質並沒有什麼不同，而影響鹽粒形狀的是鹽水的乾燥方式，而非其原始取得方式。這些手工製鹽廠聲稱，比起工業化製鹽業者，其製鹽過程較為節能，對環境的影響也較小。這也許是它們最值得稱許之處。康沃爾海鹽（Cornish Sea Salt）公司在《食物面面觀》節目中表示，其將海水抽取至工廠後，只會留取一定比例的鹽，讓剩餘的部分回歸大海，確保海洋生物不會受到傷害。

食鹽中存在肉眼看不見的塑膠微粒，是製鹽廠商面對的另一大挑戰。2018年一項調查發現，用海水提煉的食鹽9成都含有塑膠成分，而另一項調查則指出，每位消費者每年會經由食鹽吃下2,000顆塑膠微粒。海倫夢表示其多重過濾設備可以去除大於10微米（人

類頭髮寬度的1/7）的塑膠微粒。

坐地起價

以工業方式開採，用來撒在冬天路面上的岩鹽，一公噸售價只要25英鎊，但手工鹽業者的「鹽之花」（fleur du sel）卻能賣到7.5萬英鎊。由於兩者的化學本質完全相同，也無可避免地引發有心人詐騙牟利。由於手工鹽業利潤豐厚，一些偷工減料、嚴格來說並不違法，但肯定可疑的作法，現在已是十分普遍。當局對這些手工鹽業者幾乎未有監管或查驗措施，而摻入以工業化製法生產的鹽（通常是自國外進口）似乎並非罕見之事，就像在許多手工琴酒「酒廠」，使用大量生產的穀物酒精來製酒是很平常的作法。

最昂貴的鹽

「海人藻鹽」（海人の藻塩）是產於日本瀨戶內海區域的海藻鹽，採古法用濃縮海水浸泡海藻製成。經過蒸發烘烤後，海人藻鹽會散發出香濃的鹽味，並呈現焦糖色澤。此種鹽在英國一小包的售價是4.95英鎊，相當一茶匙就要價50便士。

消費者不會永遠姑息這些騙人手法。2017年，業績暢旺同時也是聖斯伯理（Sainsbury's）等超市供應商的赫布里底海鹽公司

（Hebridean Sea Salt）被迫歇業，因為該公司遭揭露其在路易斯島（Isle of Lewis）「手工」製作的鹽品，其實是由進口的工業鹽混製而成，且比例高達 8 成。

縱有上述亂象存在，無論是緬甸填入竹枝中的竹鹽，或是在喜馬拉雅山開採出的玫瑰鹽等頂級食鹽，仍是 21 世紀最令人迷戀不已的食品之一。耐人尋味的是，海倫夢，也就是英國最成功並榮獲多項國際大獎的海鹽品牌，大部分的產品都是銷往昔日的產鹽重地地中海國家。

顯而易見的一點是：鹽不會消失在我們的生活裡；我們需要鹽，也愛吃鹽，甚至有調查顯示，我們都低報了自己加在食物中的鹽量。若是好好探問專業廚師，他們會坦白回答，自己平日烹飪時所使用的鹽量，比公開菜餚食譜時報上的用量要多很多。鹽是生存所需，也是調味所需，其價值是永恆不變的。

煮水時應該加鹽嗎？

大多數的人都相信，將鹽加入水中可以讓水滾得更快，並提高沸點。這麼做確實有效，但溫度也只會略升 1~2℃，不足以顯著影響大部分食材的烹煮效果。加鹽不會讓蛋（在 65℃時會開始變硬）更快煮熟，不過的確可以提供一道安全網。加鹽可以讓水的密度大於蛋內液體的密度。在接觸鹽水的情況下，蛋殼若已破裂，蛋白就比較不容易流出來，而且會更快凝固。不過鍋子裡得撒上至少 1 茶匙，而非只是一小撮鹽才能達到這樣的效果。

　　同樣地，要讓1公升的水沸騰到超過沸點2度，必須加入230克的鹽才行。在煮義大利麵食、米飯或滾煮蔬菜時，撒一、兩撮鹽並不會有什麼效果，只是預先在食材中加鹽而已；不過在煮的時候加鹽，會比上桌時再加更均勻入味。健康機構建議，我們每人一天只能攝取1茶匙的鹽；若是在義大利麵的煮麵水中放幾茶匙的鹽，麵條只會吸收1/4的鹽分，這樣我們在餐桌上就會覺得不太需要另外加鹽了。

3
錦衣玉食

油脂

「我以為油脂就只有脂肪而已，但事實上，油脂可能是地球上受誤解最深的食品。」

—— 帕特・韋倫（Pat Whelan），《食物面面觀》。韋倫所製作的牛脂（beef dripping）在 2015 年英國星級美食大獎（Great Taste Awards）中獲頒頂級冠軍（Supreme Champion）的榮譽

　　有種豬油麵包卷英文稱為 butteries 或 rowies。我接過第一塊麵包卷時，收到了這樣的警告：「小心貪食盤中物，心臟保不住！」在蘇格蘭東北部，這種麵包卷被稱為漁夫的食糧，在長時間出海時食用可以迅速補充能量。不過除了漁民以外，還有更多人熱愛它的滋味。豬油麵包卷是用摻入大量動物性油脂的多層鬆軟麵團製成，烤到微呈金黃色即可食用，吃起來富有嚼勁。這種麵包最好熱熱的吃，也許還可以抹上蜂蜜一起享用。一口咬下感受到的是一種嚼勁，而不是鬆脆的口感，裡面的鹹奶油味道布滿味蕾。不論是否可能引起心臟病，整塊剛烤好、油滋滋的麵包卷，滿足了人們一種深層又原始的需求。吃完一塊後，我已是滿嘴油光——然後我又要了一塊來吃。做麵包卷的師傅是莫瑞海灣（Moray Firth）無數代拖網漁民的子孫。他露齒笑道：「我不管做多少都還是供不應求。」（本章末附有豬油麵包卷食譜。）

　　豬油麵包卷與另一種多層的麵包非常類似。這種麵包雖然較為精緻，但同樣深受喜愛：牛角麵包（或稱可頌）。大多數的蘇格蘭豬油麵包卷食譜都含有約 4 成的油脂，純正的傳統牛角麵包也是含同等比例，不過有些食譜的油脂含量還更高。屬於法式千層卷的牛角麵包用奶油來製作，蘇格蘭式的麵包卷則是用了奶油與豬油。然而重點在於，兩者都是以油脂為訴求的食物：少了油脂，就無法呈現其特有的風味。

在21世紀，大多數用油脂製造或含有油脂的食品（亦即大部分的食品）都忙著掩蓋這種羞為人知的原料。在現代飲食講求的種種標準下，油脂成了一種壞東西。可是許多我們愛吃的食物，從洋芋片到薯條、牛排、炸雞、巧克力、蛋糕等，無不依賴脂肪與油造就的質地與「口感」（如食品技術所稱），而油只不過是液體狀態的脂肪。

我們的飲食中需要油脂，就化學成分而言，油脂即是甘油與脂肪酸的化合物。油脂連同蛋白質、碳水化合物是三大重要巨量營養素，沒有這些營養素，人類就無法存活。一些生活在極端環境中的採獵者，可以在幾乎沒有碳水化合物的情況下生存，但是他們沒有脂肪就活不下去。依然在極地過著傳統生活的因紐特族（Inuit）用獸肉和魚肉來填補碳水化合物的不足，不過生活較富裕的人在實行無碳水化合物或「生酮」飲食時，會發現此種飲食方式非常辛苦。脂肪是身體的燃料，可以修復與維護我們的肝臟、神經系統，尤其是大腦功能。根據英國官方建議，來自脂肪的熱量應占每日熱量攝取的35%：我們每天可以吃進達70克的脂肪，超出標準包裝奶油1/4的量。

脂肪，美好的脂肪

肉販和廚師都知道，肉的美味是來自脂肪。經過烹煮後，脂肪會融入肉裡，給予我們鮮美多汁的感受。這也是為何用來做絞肉和牛排的牛肉，賣給餐廳供應商的脂肪等級，比賣給超市的高兩級。在超市，大多數具有健康意識的顧客仍喜歡只帶有少許白色油花條紋的瘦肉。這些條紋在業界有「雪花」紋的美稱，而且越多越好。

屬於政府機構的蘇格蘭優質肉品局（Quality Meat Scotland，

簡稱QMS）曾舉辦一場廚師與餐廳業者的觀摩交流會。在會中，我觀看一位廚師從脊骨切下兩塊完全沒有脂肪的瘦肉排：一塊是鹿肉，另一塊是牛肉。他很快將兩塊肉排煎到一分熟，然後切片放在沒有標示的盤子上請眾人品嘗，並請他們回答哪片是鹿肉，哪片是牛肉，結果沒人答得出來。沒了脂肪，肉排就只是普通的肉而已。當時擔任蘇格蘭優質肉品局烹飪專家的羅蘭‧維內特（Laurent Vernet）向眾人解釋，肉的風味是脂肪所賦予的。飼養在鹽沼的羔羊，是以淡淡的天然鹹味著稱的頂級美味，但是若剔除了脂肪，其味道便和一般草飼羔羊沒有區別了。

豬油在南歐是一種美食：人們在食用上等的黑毛豬火腿（Iberico）時，可能會切下其漂亮的雪白脂肪與紅肉部分一起享用。但是在英國，豬油卻不受青睞：有害健康，而且會引起肥胖。1974年時，英國人平均每週吃下75克的豬油；現今則只有5克，主要隱藏在即食食品裡。但是老饕都深知豬油的價值，特別是其在油酥糕點中的作用，而培根肉越貴，含有的脂肪就越多。

主廚傑洛米‧李（Jeremy Lee）記得他住在丹地市（Dundee）的祖母會用豬油煎出漂亮的小鬆餅：「外皮非常酥脆，裡面鬆軟無比，滿滿是奶油。好吃得不得了。」《食物面面觀》的奧利佛‧特林（Oliver Thring）問道：「吃起來有豬的味道嗎？」「沒有！羊油可能很快就會變質，牛油在肉質變老後會變得相當膩口，但是豬油吃起來是十分清爽的：鮮香又美味。這味道可說非常百搭。」

牛脂的冠軍美味

韋倫是愛爾蘭克朗梅爾鎮（Clonmel）第五代的肉販。當他問母親，現在牛體切割完畢後，殘留的脂肪都直接丟棄在店裡，但上

一代的人是怎麼處理的，她便叫韋倫拿一些脂肪到廚房去。韋倫依照母親的說明，挑選了各種不同類型的脂肪，包括牛的腎部和髖骨周圍的脂肪、牛肉最鮮美部位周圍的背脂，以及其他體脂。

韋倫接受《食物面面觀》訪問時說道：「我們開始融化這些脂肪的時候，注意到從牛的不同部位取得的脂肪各有不同的風味。」而不同的脂肪混合後，產生了令人驚奇的味覺體驗：「有烤牛肉、約克夏布丁，甚至還有烤馬鈴薯的味道，幾乎一口就可以嘗到這種種滋味。但是我們並沒有添加任何東西。」

韋倫製作出來的牛脂並不是新的油種，只是重現了直到60年前，在廚房與肉鋪都還相當常見的製品。當時純植物油既昂貴又稀少，大多數的人只知道用植物油製成的人造鮮奶油。我們的祖輩在煎炸燒烤食物、製作糕餅、烘焙蛋糕時，都是使用動物性脂肪，即奶油（butter）或是從我們食用的家禽、豬、牛等牲畜身上取得的脂肪。由於以草餵養的牲畜肉富含Omega-3脂肪酸，對他們的健康也大有益處。

韋倫家於是開始在西愛爾蘭自家店鋪及線上販賣自製牛脂。幾個月後，世人給出了評價。菲麗希緹‧克洛克（Felicity Cloake）在《食物面面觀》節目講述了韋倫製作的牛脂接受評審的過程：「在品嘗之後，每位決選評審委員都靜不出聲。那是一種崇敬的表現。這些委員平時全是滔滔而論的食物作家，能獲此反應，真的是很了不起的一件事。」克洛克是2015年英國優良食品協會（Guild of Fine Foods）星級美食大獎的評審之一。韋倫的新產品成功擊敗這項比賽中其他一萬件食品，包括燕麥多穀片（muesli）、蘋果酒等，贏得該年頂級冠軍的至上榮譽。

克洛克如今會使用牛脂烹調食物，而她也透露自己喜歡在土司上直接抹一點牛脂來吃。韋倫很高興能夠得獎。星級美食大獎宣布

他得獎時，附加了一句：「這是脂肪的重磅回歸。」韋倫的母親見到家傳一百多年後因潮流改變而隱沒的製法受到盛讚，不禁淚流滿面。

油脂的真貌

我們在大型超市的架上仍可找到豬油和牛脂，但相較於瓶裝玉米油、葵花油及其他植物油，它們只占據了一個小角落。動物油脂在使用上並沒有什麼不同，而且通常比植物油便宜。印度酥油（ghee）是印度料理的主要用油。這種動物油的製法是將奶油融化至沸騰，以去除水分以及當中可能會造成某些人不適的乳糖與酪蛋白。印度酥油類似英國人所稱的澄清奶油（clarified butter），是另一種有益的烹調油脂，因為其冒煙點（即油開始分解，起火燃燒風險增高的溫度）比一般奶油高出80℃。

在一家超市的冰箱裡，有三種傳統英國烹調油脂並排在奶油旁，分別是Stockwell & Co. Lard豬油（39便士）、Britannia牛脂（70便士）、用植物油製成的Trex牌油脂（95便士）。我各買了250克回家。我在家裡將這些油脂加熱融化後，發現它們各有不同風味。

我把半熟水煮馬鈴薯切片，放到三個不同的平底鍋裡油炸（每個鍋子各用一種油脂），然後讓我的家人品嘗。他們通常都吃用葵花油炸的馬鈴薯。每個人都很喜歡這些炸薯片，但在盲測時，所有人都覺得很難分辨出三種油脂的差異。三個牌子的味道似乎都很不錯，但是最後表決最喜愛的味道時，用牛脂油炸的馬鈴薯贏得了最多票數。

當我告訴餐桌上的人，其中兩種油脂是從動物身上提煉的，問題就來了。他們完全不能接受這個事實。「為什麼？」我問道。我

太太說：「因為很髒！」我女兒說：「因為對動物很殘忍！」（她們兩個都不是素食主義者。）我告訴她們，業者屠宰牲畜主要是為了製成肉品。將殘留的脂肪製成油脂就不會造成浪費。（雖然一些牲畜的脂肪會從屠宰場運往他處，做為製造肥皂和洗潔劑的原料，但其餘一大部分都直接倒進了垃圾掩埋場。）我女兒發誓從現在起會好好確認肥皂上的標示；我太太則說她肯定以後只會吃自己炸的薯片。

為何英國人對油脂有諸多疑心呢？語言問題可能是原因之一。在英語及一些歐洲語言中，都用同樣一個字（如fat）來指稱「肥胖」和「肉中的油脂」。由此自然會令人聯想到，食物中的油脂會變成身上的肥油，但事實完全不是如此。

油脂在腸道中會分解成脂肪酸。我們身上的脂肪是包括糖在內的碳水化合物分解後所產生，目的是為了貯存剩餘的能量。值得注意的是，在西班牙，食物中的油脂稱為grasa，胖子則稱為gordo，當地人對烹調用的油脂也較不懼怕。豬油是受到珍愛的油脂，橄欖油是所有菜餚的要角。西班牙可歸為肥胖的人口比例，比英國要低15%。

對於食物油脂的偏見，似乎大多源自階級問題及懼外心理。對許多在20世紀中期長大的英國人來說，外國的食物，甚至是外國人，都是「油膩膩」或「油乎乎」的。他們認為國外的飲食習慣不健康，或甚至在道德上有疑慮。食物歷史學家威爾森在她的書中寫道：「在1980年代，我父親每次嫌一道菜不好時，最常用的詞就是『很油膩』。」「我家人若是買了咖哩飯外帶回來，他有時會說這個咖哩雞肉香料飯或印度薄餅『不會太油膩』。這算是一大好評。對我父親來說，若食物有油膩感，即表示烹調食物的廚師在出菜前根本沒費心撇掉愛爾蘭燉菜表層多餘的油脂，或是吸乾煎蛋底下的

油。」

　　這些因自負心態而產生的顧慮，不只出現在英國。1968年，美國食物作家費雪（M.F.K. Fisher）回憶起她祖母對食物有種「維多利亞式的神經過敏症」：她對沙拉滿懷疑心（認為其不過是粗食及「法國人的玩意兒」），對橄欖油也是深具戒心。她做了一種稱為「熟調料」的東西來代替美乃滋。這種調料只是用麵粉拌稠，再加了一點鹽巴的醋汁罷了。費雪寫道，這些疑慮之重，已經到了「危害心靈」的程度。

　　威爾森並寫道，她父親懼怕的油質現今已是「無所不在」，悄悄地存在我們周遭。在她所著的《飲食大未來》（*The Way We Eat Now*）一書中，她訪問了研究所謂「全球標準飲食」（Global Standard Diet）變動情形的科學家。最令他們驚訝的現象是，過去50年來，植物油的消費量呈現巨幅成長，尤以大豆油的消費量最高。因為大豆相當便宜，在全球熱量攝取當中，從大豆攝取之熱量的增幅，大於任何其他物質的增幅，相較於因我們日益加重的糖癮所增加的熱量攝取，更是遠遠超前。大豆油現今已成為全世界第七大主要食物，棕櫚油則緊追在後，然而如威爾森所說，從來沒有任何人真的愛吃這些油。

　　在較富裕的地區確實可察見上述變動。但是大豆油和其他便宜植物油消費量攀升之勢，主要集中在一些直到晚近都還極其貧窮的地區。由於在這些地區，油向來是必須節約使用的奢侈品，所以能盡情使用除了是一大樂事，也可用來炫耀自身的財富。這也是在不明所以的人眼中，現代的中式油炸食品往往油膩得嚇人的緣故。然而，事實上，西方國家的植物油消費量也有巨幅成長，不過這些油通常是隱藏在用油的食品中，沒有在炒菜鍋裡汩汩冒泡。

脂肪與膽固醇大解析

飽和脂肪：在室溫下呈固態，主要來自動物油脂、椰油、棕櫚油等，存在於肉類、乳製品、糕餅、蛋糕、布丁等食品中。與血中膽固醇濃度的增加相關，可能有害心臟健康。

不飽和脂肪：在室溫下通常呈液態。來源包括：堅果和種子；植物、橄欖、堅果油；軟質蔬菜抹醬；富含脂肪的魚、酪梨。多元不飽和脂肪（其分子的結合方式不同）可能優於單元不飽和脂肪。

反式脂肪：透過工業製程加以氫化，穩定度因而大幅提高的脂肪，但已經證實會造成心臟病風險。可長期保存的糕點與餅乾可能仍含有反式脂肪（消費者可注意其標示是否有「使用部分氫化植物油」等字樣），不過此種油通常已被禁止使用或逐步淘汰。

膽固醇與脂質：脂肪會以膽固醇和三酸甘油酯（兩者皆屬於脂質）的形式在血液中流動。這兩種物質在人體內扮演了不可或缺的角色，包括修復器官、輸送能源、製造荷爾蒙等，但濃度若過高則對人體有害。膽固醇和三酸甘油酯必須依賴脂蛋白的載運才能在血液中流動。低密度脂蛋白（LDL）會將人體內大多數的膽固醇從肝臟載往各個器官的細胞。而高密度脂蛋白（HDL）會清除多餘的膽固醇。因此，高、低密度脂蛋白膽固醇分別被稱為好、壞膽固醇，一般認為兩者的作用可相互抵銷。

好脂肪與壞脂肪

從多個領域日新月異的科學研究成果可知，食物營養是極其複雜的問題，而憂心忡忡的大眾與急於求利的產業界，都渴望獲得簡單的解答。對營養憂心之人，希望食品標示上能直接道出成分的「好」或「壞」，並提供可以遵循的明確建議。然而，脂肪和膽固醇、麩質、糖及其他所有令人害怕，並在近年來廣受大眾關注的物質一樣，其本質絕無法簡單用好壞二字來評斷。

與脂肪和膽固醇相關的知識，通常和我們的預期相悖，有時甚至頗為矛盾。就連合格的營養師似乎也對其感到迷惑不解。所謂「健康的」瘦身飲食其實會「增加」LDL（低密度脂蛋白或「壞的」）膽固醇，因為半飢餓狀態會擾亂荷爾蒙系統及腎上腺素的分泌。

飽和脂肪若是搭配錯誤的食物一起吃，如高度加工的碳水化合物等，可能就成了一大問題。同樣不足為奇的是，吃大量全脂優格的人，通常比吃進同量同量脂肪，但卻是透過奶油來攝取的人來得健康，雖然喜歡吃優格的人生活形態往往也較健康，但兩者所吃下的脂肪都是一樣的。飽和脂肪雖會增加第二型糖尿病的風險，但並非如以往所認為的全然只有負面影響；已有證據顯示，低碳高脂的「生酮」飲食實際上有益糖尿病患的健康。

人們長久以來一直認為，飲食中脂肪含量過多會影響心臟健康。然而，在怪罪所有非植物性油脂幾十年後，科學界現今已果斷改變其想法。一項始於1950年代的研究聲稱，飽和脂肪必然會導致膽固醇升高以及心臟病，但該項研究已被證實有嚴重瑕疵。在美國科學家稱為「法國悖論」（French paradox）的觀察結果中，法國（以及許多地中海國家）的人民可能有高膽固醇，並大量攝取飽

和脂肪，但心臟病的發生機率卻不高。該項研究其實嚴重忽視了如抽菸等其他因素所帶來的影響。2014年，英國心臟基金會（British Heart Foundation）審查了72項與心臟病及飽和脂肪相關的不同研究，結果判定兩者之間沒有關聯。

但儘管審查結果證明兩者之間沒有關聯，政府仍建議人民應限制脂肪的攝取量，尤其是飽和脂肪。由於食品業亦參與了公共保健相關指引的研擬，如經政府認可的「健康飲食分配碟」（Eatwell Plate），此等建議往往會有偏頗之虞。所謂「健康飲食分配碟」是以餐盤圖像呈現良好飲食的結構。一般而言，英國民眾攝取的脂肪量，大約是健康飲食所需的2倍；不過現今這些脂肪主要是來自植物油。

椰子的兩極爭議

椰子近年來以神奇之姿在人類飲食中崛起，而此一現象也彰顯出我們在強烈關注科學與飲食新知時可能產生的迷思。椰子水與椰子油搭上了快速掀起的健康熱潮，導致2015年全球椰子供應短缺；在英國，椰子油的銷量增加了16倍，而在往後5年，全球椰子汁價格每年漲幅都超過25%。

人們相信椰子油有種種奇效，包括消減人體腹部脂肪、預防老年痴呆等。在宣揚其功效的報導中，消費者如察見「與……有關」的詞語，例如「椰子油有助男性減少掉髮」，就應該要提高警覺。這通常表示，報導引用了臆測性的科學研究論文，亦即論文中的假設尚未經過證實。椰子油就和巴西莓（acai berry）、枸杞一樣，也能顯著「增強免疫系統」——這是廠商與網紅喜愛宣稱的健康功效，因為在科學上無法證明其是否屬實。同以往類似的情形一樣，

反駁的聲音也隨之而來：2018年，《衛報》（*The Guardian*）刊登一篇報導，當中引用哈佛大學一位教授的說法。這位教授指稱椰子油是「十足的毒藥」。

哈佛大學流行病學系教授卡琳・米歇爾斯（Karin Michels）直接了當地提醒世人，椰子油從過去到現在，一直都含有8~9成的飽和脂肪（約是豬油的2倍）。椰子油對人體究竟是好是壞的答案，似乎會隨著每篇科學研究論文的發表而改變。而當被稱為「超級食物」的植物油零售價從一公升10英鎊（椰子油）飆漲至300英鎊（提煉自摩洛哥特有樹種果實的摩洛哥堅果油〔argan oil〕：其雖然「可能有助於延緩老化」，但拌入沙拉醬肯定非常美味），廠商想必有滿滿的動機繼續贊助可提供新賣點的科學研究論文。更重要的一點是，或許就如持懷疑態度的食物作家克洛克所說：「你若是想讓食物嘗起來像在吃椰子巧克力棒，椰子油就是你絕佳的選擇。」

人造奶油、煤油、鯨油、廉價種子

生活在富裕地區的人們多年來飽受脂肪恐懼症折磨，而其最嚴重的副作用之一，便是我們為了避免吃到「不健康」的脂肪，而對日常飲食以及我們自己做出種種可怕的事情。這些脫序行為所帶來的主要產物，便是人造鮮奶油。凡是在20世紀中期的英國長大的人，絕不會原諒那些逼他們吃人造奶油的傢伙。所謂的人造奶油，是用廉價植物油和動物脂肪製成的黏稠糊狀物。我們原本可以在三明治裡夾天然的奶油來吃，而天然奶油所含的維生素和脂肪酸，正適合身體與大腦都仍在發育的族群攝取。儘管對有心臟病風險的長者來說，少吃天然奶油可能仍是個好建議，但現在看來，未來幾代英國年輕人和美國孩童的味蕾，是永遠不再需要受人造奶油荼毒了。

　　1869年，法皇拿破崙三世懸賞徵求奶油的廉價替代品，以供他的軍隊和法國都市的貧民食用。最後尋得的替代品是用牛油製成，命名為oleomargarine的人造奶油。人造奶油在19世紀末的美國城市大受歡迎，在當地號稱是比天然奶油更加衛生及「時髦」的產品。但事實上，其當中通常摻雜了不良的乳製品。人造奶油在英國俗稱「marge」，直到第二次世界大戰才普及全英國，在配給制度下取代天然奶油。到了1942年，每位成人每週的天然奶油配額是2盎司（57克），但人造奶油以及其他4種「烹調油脂」的配額則達4盎司。當時的人造奶油是用各種動植物及化學製造的油脂混製而成，包括從煤當中提煉的蠟，以及從鯨脂中提煉出來的油。

　　及至20世紀末，人造奶油由於添加了黃色染劑，並宣稱有各種大多為虛假的健康效益，因此在英美地區變得比天然奶油更受歡迎（但法國從未買帳）。雖然人造奶油抹醬的膽固醇含量可能低於純天然奶油，但人造奶油通常會經過氫化，藉由提高融點幫助其固型、維持穩定。現今已知這些反式脂肪的危害遠大於天然奶油或豬油內的任何脂肪。現代的人造奶油已更改配方，剔除了在某些國家屬於違法物質的反式脂肪。

　　世人對飽和脂肪的無盡迷戀，使科學家與醫生大為忽視真正造成心臟病、消化道癌、糖尿病等發生率大幅上升的罪魁禍首。同時，人們對精製糖與精鹽的攝取量也有大幅增加，主要是來自加工食品，而這兩種現象之間有直接的關聯。脂肪是味道的來源，若將之移除，就得用其他物質替代。因此，從美乃滋以至餅乾等各種低脂食品，其糖、鹽含量往往高於普通食品。

　　然而，反式脂肪酸造成的危害或許還更大。反式脂肪在食品製造中逐漸占有壓倒性優勢，主要歸功於其在19世紀末至臻完善的簡單製程。一旦透過稱為「部分氫化」的高溫製程將氫原子加入油分

子中，各種先前無法使用的油品便可提高融點，繼而變得更穩定及適合用來製造肥皂、輪軸潤滑油等種種物品。

反動物性脂肪之戰

1911年，當時為肥皂與蠟燭製造商的寶僑公司（Procter & Gamble）發現可將氫化製程應用在食用油的製造上。該公司於是開發出稱為Crisco的植物起酥油。此種油的主要原料是用棉紡廠不要的種子提煉出來的棉籽油。罐裝的Crisco旋即大受美國家庭歡迎，因為其價格比受其取代的豬油便宜，並且可以在室溫下保存2年不變質。隨後問世的是天然奶油的替代品：經精密氫化處理後可在室溫維持固態，但又能在溫熱的土司上或嘴裡融化的人造奶油。人造奶油早期的廣告標語是「比天然奶油還要好」，而製造商更是大力宣傳此種奶油替代品有多潔淨。1918年一則廣告內容寫著：「Swift頂級人造奶油品質優良，健康、營養又美味，值得您購買。」

當時Swift的人造奶油是用牛油製成，但到了1940年代，幾乎所有人造奶油都是採用較廉價的植物油製造。這些經過氫化的奶油可以有效模仿豬油與牛油的特性，因此也被用來烹調清真食物、猶太潔食（kosher）和素食食品。截至1960年代，美國食品使用的植物油有6成都經過部分氫化處理。與此同時，各種遊說及健康倡導活動的進行，成功使得動物性脂肪在往後數十年間遭到妖魔化。加州大學和其他研究人員近日發現的一些論文顯示出，為這些活動提供理據的某些科學研究是由加工食品公司贊助。這些公司之所以有此舉動，是因為急於為反式脂肪開罪，以及將導致美國人肥胖程度日益攀升的責任從糖分上轉移開來。

在烘焙業，用油對新興的快速攪拌與發酵技術而言至關重要，

因為這些技術需要油品在各種不同的溫度下保持固態。反式脂肪不會像天然奶油或豬油般容易變質，可以讓麵包和糕餅有較長的保存期限。它們的冒煙點也較高，因此在油炸時較為安全。最棒的一點是，經過氫化的油品，無論是提煉自鯨魚、牛或棕櫚樹、大豆或油菜籽，都便宜得不得了。

和許許多多添加物的情形一樣，食品業一旦找到最便宜的生產方法，就會開始用其他方式證明其合理性，比如供應以氫化植物油（HVO）製成的油品，成本約是天然奶油的12%。業者以「植物性油脂」或「酥油」的名義銷售氫化植物油油品，聽起來當然比動物性油脂來得好。此種策略也確實奏效。英國家庭在烹調時遂紛紛捨棄豬油與天然奶油，改用人造奶油與植物性油脂。

經過幾十年後，這些「便利、衛生、時髦」的食品才被揭露出真面目。當1990年代初期，包括《食物面面觀》在內的各家記者聽到食品科學家提出的異議，並開始敲響警鐘時，業界進行了激烈的抵抗。

在2006年，形勢終於有了轉變。各家報社開始體認到研究人員一直試圖傳達的訊息。聳動的報紙標題講述「致命的脂肪」是「不死的『科學怪胖』[1]」，「如舊水壺中的水垢般積聚在我們的體內」，並指稱反式脂肪與阿茲海默症、自閉症等各類病症有所關聯。一位研究人員出示了一塊某大品牌用氫化植物油製作並包裝好的鬆餅。他表示這塊鬆餅是他在10年前購買的。從包裝中取出後，鬆餅看起來似乎仍一如既往地「新鮮」。

現在普遍的共識是，反式脂肪就如同飽和脂肪，會「推升」膽

---

1 譯注：Franken Fat，家樂氏玉米片殺手系列公仔。

固醇濃度，使「斑塊」附著在動脈管壁，因此在某些情況下會導致心臟病發作。經過氫化改造的油質難以被人體分解。相關運動人士對此的標準表述是：「你會融掉特百惠（Tupperware）的塑膠盒再抹在土司上嗎？」而英國食品標準署（Food Standards Agency）也在2000年代初期於官方建議變更時，以獲得食品製造商認同的說法做出以下表述：「在含氫化植物油的食品中發現的反式脂肪有害健康，並且無任何已知營養價值。血液中恐增加罹患冠狀動脈心臟病風險的膽固醇，會因為反式脂肪而提高濃度。一些證據顯示，這些反式脂肪所造成的影響，可能比飽和脂肪更加嚴重。」

棕櫚油及其他罪狀

我從特易購買來的Trex牌油脂在包裝上驕傲地注明「不含任何氫化植物油」。包裝標示上說明，此種烹調油脂是用棕櫚油和油菜籽油製成（並承認其「和所有植物油一樣」的確含有一些反式脂肪）。棕櫚油是全世界最普遍使用的廉價植物油之一，多年來因其永續性和對環境的影響而受到批評：棕櫚樹生長在熱帶，主要集中在馬來西亞與印尼地區，而為了闢地種植大片的棕櫚樹，數百萬英畝的雨林、重要動物棲地及自給自足的農業社區遭到了摧毀。

❝ 要抵制一樣無所不在的產品……不論是洗髮精、香皂乃至食品，是極其困難的事。
　——克里斯·查克（Chris Chuck），巴斯大學（Bath University）化學工程系教授，2019年《食物面面觀》訪談 ❞

在英國，棕櫚油可說無所不在：從吉百利糖心巧克力蛋

（Cadbury's Creme Egg）到幾乎各種餅乾，以及一大堆專為吸引純素主義者與「健康」飲食者的其他加工食品和即食餐點等，無不見其蹤跡，這些都是業界所稱「不含某種成分」類食品。在這些食品之中，有許多過去都曾使用天然奶油來製造，但由於大眾對乳糖（牛奶中的天然糖分）以及動物性脂肪的恐懼日益升高，廠商於是逐漸改以棕櫚油替代。

食品業喜歡使用棕櫚油，因為其既便宜又穩定——如《食物面面觀》主持人迪倫所形容：「無味、無臭，就像凡士林一樣。」在超市的所有商品中，5成都含有棕櫚油，包括牙膏、清潔用品、化妝品，以及食品等。對於顧客因為紅毛猩猩喪失棲地、陷入困境等報導而產生的疑慮，業者以一貫既非欺騙也非誠實的作風來釋疑：既然法律規定棕櫚油成分必須列出，標示上便使用了一堆委婉的字詞來載明成分。植物油、二酸甘油酯、棕櫚核仁油（PKO）、棕櫚油酸（palmate）、硬脂酸（stearate 或 stearic acid）只是其中幾種別名而已。

許多主流品牌即使在包裝上毫不遮掩地講明有使用棕櫚油，也會特別附上產品的棕櫚油永續發展圓桌組織（RSPO）認證標示，表明其是使用通過認證的油源。棕櫚油永續發展圓桌組織是食品業及相關政府機構在2004年成立的組織，其目前認證的棕櫚油達總產量的9成。然而，該組織受到了多方批評。例如，綠色和平組織即稱棕櫚油永續發展圓桌組織「根本沒有實際作用」，並指出其在2018年之前，都未能制止為開闢新的油棕種植園而毀林的行為。面對此等批評，棕櫚油永續發展圓桌組織聲稱其擁有「就任何商品標準而言，全世界最嚴格的森林濫伐評估準則」，並具備可制止重要保育區遭到毀林及破壞的「最佳運作體系」。

近年來肆虐馬來西亞與印尼的森林大火，有一部分可歸咎於油

棕種植園的開拓。事實上，在2021年，4成的棕櫚油都是由通常
極為窮困的小農所生產，要推廣較適當的開墾方式實有難度。許
多較有環保意識的生態品牌，如在可可的章節提及的非凡巧克力
（Divine Chocolate），都一律抵制棕櫚油，不論油源是否通過棕櫚
油永續發展圓桌組織認證。不過光是抵制並無法簡單解決問題，因
為在壓力之下，廠商很可能轉而生產另一種植物油，而其油源植物
的種植恐對生態造成同等傷害，並需要更多土地才能有等量的產出。

　　凱蒂・梅吉爾（Katie Major）曾在2019年於《食物面面觀》節
目中討論到這一點。她是布里斯托動物園的相關活動倡導人士及保
育心理學家，並曾造訪馬來西亞的種植園：「那裡的景觀實在令人
難以置信，感覺一座座種植園似乎永無邊際。舉目所見是一排又一
排的非洲油棕。」但她並不抵制棕櫚油：她支持採用永續的生產方
式。她指出，油棕每公頃的產油量比其他植物多出4~6倍，改種其
他植物可能反而造成更大的破壞。

　　人造油或合成油或許有助於解決棕櫚油問題。這些油是提煉自
海草、海藻以及農業和食品廢料，再用酵母加以分解。慕尼黑大學
的研究人員表示，這些油已經全面複製棕櫚油的實用屬性，現在只
欠缺資金，以及政府採取行動取締破壞氣候穩定的堅果、種子油，
協助「酵母油」在市場上取得一席之地。但此種替代品也有它自己
的問題：酵母必須用糖來餵養，因此其生產過程同樣存在氣候成本。

動物、植物或礦物

　　關於動物性脂肪與植物油的爭論仍未畫下句點。現今，動物性
脂肪的遊說陣營似乎有勝出之勢，力抗當前的素食主義潮流。倘若
牲畜是以當地生產的飼料餵養，生產動物性脂肪的溫室氣體成本，

便可少於進口的植物油。在所有用來製造植物油的植物中，只有油菜（在美國則是「芥花」）在英國本地有栽種（不論規模大小）。人們對於健康的擔憂持續浮現。著名的飲食專門醫師及作家麥克・莫斯里（Michael Mosley）近來開始關注各種烹調用油加熱後可能產生的變化，因此在實驗室進行了一項實驗，將鵝油、奶油、橄欖油、葵花油、玉米油等油品加溫。

廚師往往最常用最後兩種油來油炸食物，因為其冒煙分解的溫度遠高於其他油品。速食連鎖店全都是用玉米油和其他植物油來油炸食品，大部分的英式炸魚薯條店也是如此。英國偏北地區則通常仍使用牛脂，因為顧客比較喜歡牛脂的味道。

莫斯里在《食物面面觀》節目中講述道：「我曾天真地以為，用葵花油來烹調會比較好，但研究結果卻完全不是這麼一回事。」他指出：「葵花油和玉米油在高溫下都極不穩定，並且會產生醛類物質（aldehydes）。」這些是已知的毒性物質，與過敏性超敏反應（allergic hypersensitivity）、呼吸系統問題、癌症、肝病等多種病症都有關聯。

「原來我們傳統上認為是飽和脂肪的食品（如豬油、奶油、牛脂、鵝油等），用來油炸時通常會穩定許多，而且產生的醛類物質非常少。」莫斯里表示他現在又改回用橄欖油在家裡煎炸食物。「我也很樂意使用鵝油和豬油，因為豬油其實含有大量的單元不飽和脂肪。」

莫斯里表示食品業大多不理會他的研究發現，但醫務人員則抱持支持的態度。最令他感到不安的問題是，受熱後會釋放出醛類物質的植物油，若是再次加熱，往往會釋放出更大量的醛類物質。在許多炸魚薯條店和速食店，同樣的油會再三重新加熱。油雖然可能會過濾，但通常只有在明顯變髒時才會更換。英國食品標準署2017

年的一份報告顯示，在最糟的狀況下，某些店家會重複使用同樣的油達數個月之久。

Omega-3 與 Omega-6

我們大量攝取植物油所產生的問題不止於此。另一個較不為人知的問題，是起因於我們用植物油來取代傳統動物性油脂。對大多數的英國人而言，要是有人勸他們嘗試豬油與牛脂等油脂，他們肯定會做個鬼臉，原因不僅僅是這些油脂長期以來被誤認為與心臟病有關。

某些取自動植物、魚類的脂肪酸，如 Omega-3 與 6 等，對人體各種複雜器官的運作來說至關重要。一旦缺少 Omega-3，人體機能就會開始嚴重失常。相關症狀包括睡眠不佳、缺乏注意力、出現認知障礙、易怒等。（此外還可能有皮膚乾燥、起疹子、脆甲症等症狀，這是因為其關係到細胞壁的生成。）於各監獄及心理健康機構進行的研究顯示，有暴力史的人可使用脂肪酸補充劑有效治療。研究人員也發現，思覺失調患者體內缺乏 Omega-3。Omega 6 亦對細胞的健康相當重要，但人們缺乏該種油脂的情形極為罕見。

所有的油都含有人體不可或缺的 Omega-3 與 Omega-6 脂肪酸，但植物油的 Omega-6 含量遠遠較多。牛津大學的約翰・史坦（John Stein）教授認為這是一個事關重大的問題。「人體所需的 Omega-6 與 Omega-3 理想比例是一比一。這可能是人類在演化過程中形成的比例。現今由於大眾轉而攝取花生、大豆、玉米、葵花油等油品，人體系統的 Omega-6 濃度遠超出理想比例，繼而排擠掉 Omega-3。」

我們已變更了食用牲畜的飲食內容，而此舉也會對我們自身產

生影響。傳統的草飼牛是絕佳的Omega-3來源，但業者改以現成飼料餵養牛隻後，使得牛肉中的Omega-3受到排擠而遭Omega-6取代。以往雜食並在院子裡到處啄食的雞隻，現在大多以玉米、大豆及其他素食飼料餵養，因此失去了昔日從蠕蟲和昆蟲中吸收到的Omega-3。牲畜養殖業對此大為擔憂，進而促成了基因改造豬的研發（利用蠕蟲的DNA），讓吃植物性飼料的豬隻能夠製造更多的Omega-3。

史坦教授表示，攝取過多的Omega-6會導致其取代我們腦神經元膜中本應由Omega-3填滿的位置。「問題在於Omega-6不具有與Omega-3相同的物理、化學、電子特性，腦神經元膜因此完全無法如以往般快速運作。」

史坦教授認為，對腦部的此種影響可能造成孩童各式各樣的發展問題，包括閱讀速度緩慢、讀寫障礙等。另外也有證據顯示，此種影響與主要見於較富裕社會的疾病有關，如憂鬱症、老年失智症等。他深信多攝取Omega-3，來源包括魚類（特別是沙丁魚、鯖魚等富含脂肪的魚類）、草飼紅肉、海藻、綠葉蔬菜等，有助於預防阿茲海默症。

他的研究結果印證了大腦化學領域先驅科學家邁克·克勞福德（Michael Crawford）教授在1980、90年代率先提出的看法。當年《食物面面觀》是克勞福德的研究發現能獲得傾聽的少數地方之一。他警告，Omega-3與6的比例失衡不僅與心臟病有關，也與日益盛行的憂鬱症和心理健康問題相關。當時大多數的科學家都對此警告不屑一顧，但日後的研究證明了他的看法是對的：他所撰寫的《營養與心理健康手冊》（*Nutrition and Mental Health: A Handbook*，2008年出版）是深入瞭解其看法的重要參考書籍。

史坦教授認為，倘若我們未能解決Omega-3與6失衡的問題，

人類的未來將岌岌可危：「我認為飲食中缺乏Omega-3將會改變人類的大腦，嚴重性不亞於氣候變遷可能帶來的（影響）。」

橄欖油

全世界99%的橄欖樹都生長在地中海地區。橄欖樹塑造了地中海國家的景觀及其歷史文化。橄欖與橄欖油出現在聖經、可蘭經和荷馬的史詩中，而橄欖在許多文化與宗教裡都具有象徵意義；在橄欖油貿易的考古遺跡中有大量的沉船、陶罐及研磨橄欖的工具與石材，從黎巴嫩到葡萄牙、北至蘇格蘭，無不存在這些遺跡。

羅馬的泰斯塔修山（Monte Testaccio）是全由盛裝橄欖油的雙耳陶罐碎片堆積而成的陶罐山，某些碎片的年代可追溯到二千多年前。這些陶罐大多是標準的70公升大小，從西班牙運來此地。有的則是來自北非地區。無論是在古羅馬時期或現代，極為大量的「義大利」橄欖油最初都是從另一個國家的橄欖樹萃取而來。

幾千年來，橄欖油與文明的概念始終息息相關。寫作在許多地中海文化中興起的時期，約等同人們開始有系統栽種橄欖的時期——大約是5,000年前。從堅硬又難看的果實中，竟可奇蹟似地萃取出滑順絲柔的金綠色液體，不僅僅造就了更美好的生活與飲食方式，還提供了一種貨幣形式，成為各種經濟體、儀規，甚至是貿易帝國的發展基礎。不食用（或不喜愛）橄欖油，即象徵著無法融入當時已知最發達的社會，亦即地中海的古希臘羅馬社會。而今情況幾乎沒什麼改變：我們仍用橄欖油來烹調，但有時並無必要，只是因為它是時尚所趨，欣賞的名廚所薦。時至今日，橄欖油依然是眾所追求的食用油。

古羅馬軍團士兵曾記述在羅馬帝國北疆過著嚴酷的生活，表示

因為野蠻人沒有種橄欖，他們在當地只能吃豬油度日。（然而，在哈德良長城〔羅馬最北端的前哨基地〕上的羅馬要塞，卻發現了一些70公升雙耳陶罐的碎片。）即使在今日，年長的英國饕客在談到他們成長的黑暗年代時，往往會指出當時沒有像樣的橄欖油可用。在1950年代至60年代初期，橄欖油只能在藥房買到，擺在無花果糖漿和麥芽精旁邊的貨架上，但通常並非供人食用。這些橄欖油一般是供清理內耳或護髮之用。1861年，將橄欖油歸為「歐陸人」愛用油的畢頓夫人在其書中寫道，橄欖油應有助於消除腸胃脹氣。

今日，大多數的英國中產階級家庭，都會備有至少1瓶或2瓶的橄欖油，有的是用來當調料的初榨冷壓橄欖油，有的則是較為便宜的烹調用油。自2005年以來，在我們攝取的各種植物油中，橄欖油的攝取量居冠；而自1991年以來，我們的橄欖油年攝取量已增加10倍以上。唯一的問題是（箇中故事和橄欖油本身歷史一樣古老），油品可能出現貨不對板的情況。

殺死愛蒜人士的方法

用橄欖油可以調製出許多令人驚嘆的風味，因為其具有獨特的味道，並可與蛋、醋等水溶性物質有良好的相互作用。但調製過程也可能產生致命風險。我們都見過蒜頭、香草、松露、辣椒風味的橄欖油：有些人更是躍躍欲試，想自行調製出獨有的風味。還有什麼比將一些蒜瓣塞進裝了初榨冷壓橄欖油的漂亮罐子裡更簡單的呢？然而，此舉無異是冒著感染「肉毒桿菌」的危險。肉毒桿菌是一

種可生存在土壤、水和空氣中的致命細菌。油所提供的無氧環境，正適合此種厭氧菌生長，尤其是在室溫之下。大蒜因為含水量高，所以用其調製格外危險。瓶中摻有植物物質的市售橄欖油，乃是利用酸性成分或加熱方式來殺菌，但是這些殺菌過程很難在家中確實完成。番茄因為含酸量高，所以是安全的，而完全乾燥的香草應該也無虞，但應將調製後的油放在冰箱冷藏。小心避免肉毒桿菌中毒！

橄欖油詐欺事件

　　本書討論了眾多食品詐欺事件，但在橄欖油的悠長歷史中出現過的騙局、盜竊、毒害、劫掠事件及不當交易手段，比任何其他食品都來得多。五千年前主要建立於現今伊拉克地區的蘇美文明即設有一個皇室任命的食品標準小組，負責制止橄欖油詐欺情事的發生。不過用其他油品充作橄欖油根本輕而易舉，又有暴利可圖，而且現在的消費者和以前一樣容易上當受騙。因此，現今監管食品標示的人員仍是忙碌不已。當局依然未想出有效打擊假油的辦法。事實上，新的檢測技術，如氣相層析（gas chromatography）等，只有助於披露詐欺的猖獗程度。

　　2012年，加州大學專為服務該州橄欖油產業而設立的實驗室，在檢測結果中發現，69%的進口初榨冷壓橄欖油內容與標示不符（通常用等級較低的油品混充）。1/10的加州品牌都有造假行為。

但這樣的結果並不令人意外：如一位歐盟官員對美國作家湯姆·穆勒（Tom Mueller，旅居於義大利盛產橄欖油的利古里亞大區〔Liguria〕）透露，用其他油品假冒橄欖油，或用低等橄欖油充當較上等的油，所得獲利「堪比走私古柯鹼，但卻沒有任何風險」。

穆勒在他所著的《失去貞操的橄欖油：橄欖油的真相與謊言》（*Extra Virginity: The Sublime and Scandalous World of Olive Oil*）一書中，深入挖掘了假油的來龍去脈。首要的責任在於義大利。該國是全世界最知名的橄欖油產地，但數十年來因為對於油品標示及其他食品詐欺監管不力而惡名昭彰。消費者一味追求虛榮，不關心標示背後的真相，同樣也是一大問題：對許多本身不產橄欖的國家來說，義大利「就是」橄欖油的代稱，所以我們願意為了瓶身上的國名掏出更多的錢來購買。

在2001年之前，歐洲法規允許任何在義大利裝瓶的橄欖油以「義大利橄欖油」的名義販售，不管橄欖產地位於何處。

最受歡迎的國際品牌百得利（Bertolli）自稱於19世紀發源自義大利的盧卡鎮（Lucca）。2014年，美加兩地的消費者對百得利橄欖油標示上的「自義大利進口」與「義大利熱情」（Passione Italiana）等詞語提出法律質疑，所持理據為其橄欖油實際上是萃取自在他國種植及壓榨的橄欖，這些國家包括希臘、智利、西班牙、澳洲、土耳其和突尼西亞。百得利橄欖油只不過是在義大利混合裝瓶罷了。

2018年，百得利品牌所有人，西班牙食品大廠迪歐萊奧（Deoleo），同意支付700萬美元來和解此案，而雖然百得利的標示上仍有許多義大利相關字眼，但其僅說明橄欖油是產自歐盟地區。目前義大利每年生產約30萬噸的橄欖油。然而，該國在國內外的橄欖油銷量幾乎是前述數字的3倍之多，顯見法規仍然未能發揮作用。

　　由於消費者難辨或不注意品質的好壞，使得各品牌得以用廉價油生產出標榜為頂級產品的油品。此種情況對製造商來說自然有利，但對試圖產銷純正橄欖油的農民卻有破懷性的影響。而此種情況也讓詐騙分子有機可乘。幾千年來，他們即不斷用從各種植物提煉出的油來混充橄欖油。使用提煉種子油所用的除臭和淨化技術，或甚至是以化學方式從橄欖核與橄欖枝萃取出的油，都可產出極其清淡無味，能輕易與純橄欖油混合的油品。

　　穆勒及其他愛好優質橄欖油的人士，指責大型超市品牌的罪過比單純混充假貨還要嚴重，因為其敗壞了初榨冷壓橄欖油的含義——自羅馬帝國皇帝戴克里先（Diocletian）掌政以來即存在的高品質橄欖油定義（並自1960年起成為法定定義）。「溫和」、「滑順」、「不會在喉間留下嗆辣味」等，是廣告在推銷普通初榨冷壓橄欖油時所使用的字眼——尤其在美國，人人都只買這種橄欖油。

　　作家查爾斯・奎斯特—瑞特森（Charles Quest-Ritson）在2007年擔任《食物面面觀》佳賓時，說明了頂級橄欖油的味道是如何演變：「傳統的味道——萃取自完全成熟的橄欖——是清爽、溫和並帶有杏仁味的。而托斯卡尼（Tuscany）與翁布里亞（Umbria）大區所倡導的現代風味油，則是有濃郁的果味、辣味和苦味。兩者各占有一席之地，此外尚有許多其他的風味⋯⋯」不過所有愛好者都同意，要稱得上是優質初榨冷壓橄欖油，關鍵在於擁有鮮明的風味。

　　誠實的零售商已幾乎無法判別供應商提供的是否為假油，而如一位業者哀嘆地向穆勒透露，他們也更難以合理的價格販售好油：「客人在試喝味道濃厚的油時，會說道：『唉呀！這油品質很差啊！』他已經習慣了那些經過『除臭』處理的油品帶有的平淡味道。」有鑑於此，穆勒估計在他的專書於2011年出版之時，7成的

市售便宜初榨冷壓橄欖油都是假貨。

橄欖油大品評

　　幾年前，我為一家全國性的報社舉辦一場初榨冷壓橄欖油的盲品會。編輯希望能藉此一探「關於昂貴橄欖油的真相」。我們品評了十餘種油，品評團包括一位進口商、一位義大利熟食店老闆，還有兩位著名的美食作家，但結果令人大感困惑，因此講述這場品評會的文章也從未刊出。品評人的評斷完全令人跌破眼鏡。進口商在得知他將自己的頂級產品評為「令人作嘔」後勃然大怒；熟食店老闆選了一瓶看來極為可疑的「義大利初榨冷壓橄欖油」做為他最喜愛的橄欖油（但這瓶油是在 TK Maxx 折扣店用1.99英鎊買來的，價格是他自己店內初榨冷壓橄欖油售價的1/10）。兩位美食家更是對超市最常見的百得利牌橄欖油大加讚賞。

如何避免買到假的橄欖油

- 切勿購買任何沒有標明收種或製造日期的初榨冷壓橄欖油，並且不要購買出廠超過18個月的油品。生產日期遠比「賞味期限」或「有效期限」更重要。
- 為何要買「義大利橄欖油」？西班牙不僅生產高品質的橄欖

油，其產量更是義大利的4倍，其中大多數都運往義大利抬價轉售。雖然義大利近來已開始加強監管業界的作為，還進行了一些高調的逮捕行動，但尚無任何跡象顯示亂象已被終結。

- 倒在盤子上呈綠色的便宜橄欖油極不可能是真貨（添加色素是輕而易舉的事）。相信你自己的感覺：挑選有青草味、辣味而且質地清亮的油。
- 查看是否有產地名稱認證：歐盟執行委員會的（European Commission）PDO（Protected Designation of Origin，受保護原產地名稱）、DOP（義大利相同標章）都是值得信賴的認證標章。如油品具備真正有機認證，亦可顯示製造過程應無造假。

橄欖油的末日

自穆勒的書出版以來，事情似乎沒有太大變化。他認為橄欖油業的亂源，主要在於誠實、辛勤工作的農民對上了狡滑的商人。幾乎任何我們吃進嘴裡的傳統手工製作食品或許都面臨了相同的困境。工業生產技術以及超市往往為了追求「價格」而忽略品質的作為，將會降低所有食品的品質，以致生產商可能會覺得別無選擇，只能靠造假、虐待牲畜或走捷徑來生存下去。

橄欖樹以及橄欖油的消費者目前面臨了新的挑戰。西班牙是地中海地區最大的橄欖油生產國，而在該國南部發生的旱災，會定期將某段期間的橄欖油價推升3成以上。大部分關於氣候變遷的預測，都預料隨著本世紀的推進，該地區將變得更加乾燥。同時，一種新的疾病正大舉肆虐整個歐洲地中海地區。葉緣焦枯菌（*Xylella Fastidiosa*）源自美洲，是一種藉由昆蟲傳播的細菌，會摧毀橄欖樹及許多其他結果植物。

　　儘管目前正在進行基因研究以對抗葉緣焦枯菌，不過迄今唯一已知的滅菌方法，是摧毀整批受影響的樹木，藉以阻止帶有病菌的吹沫蟲（spittle bug）擴散。此舉引發了激烈爭論，一些農民甚至因而拒絕相信有此種病菌存在。在義大利南部，社區居民紛紛開始向他們珍愛的樹木噴灑聖水。但這些樹木仍不敵病害，逐漸枯萎發黃，最後缺水而死，因為病菌會阻礙其水分運輸。

　　在義大利南部的普利亞區（Puglia），植物學家喬瓦尼・馬泰利（Giovanni Martelli）向《食物面面觀》說明：「人們將這些可能已經屹立了1,500年的樹木視為他們的部分遺產和歷史。我明白他們的想法；但問題是，如果不採取激烈干預手段，病害問題便無法解決。如此一來，將危及該地區、該國，甚或是整個地中海盆地的其他樹木。」

　　就如同對待任何主要食品一樣，回歸傳統才能讓我們在食用油脂之餘兼顧永續的未來。以永續方式生產的健康植物油自有其一席之地。但是在21世紀重拾前人智慧，善用動物性脂肪，更可獲致許多好處：我們可以減少食物的浪費、挽救本地及熱帶地區珍貴的農地，或許也能同時享受到更美好的滋味。

蘇格蘭豬油麵包卷

- 7克乾酵母
- 350毫升溫水
- 200克奶油
- 500克高筋白麵粉，另加揉／擀麵團用麵粉
- 10克細砂糖
- 125克豬油
- 1茶匙鹽

用小碗將酵母、糖、水混合在一起，然後放在一旁。將豬油與奶油切碎，置於室溫下。用大碗混合麵粉與鹽。慢慢加入酵母與糖液，用叉子攪拌在一起。拌合後，將麵團放到撒有麵粉的料理台上，揉搓到變得有彈性、光滑為止。將麵團揉成球狀，放到大碗中，在上面劃個X字，用保鮮膜蓋上，然後在溫暖處放置約1小時，讓麵團發酵膨脹。

將麵團放在撒有少許麵粉的料理台揉搓2分鐘，再擀成長方形，厚度約1.25公分）。接下來必須將油脂分層放入麵團。用木柄料理勺將奶油與豬油攪打在一起，直到質地變得光滑，然後在碗中大致分成3球。用手將1/3的奶油與豬油混料塗抹在長方形麵團下方2/3的部分。將上半部分（不含混料）折疊到中間1/3處，然後將底部1/3再折到上面。將折好的麵團放置在冰箱或陰涼處。經過約30分鐘後，重複同樣的步驟，但以與先前折疊方向相反的方向擀壓麵團。再等待30分鐘（讓麵團再次冷卻），最後一次重複先前步驟，再次取出麵團以相反方向擀壓。

將麵團擀至約2公分厚，用刀分成大約15塊，然後輕輕地塑成圓球狀。將這些圓球放在撒了少許麵粉的烤盤上，用一個大塑膠袋或一張寬鬆的保鮮膜蓋住。讓圓球在室溫下再發酵30分鐘。

將烤箱預熱至200℃（風扇模式為180℃），在這些豬油麵包卷發酵完成後，將之放入烤箱烘烤15~20分鐘。經過15分鐘後開始仔細觀察烘烤狀況。麵包卷應該已經烤成

金黃色。

　　將麵包卷從烤箱取出，移到冷卻架上。待稍微冷卻後可搭配果醬或蜂蜜及更多奶油一起食用。改編自www. scottishscran.com網站所載食譜。

4
給我多多的奶油

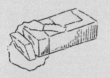

乳製品

「我們的祖先開始從事農耕後，馴養了牛豬，從而創造出一個循環不息的食物供應鏈：陽光滋養牧草，牧草餵養乳牛，乳牛再變成可供食用的肉品。這個循環鏈沒有包含任何化石燃料和廢料。直到上個世紀左右，我們才開始拆解掉這個系統。」

——薩拉蒂諾，《食物面面觀》，2021 年

　　酪農業形塑了英國及北半球其他許多國家的面貌。羊和乳牛是英國農村最主要的牲口，而對英國農村影響最重大的農牧方式，莫過於飼養牲口來產奶及製作奶油、起司。傳統混合型農場的典型景致，反映出飼養乳牛所需的種種設施場地，包括環繞農場主人家房舍的擠奶間、圈欄、小圍場、牧場等。

　　傳統英國農村的主要經濟結構也是由酪農業形塑而成。酪農業的建立，使一般英國民眾在幾個世紀以來，不分城鄉都能享有最廉價的脂肪與蛋白質來源。美味營養的牛奶和「白肉」（奶油與起司），長期以來一直是我們飲食文化的核心要角。

　　因應酪農業而興建的基礎建設，不僅止於安置乳牛這種半噸重又難管束的動物所需的堤防、道路、溝渠。鐵路在 19 世紀中期建造之初，主要目的之一是將各座酪農場與城鎮串聯起來。當時專門運送牛奶的早班車稱為 milk train，現今仍用來指稱進城的最早班列車。牛奶專車冒著煙奔馳進城，將平價營養的能量來源載送給城鎮的勞工。正如馬鈴薯、米及本書討論到的一些其他食物，沒有酪農業和其製品，現代的世界看起來就會大為不同。

　　在提及酪農業時，農場動物的福利向來是關注的焦點。農場牲口可能受到善意對待，或遭受可怕虐待，即使並非蓄意而為。蒸氣火車的到來，首先大大改善了乳牛的生活環境：在快速運輸工具問世前，許多乳牛都養在城市的棚屋裡，環境通常極為惡劣。到了 19

世紀末，就產值而言，牛奶已然成為英國農業最重要的產品，而酪農業即便在開始採用機械擠奶的情況下，仍成為英國農村雇員人數最多的產業。即使在今日，英國仍有1.2萬名酪農，而酪農業的雇員達7.5萬人，大概占所有農業勞動人力的1/4。

因此，過去200年來，酪農業始終居重要地位，與政治息息相關，並且是英國基本食品供應體系中極為引人注目的區塊。即使現今植物「奶」的銷量不斷飆升，98%的家庭仍會購買乳製品。酪農業似乎是個屢現危機的產業。而《食物面面觀》也在多年來報導了這個產業的起起落落。

擠奶間的風波

過去25年來，酪農業面對了一連串嚴峻的挑戰。牛群因為感染牛海綿狀腦病（bovine spongiform encephalopathy，即狂牛症）、口蹄疫、結核病而遭到大規模撲殺。牛奶生產業者因零售商惡意串通操縱價格而受害。此操縱行為使得牛奶利潤維持在奇低水準，導致成千上萬農民的工作難以為繼。

牛奶生產業者還因為補貼制度有缺陷及進口產品削價競爭而受到打擊。另外，動物權利遊說團體以充分理由抨擊該產業的工業化生產方式；在工業化的要求下，為了節省開支，數萬頭小公牛一出生就遭到撲殺。而因飽和脂肪、乳糖不耐症疑慮所引發的健康恐慌，也造成了重大衝擊。在這段期間，牛奶的價格一直處於商業史上的低點，有時每公升的價格甚至比一瓶礦泉水還低得多。

在面對種種問題之際（從農場瀕臨倒閉到環境遭受破壞等），我們首要應關注一項明顯的事實，那就是英國酪農業並未好好行銷自身產品，尤其是具有附加價值，利潤遠高於鮮奶的產品。優格於

1960年代末開始出現在英國的早餐桌上。當時Ski品牌的優格裝在牛奶桶造型的小塑膠杯裡，以「瑞士風」為行銷賣點，儘管其含糖量和冰淇淋相同，而且是在英格蘭的東薩塞克斯郡（East Sussex）製造。現今消費者仍願意支付更多錢來購買產自（或看似產自）歐洲大陸的優格或法式酸奶油（crème fraîche）。多年來，英國半數的奶油都是進口貨，主要來自愛爾蘭、丹麥、紐西蘭等國。（2020年進口比例為3成。）

似乎很荒謬的是，英國出口極大量便宜的牛奶（2020年達86萬噸），再買回以其為原料製成的昂貴加工品，包括87萬噸的優格、奶油和起司。我們的確會外銷一些起司：2021年上半年約有7萬噸，主要輸往歐盟地區。這個數量較前一年同期下滑了3成。廠商將之歸咎於英國脫歐的影響，因為脫歐也加重了文書作業的負擔。現在出口乳製品每個月都必須檢附一份收費150英鎊的檢疫證明，即使是廠區未飼養乳牛的小型起司製造商出口的產品也得檢附相同證明。

最大的威脅

此外，農民持續以驚人的速度退出酪農業：2008年，在另一波牛奶價格危機的高峰期，據說英國每年有1,000名酪農退出該產業。但與酪農業今日面臨的存亡危機相比，這些風波似乎都微不足道。這場危機無疑是其5,000年歷史中最大的一場危機。現今就氣候變遷而言，酪農及肉牛養殖業已被視最具破壞性的農產業。養牛是造成溫室氣體排放的一大惡因，而牛所排放的氣體主要是甲烷，在相同克數下，破壞性比二氧化碳要高出28倍。

這些氣體產生自牛隻的飼料及用來種植飼料作物的肥料，但主

要是因為植物性物質在複雜的分解過程中會引發牛隻排氣打嗝所致。此外，酪農業的投入成本相當龐大：單是為了做出1公斤的起司或奶油，便需要投入50~100公斤的草及／或穀物飼料來生產出12~25公升的牛奶。可悲的事實是，就全球而言，起司是我們的飲食中對氣候最不友善的食物之一：在相同公斤數下，比幾乎任何肉類都更不友善。

　　一頭乳牛吃進的熱量和30個人所吃的一樣多（雖然牠只有10個人重）。一頭牛每年會製造100公斤的溫室氣體排放量。目前全

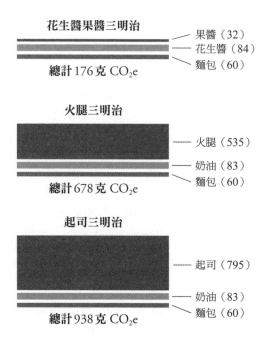

花生醬果醬三明治
— 果醬（32）
— 花生醬（84）
— 麵包（60）
總計176克 CO_2e

火腿三明治
— 火腿（535）
— 奶油（83）
— 麵包（60）
總計678克 CO_2e

起司三明治
— 起司（795）
— 奶油（83）
— 麵包（60）
總計938克 CO_2e

（CO_2e ＝二氧化碳當量，計入二氧化碳及其他溫室氣體的影響。數據來源：S.J. Bridle, *Food and Climate Change without the Hot Air* (UIT Cambridge, 2020), based on European farming systems）

世界無論何時都有約2.78億頭乳牛。因此，酪農業能破壞氣候的氣體排放量，幾乎是全球航空、航運業排放量的總合。自有文明以來，人類就持續養殖乳牛、綿羊、山羊，利用其產出的奶水製作出美味又有益健康的食品。這個產業雖然已安度許許多多的難關，但是否能挺過這場歷來最大的危機？

歷史緣起

英文用來指稱哺乳動物的mammal一字，有「乳房的」之意，而與人類同屬哺乳動物的其他動物所提供的乳汁，有著與其他農產品大為不同的歷史。在需要哄誘養育牲畜以獲得定期供應的食物中，只有蛋在我們的飲食裡存在同樣長久的時間。顯而易見的是，我們人類自出生的頭一天就熟悉了奶水的滋味。在「人屬」（*Homo*）階段的早期人類，想必即已知道有一部分的人可以消化其他哺乳動物的乳汁並從中獲得滋養。

無論古今，能取用其他動物的乳汁，都意謂著享有某種自由。首先，婦女可以擺脫照顧幼兒的一些壓力和時程表，而所有需要快速滋補、攝取必需營養、補充水分的人也可享有方便的補充來源。考古遺跡顯示，早在西元前1500年，古埃及人就已經使用奶瓶來餵養嬰兒。只有人類會取用其他哺乳動物的乳汁，而且對於使用哪些種類的乳汁還相當挑剔。我們不會用貓奶、狗奶或猴奶來製作乳製品，儘管猴奶與人奶的相似度遠大於牛奶。

在人奶成分中，4.5%是脂肪、1.1%是蛋白質、6.8%是糖（乳糖），水分占87%。相較之下，海豹奶與鯨魚奶（很難入選為乳源）脂肪含量驚人，達到35%以上。人類很久之前便選擇飼養乳牛、山羊、綿羊提供乳源，因為其乳量多，而且餵養容易。牠們被稱為反

芻動物，亦即將草和其他植物咀嚼後，再利用「瘤胃」在體內反芻食糜的動物。普通乳牛所產的牛奶，有3.4%是脂肪、3.3%是蛋白質、4.9%是乳糖。

對於體內擁有特定酵素，能在嬰兒期後繼續消化乳糖的人類族群來說，乳汁深具象徵意義。它深深地滲入我們的夢境，塑造了我們的信仰。我們會仰望又稱為「乳汁之路」（Milky Way）的銀河（是希臘神話女神赫拉〔Hera〕溢灑在天空的乳汁所形成），以及其星系（星系的英文galaxy源自希臘文意指乳液的gala一字）。從西非的富拉尼人（Fulani）到印度教和北歐文化，都有以乳汁為中心的創世神話。建造羅馬城的羅慕路斯（Romulus）與雷穆斯（Remus）是一對身世不凡的兄弟，因為他們在嬰兒時期遭到拋棄，由一頭肉食性動物——狼——哺乳長大。

66 乳汁總是散發著『母性』的光輝——在我們的文化中，凡受其洗禮的事物都不可能帶來威脅或危害。

——食物歷史學家維薩 99

覆「奶」難收

對種種問題的擔憂，從動物福利到健康，以至現下的氣候變遷，已使得牛奶如食物歷史學家庫蘭斯基所說，成為「人類史上最受爭議的食品」。在18世紀末，據說倫敦市中心養有2萬頭乳牛，令人們感到憂心。有的終其一生都被鎖鏈拴住，只能吃穀物、啤酒酒粕和腐爛的蔬菜；有的則是清晨由酪農場的女工領著，挨家挨戶地直接擠奶到廚桶裡。

　　人們開始爭論關於衛生、疾病、牛隻福利的問題，直到21世紀都未見解決的跡象。敵視現代酪農業的陣營首先控訴，我們已如同對待雞隻一樣對待具有細膩情感和複雜情緒的牛隻，將與其之間的良好互惠關係，變成了宛如人與機器間有失人道的利用關係。

　　育種和「零放牧」的飼餵方式，將高能量的穀物飼料直送到牛欄裡，使得現代乳牛擁有驚人產奶量。一頭一般的荷蘭牛（Holstein-Friesian）每年產出 1 萬公升是常態；40 年前，其產量只有這個數字的一半。而一頭哺餵小牛的肉用母牛可以提供大約 1,000 公升的奶量。

　　正是此種非凡的生產效率讓牛奶能在超市賣得如此便宜（但農民沒能享有多少利潤）。然而，數以百萬計的牛隻卻為此付出可怕代價：牠們的生命只有 3 年，而非在有機酪農場可以活到的 8 年以上，而有些牛隻更是只能在牛棚裡過著無草可吃的生活，與 200 年前令熱愛動物的倫敦市民驚駭的景況沒什麼兩樣。

　　問題的癥結在於，現今農業利用乳牛的方式，未能延續自古相傳的模式：那是一個有效率、自給自足，並且盡可能講求人道的運作系統。身兼農民與作家身分的西蒙·菲爾利（Simon Fairlie）在 2021 年向《食物面面觀》說明這個系統在傳統的英國混合型農場是如何運作。「乳牛是整個系統的核心。將牠們放牧在無法耕種、崎嶇不平又多丘陵的草原，每頭每年可以產出大約 4,000 公升的牛奶。由此生產出的乳製品除了牛乳外，還包括優格、起司，而製作起司可以保存無法立即食用的牛奶，且在製作過程中會留下尚含有大量養分的乳清。這些乳清會用來餵豬——這可是豬非常喜歡的食物。另外，乳牛每年會排出 7~10 噸的糞便供我們做堆肥。豬也會排出糞便，我們會在養過豬的土地上種植馬鈴薯。」

　　供食用的牛肉是這個系統產生的副產品之一。只有在酪農場不

具生產力的牛隻會做為食用用途。菲爾利認為如此利用牲畜可以兼
顧效益與道德考量。「牛肉產業真的應該回頭使用乳牛，或者所謂
的兩用牛。」牛群主要以可在農場上取得的牧草餵食。菲爾利表
示：「用穀物餵食任何牲畜都是極不符合效益的作法。」然而，在
世界上某些地區，肉牛養殖業已完全脫離酪農業，用大豆及其他以
穀物製成的動物飼料將牛隻養得肥肥壯壯。此種情況反過來又引發
巴西、阿根廷及其他大豆產國為種豆而毀林的問題。

延長牛奶保存期限之道

　　庫蘭斯基所提到關於乳製品的爭論，主要源自我們為利用牛奶
來賺錢而採行的各種作法。牛奶其實是很好的主食，可以提供蛋白
質、脂肪、糖和一些有用的礦物質如鈣等，而且價格非常低廉。但
是牛奶無法長久保存；事實上，相較於大多數畜產品，牛奶變質的
速度非常快。鮮奶若是處在溫暖環境，並且裝在不乾淨的容器裡，
幾分鐘內就會開始滋生危險的細菌。

　　幾個世紀以來，人們不斷想方設法讓牛奶能夠（或看似
能夠）安全地保存。在現代，牛奶會經過均質化、巴氏殺菌
（pasteurisation）、濃縮處理，再脫水乾燥製成粉末，然後變成裝在
鐵罐、袋子、瓶子內的許多種產品出售，包括嬰兒配方奶粉（在某
些國家仍標榜為比人乳更乾淨文明的選擇），以及巧克力棒等。將
牛奶的脂肪固化成奶油，並添加鹽巴以利保存，造就了人類飲食最
早的奢侈美味之一，其也是北歐香濃料理中的一大要素。20世紀初
的名廚，堪稱現代法國烹飪之父的費爾南・普安（Fernand Point）
即留下這句名言：「給我奶油！給我奶油！給我多多的奶油！」

　　在很早以前，人類就開始將牛奶煮沸，藉以殺死部分細菌。

（牛奶加熱後在表面形成的一層營養皮膜，是古代亞述人珍愛的美食。）但是有個方法能更有效延長牛奶的保存期限並添加其價值，那就是善用牛奶的百變特質。用牛奶製作奶油毫不費力：我們小時候都會自己做奶油，只要把一罐牛奶裝在口袋裡帶著到處走就行了。口袋的溫度和行走時的晃動即可將牛奶變成奶油，之後再加入鹽巴就能防止細菌滋生。大約4,500年前，蘇美人會將乳脂放到山羊皮內甩動來製作奶油；他們甚至還有一位尼尼嘉拉女神（Ninigara）專司奶油事務。

牛奶之所以會變質，是因為周圍環境細菌的作用使其變酸發臭。但這當中有許多細菌可以發揮有用功效。優格是許多中東文化的主要食品，製作時同樣需要搖動，在這之前需先添加優格菌，通常是前一天剩下來的菌種。這些細菌所產生的酸會使優格帶有酸味，並賦予其特有質地。

在古代波斯出現了一種便於攜帶的曬乾發酵優格。這種優格至今依然存在，稱為kashk。Kashk是名廚尤坦・奧圖蘭吉（Yotam Ottolenghi）相當鍾愛的乳製品，他會利用kashk為湯品和燉菜增添酸味或濃稠度，而黎巴嫩和其鄰近國家則是會將此種優格與小麥粉混合曬乾，製成一種餅乾。在1970年代之前，優格（該詞原是土耳其語）對英國人來說，當然是一種可疑又陌生的東西。許多消費者會喊道：「我才不會吃壞掉的牛奶！」

只要加入一點點酸，經過搖動的牛奶就會開始凝固，然後分離成柔軟的塊狀物「凝乳」，以及一種水狀物質「乳清」。這些物質可以食用或飲用；英文兒歌〈小瑪菲小姐〉（Little Miss Muffett）中的小女孩就是這麼做的。凝乳經過清洗鹽漬後，就變成了茅屋起司（cottage cheese），乳清則通常會用來餵豬。但多花一點時間，使用一些有趣的菌種，還可以製作出許多美味的食品，尤其是起司。

關於起司起源常見的版本是，牧人為了方便飲用，會將牛奶裝在用動物的膀胱或胃製成的防水袋中隨身攜帶，但經過幾個小時的跋涉後，卻發現牛奶竟已變成了固體，而且還相當美味。感謝第一個解開這個謎團的人：牛奶會變成固體，是因為存在於反芻動物胃裡，稱為凝乳酶（rennet）的數種酸性酵素，造成牧人的牛奶凝結，使其分子融合在一起，繼而產生了凝乳。

文獻中首見製作起司的人物，或許生活在3,000年前充滿迷霧的希臘神話世界中。這個人物便是半人半神的獨眼巨人波呂斐摩斯（Polyphemus）。他在被荷馬史詩《奧德賽》中的希臘航海者欺騙弄瞎前，會擠羊奶製作凝乳起司（也就是我們所說的茅屋起司）。但是製作起司的歷史遠早於這個年代。2021年時，考古學家在英格蘭北約克郡一座歷史近6,000年的鹽場進行勘察。他們發現有證據可以證明，鹽場的工人當年曾將牛奶加工成固體以便貯存在陶器中。

21世紀起司製造商的創業理念

起司及其製作方式承繼了古老技術，發展至今已臻成熟，有些種類的起司更是遠近馳名。許多最受推崇的英國起司源自延續了數世紀的神聖傳統：帶有藍紋的雙重格洛斯特起司（Double Gloucester）是簡便午餐中的主食，據說最早是在1498年製作出來。各家手工起司製造商自是相當保護其起司的名稱和歷史悠久的技術。不過，費爾特姆農場（Feltham's Farm）起司的故事證明了，即便21世紀的酪農業面臨了種種壓力與不確定性，我們還可以使用現成原料，從零開始打造和行銷自家起司。

馬克斯・佛格森（Marcus Fergusson）與潘妮・奈格爾（Penny Nagle）在2015年帶著他們三個年幼的孩子，從倫敦搬到薩默塞特

郡（Somerset）鄉間。他們原本打算務農，但位在費爾特姆區的新家只有22英畝大──對傳統農業來說面積太小，因為現今往往需要大面積耕作才能生存。所以他們最後決定製作起司。不過應該製作何種類型的起司呢？薩默塞特郡已經有許多優質的切達起司製造商，而其他商家製作的是融入地方特色的法式經典起司，如布利（Brie）和卡門貝爾（Camembert）起司等。

「我們認為自己得製作出一種市面上不常見，或根本買不到的起司。在考慮過各種本地不常見的歐式起司後，我們心想，好吧，就做臭臭的洗式起司（washed rind），像艾帕瓦絲起司（Époisses）那樣的法式起司，應該會很有意思。但要如何才能讓它們帶有英式風味呢？」

馬克斯指出，現在要打造一款起司，就好比是在組裝一塊塊積木：這些積木分別是牛奶、凝乳酶、鹽巴，以及菌種（決定起司特性的乳酸菌、酵母和黴菌）。這些都可以從丹麥兩大供應商中的任一家購得。現今全球8成起司的菌種都是來自這兩家公司。

馬克斯與潘妮從基本的卡門貝爾起司配方開始試起，去掉會產生白色粉衣外皮的菌種，然後加入一些白地黴酵母（*Geotrichum candidum*），讓起司帶有一種「起皺的腦紋」。馬克斯接著添加些許藍色起司菌種，即洛克福爾青黴菌（*Penicillium roquefortii*）。最後，因為艾帕瓦絲起司是以白蘭地酒擦洗外皮來促進「某種有黴臭味的細菌」生長，所以這對夫妻決定在最後一道步驟，用薩默塞特郡土產的麥酒來洗浸起司。

馬克斯表示：「在某種程度上，牛奶會告訴你它想成為的模樣。牛奶本身和你所在的環境有很大的影響力。你可以操控大部分要素，但老實說，在混合所有不同的菌種後，一定會出現你意想不到的結果。」

　　費爾特姆農場在經過一番實驗後所製作出的起司，是一種很有個性的起司。它會令人感到緊張不安；這種起司略帶甜味，熟成時會散發出強烈臭味，必須裝到密封盒內放入冰箱冷藏才行。有一則早期的評論稱它為「邪惡的小起司」，馬克斯頗喜歡這樣的評語。夫妻倆為這種起司取了一個搶眼的名字「叛僧起司」（Renegade Monk），並設計了蒸汽龐克（steampunk）風格的標籤，然後開始嘗試在當地商店販賣。

　　結果反應奇佳，超乎所有預期。當年就出現排隊購買起司的人潮，尤其是因為費爾特姆農場的叛僧起司在開始生產僅僅5個月後，即榮獲2017年全球起司大獎（Global Cheese Awards）最佳軟質起司（Best Soft Cheese）項目金牌。其他一連串獎章與讚譽接踵而至，包括獲得2020年星級美食大獎及英國起司大獎（British Cheese Awards）星級肯定。叛僧起司如今已外銷至加拿大、香港等地，而馬克斯與潘妮在擴大酪農場規模後，已投入另外3種軟質起司的生產，包括一種較溫和的藍色起司，以及英格蘭首見的西班牙風鮮起司（queso fresco）。不過這些起司的產量依然極少，主要是新冠肺炎疫情爆發後封城，以及農村企業近期面臨的所有其他壓力所致。

　　氣候相關問題的考量，對生產模式產生了何種影響？生產1公斤的叛僧起司大約需要7公升的牛奶（這是相對較少的用量：起司越硬，所需要的牛奶就越多）。與酪農業的一些業者不同的是，馬克斯並不否認他的產品存在氣候成本，而從創業之初，他與潘妮就一直努力「將環境足跡減到最少」。他們的農場經過有機認證，其供電及供暖、冷藏設備，都是由太陽能板和地源換熱系統提供能源。他們所飼養的一小群豬會吃掉製作起司時剩餘的乳清；這些乳清在他處往往會被丟棄。農場的貨車是電動車，而在4年內，農場裡也種植了超過1,500棵樹。「雖然自我們的酪農場升級以來，我還

沒計算過相關數字，但我想就碳排放量而言，我們甚至不是『碳中和』，而是『負碳排』。」

牛奶生產方式的綠化

佛格森夫婦使用的牛奶所隱含的碳成本是一個較為複雜的問題。費爾特姆農場的牛奶是由兩家當地有機酪農場供應。其中一家是哥明斯特（Godminster），其亦是切達起司大廠威克（Wyke）的供應商。2021年，英國土壤協會（Soil Association）正式評定哥明斯特為「英國最佳大型有機農場」。哥明斯特農場的所有人是理查‧霍林貝里（Richard Hollingbery），他在1993年買下這座位在薩默塞特郡布魯頓鎮（Bruton）外已有百年歷史的酪農場。他表示從經營之初，他的座右銘即是「善待大自然者，必得大自然回報」。

哥明斯特農場於2000年獲得有機認證。這表示其牛隻（肉牛與乳牛）所吃的食物至少有7成是草，農場未在土地上使用任何人工化學物料，也未對牛隻使用任何抗生素。牧場不施肥，而播種時會採用「少耕法」（minimum-till）進行——如霍林貝里所說，只是稍微挖刮草皮而已。傳統的深耕法會將表土翻過來，釋出鎖在土裡的二氧化碳。目前一些糧農使用的少耕法入土只有15公分，因此可以保存土壤結構。少耕法所耗用的柴油也少得多。

這是當前在財務考量許可下，運作模式最「理想」的一座農場。過去25年間農場已栽植了2.5萬棵樹，霍林貝里也繼續尋求更多方式減少能源的使用，以及改進其他面向的作法：他目前正進行嘗試，想看看農場的牛奶客戶是否會接受將單次使用的塑膠包裝改為可用作堆肥的包裝。

這座農場亦參與了一項科學研究計畫。該項計畫的目的是將水

肥坑（用來收集圈欄裡的乳牛排泄物）產生的甲烷轉化為生物燃料。此外，透過運用精子分離技術，該農場的乳牛群已經8年未生產過小公牛。即使在此之前，哥明斯特農場的作法也不同於許多工業化農場。哥明斯特農場的小公牛不會一出生就被撲殺，而是會養成小牛肉。但這是不符合經濟效益的作法，當然也變成另一個氣體製造源，排放出造成氣候改變的氣體。

現代的工業化酪農業存在一大恐怖黑幕，那就是大量的小公牛在出生後沒多久就會遭到宰殺，但業者卻鮮少承認這個事實。在沒有母乳可餵的情況下，要餵養這些小牛花費太高，而且由於乳牛品種通常肉質不佳，牠們的屍體最終只能扔進垃圾掩埋場。不過至少英國目前已開始著手解決這個問題。

只選擇帶有X染色體的精子進行人工授精，是一項日趨完善的技術。透過這項技術，一些與哥明斯特類似的農場已可確保生出的小牛均是母牛。面對顧客的抗議，規模龐大的乳品業也採取了行動。與英國28%的酪農場合作的愛氏晨曦公司（Arla Foods），於2021年1月立定規章，禁止旗下2,300名農場主宰殺不滿8週的小牛（這項禁令最初是農場主本身所提議）。乳牛遺傳學的發展，可望在未來讓更多的小公牛適合做為肉牛。

儘管哥明斯特農場極為注重其永續發展，但我們在2021年底進行訪談時，霍林貝里表示對於應如何管理乳牛群的溫室氣體排放感到困惑。「我們想撰擬新的永續發展計畫，但我遇到的最大障礙是，碳審計並沒有經過各方議定的計算公式。政府沒有提供任何資訊，而視所諮詢的單位而定，至少有3種不同版本。」

他想要檢視農場的溫室氣體總開支，包括貯存其電腦數據的伺服器農場（server farm）所耗費的成本，以及顧客處理廢棄物的習慣所造成的垃圾掩理問題等。「但是卻做不到。」

關於乳牛打嗝的具體問題（霍林貝里指出乳牛打的嗝比放的屁還多），他認為自己所處的乳品業受到了極不公平的抨擊。「你若是看到《衛報》登出令人驚恐的頭條新聞——最近一則指稱，全球13家乳品業者製造出的溫室氣體，比英國其他所有產業的總排放量還要多——必須往下細看，文中提及的是經營大型農場的跨國公司。這些農場在紐約州2平方英里範圍內養了8萬頭全部用大豆粒餵養的乳牛。」

在每頭乳牛攝入的熱量中，有5%會經由打嗝以甲烷的形式排放出來。此種溫室氣體的破壞性是二氧化碳的28倍。

細節之爭

「英國紅肉與乳品實情分析」是英國全國農民總工會（National Farmers Union，簡稱NFU）發布的一篇積極「破除迷思」的報告。當中指出，聯合國政府間氣候變遷小組（IPCC）已認可，就氣體排放控管而言，英國乳品業遠比全球平均表現更有效率：在英國，每頭乳牛製造的排放量，只有其他國家和生產體系的4成。能有此佳績的部分原因在於，英國目前進口的飼料用大豆，數量少於歐洲其他生產乳品的國家。

以草飼為主的酪農場也可發揮碳固存功效，使碳從大氣中消失，這是因為牧草本身可以吸收碳。英國全國農民總工會的報告指

出了一個重要觀念，那就是雖然在相同磅數下，甲烷的破壞力遠大
於二氧化碳，但其在大氣中降解消失的速度卻比較快，而二氧化碳
會在大氣中滯留幾個世紀之久。

然而，選擇飼養傳統草飼乳牛是否一定是較佳的作法尚有待商
榷；近期科學研究結果顯示，現代的「半集約」酪農業由於能有效
利用飼料並妥善處理糞便，對環境的破壞度可能較小。雖然目前有
許多像霍林貝里這樣具有前瞻思維的農場主，但英國乳品業大多數
的業者似乎決心不藉由改變其核心實務作法來因應當前挑戰。反
之，他們的應對方式是駁斥科學論點，強調英國農作方式的正面影
響大於負面影響，像是其可提供工作機會、保護土地環境、具有歷
史和美學價值等。就像許多參與氣候危機大論戰的人士一樣，此種
應對方式往往是防衛性多於建設性。

凱特諮詢公司（Kite Consulting）是英國研究分析工業化農業
及其市場動態的龍頭機構之一。該機構某些分析人員認為，乳品業
因為氣候危機而遭到不公的責難。而責難方是「有心針對反芻動
物」的人士，包括BBC、「嚴守素食主義者」，以及化石燃料產業
（該產業本身在溫室氣體減排方面有臭名昭著的不良紀錄，正試圖
轉移世人對此的注意力）。凱特諮詢公司的執行合夥人約翰・艾倫
（John Allen）表示，全球的科學研究結果和統計數字並不可靠，而
且遭到濫用，使得一般民眾大感困惑。

公關專家克里斯・沃克蘭（Chris Walkland）在代表凱特諮詢
公司發言時指出，解決之道在於向大眾傳達一個簡單的訊息。「告
訴他們，不妨親自到坎布里亞郡（Cumbria）、德文郡、威爾斯、
蘇格蘭去看看窗外的世界。看看放養牛隻的農村。我們可以告訴他
們，若是養300頭乳牛，周遭通常有占地300英畝的田野、樹籬、
樹木等種種草木，它們會吸收乳牛排放出來的碳。然後再到市中心

看看。在那裡，窗外的世界沒有任何東西可以吸收那些排放出來的碳。」1

然而，凱特諮詢公司的永續發展部門主管瑞秋・瑪德蕾・戴維斯（Rachael Madeley Davies）深知，乳品業需要做的事不止於此。她目前正在開發各種不同的溫室氣體審計系統，以協助解決哥明斯特農場的霍林貝里所遭遇的問題，讓他能夠計量事業體中的所有要素。她相信不久後，牛奶瓶上會載有其原產農場的碳足跡數據，繼而為農場主帶來經濟利益，尤其是在政府開徵碳稅的情況下。特易購已著手研擬一項計畫，透過這項計畫可以計量農場的溫室氣體排放量，要求農場牛奶每品脫的碳含量不得超過上限規定才能在該超市上架。

隨著科學的發展，酪農場與肉牛養殖場已可以實現負碳排的目標，在增加生物多樣性的同時，從大氣中移除超過其本身排放量的溫室氣體。戴維斯說明道：「目前氣候已處於紅色警戒狀態。改變有助於改善現況，而且我們非改變不可，因為對酪農來說，未來將有許多問題迎面而來。」她提到了用水以及牛的尿液釋出氨氣所造成的汙染問題。「我們可以順勢調整作法，目前也正努力為之，但這對業界許多人士來說會是相當困難的事。」儘管如此，澳洲一座大型養牛場，威爾莫特牧場（Wilmot），已透過新的放牧與土地管理技術固存了足以銷售碳權（carbon credit）的碳量。2021年，威爾莫特牧場與電腦軟體業巨擘微軟公司進行了價值達50萬美元的碳權交易；透過碳權交易，一家公司可以向其他公司購買碳權來抵換其溫室氣體排放量。

愛爾蘭奧努阿農業合作社（Ornua），即金凱利（Kerrygold）奶油、Pilgrim's Choice起司，以及英國超市自有品牌乳製品的供應商，於2021年表示希望能在2030年前達成減排2成的目標。奧努

阿進行的其他變革也對此有所助益：在改革供應鏈後，其事業體過去3年的能源使用量已減少36%。奧努阿與特易購也透過變更奶油與起司包裝設計，減少了塑料使用量。就在酪農業許多業者譴責某遊說團體讓他們背黑鍋，指稱其意圖終結整個畜牧業的同時，實質的改變正在背後悄悄發生。

許多分析家認為，酪農業的未來有賴生物技術所推動的改變，尤其是乳牛本身的改變。只要在飼料中添加少量海藻，就可以讓牛隻排放的甲烷減少6成以上，而相關試驗正持續進行中。利用基因工程技術增進乳牛的健康，可以維持乳牛的生產力：一頭生病的牛排氣量和健康的牛一樣多，但產乳量卻少了許多。因此，未來或許可以在維持牛奶產量的前提下，削減全球牛群的規模，特別是若能將該等技術提供給如印度等目前乳牛產乳效率顯著較低的產乳大國。

在2021年末，報紙頭條新聞紛紛報導，「無乳牛牛奶」可望在2023年前上市銷售。當時以色列一家名為Imagindairy的新創公司宣布已籌得一項產品計畫的資金。此項計畫將會在真菌或其他植物微生物體內植入DNA，使其可以生產出牛奶中的蛋白質成分，也就是酪蛋白和乳清。之後，該公司會在這些成分內添加水、植物性脂肪和糖，製成一品脫的牛奶，所使用到的土地和水，分別只有用乳牛生產牛奶的1%和10%。

可以想見的是，投資人之所對該項及其他相關計畫滿懷熱情，主要不是因為擔憂酪農業對地球造成破壞，而是因為看好近年來非乳製奶市場的大規模成長。光是英國，在2025年前由杏仁、燕麥、

---

1 'How dairy can be part of the climate solution', Kite Consulting podcast, 20 August 2021.

大豆和其他植物提煉而成的植物奶，每年預計就有超過5億英鎊的
市場規模。

婦女與奶油的糾葛

　　一直以來，辛苦的牛奶加工作業總是多由女性來承擔── 或可
說是強加在她們身上。英文用來指稱乳品的dairy一字，源自中古英
語的daie，意思是「女僕」。酪農場的女工，無論是領著一頭乳牛
在倫敦街頭挨家挨戶擠奶，在擠奶間工作，或是攪製奶油的女工，
在英國的想像世界和民間傳說中都占有一席之地。在湯瑪士·哈
代（Thomas Hardy）的小說《黛絲姑娘》（*Tess of the d'Urbervilles*）
中，牛奶廠女工黛絲·杜柏菲爾（Tess Durbeyfield）是美麗與純樸
農村的象徵，只可惜這份美麗純樸很快就遭到毀壞。

66 但是牛奶本身也應該好好受到檢視。生產這些牛乳的牛隻
是用枯萎的捲心菜葉和發酸的糟粕餵養。而用熱水稀釋
過，還漂著搗碎蝸牛的牛奶，就裝在沒有加蓋的提桶裡，
穿過大街小巷，被各種髒垢汙染。有從門窗潑出來的髒
水、行人的唾沫鼻涕、嚼過的菸草塊、被搗蛋的男孩亂扔
到桶子裡的垃圾，最後還有從一個骯髒邋遢的女人破舊的
衣服上掉下來的蟲蝨。這個女人就打著體面的牛奶場女工
之名，販賣這桶珍貴的大雜燴。
── 托比亞斯·斯摩萊特（Tobias Smollett）描寫倫敦清晨送
奶的情形，《漢弗萊克林克歷險記》（*The Expedition of
Humphry Clinker*，1771年出版）99

　　舊約聖經中最令人印象深刻的謀殺案之一，牽涉到一位堅強的女性以及做為款待之物的奶油。雅億（Jael）是基尼人（Kenite），基尼人是聚居在現今以色列北部的古老游牧民族。這些游牧人民會為牧養的駱駝和山羊擠奶，再用之製成乳品做為交易之用。當屬於敵方的迦南（Canaanite）將領西西拉（Sisera）出現在雅億的帳篷索要食物和休憩處（某些譯本詮釋為要求與雅億交歡），雅億知道機會來了。

　　雅億讓這位將領睡在她的帳篷裡，「用款待貴冑的盤子呈上奶油」給他食用，然後趁西西拉睡著時，拿起帳篷的橛子，用錘子將之釘進他的太陽穴，讓他一命嗚呼。我在上主日學時聽到這個故事後，回來講給我母親聽。正如她聽了之後所說：「我想當時如果是用Stork牌的人造奶油款待可能就不會成功了。」

　　許多乳品業興盛的文化相傳，婦女較適合從事相關工作：乳牛比較喜歡女性的照撫。於是一代又一代，許多婦女不得不長時間埋首在擠奶間裡工作。以20頭乳牛的牛群來說，每天需要用手擠奶2次，得花費6小時以上的時間才能完成。現今即使用機器代勞，速度也沒有快多少，雖然可以省點臂力。此外，牛奶還必須經過加工處理。

　　顯然這項勞動為許多婦女提供了工作機會，但是農場主的家庭成員就得在農場主的密切注視下無償從事這項費勁，有時還具有危險性的工作（重達半噸且脾氣不好的乳牛可是有傷人的風險）。牛奶對於家庭以及農場的生計來說都極其重要：乳牛若失去生產力是件很嚴重的事，而這件事通常會怪罪在婦女頭上。

　　在有關乳品製作的傳說故事中，屢屢出現對女巫的指控：舉凡牛奶有血或凝結、奶油變酸或無法成形，都可歸咎於惡毒的魔女所為，或有時乾脆怪罪於女性的經期。擠奶間的生活不乏迷信作為：

人們會在牛欄掛上馬蹄鐵和花楸樹的嫩枝來驅除厄運。刺蝟、野兔、歐夜鷹（可能是女巫引入的動物），都曾被指控會招致牛奶腐敗的厄運，或甚至盜走乳牛乳房中的奶水。

酪農場女工的一天通常從早上 5 點開始。在早晨擠完奶後，她會將奶水倒到奶油攪拌桶裡。接著，她會唱一首攪拌歌，好在攪動把手時掌握節奏：

來吧！奶油，出來吧！
來吧！奶油，出來吧！
彼得站在大門口，
等吃奶油糕一口。
來吧！奶油，出來吧！

要是奶油「沒出來」，也就是從牛奶中分離出來，責任就落在這位女工身上。當時認為，只要一個小差錯，例如在進入農場時沒有說聲「工作大吉」，就可能造成奶油製作失敗。當時也認為，雙手發熱或溼黏的婦女無法勝任這項工作。直到現代，科學研究才發現，牛奶中的酸度或乳牛本身的問題，才是導致奶油出不來的實際（同時也是較合理的）原因。

只要有一段時間的擠奶經驗就會知道，如果能好好溫柔地為一頭乳牛擠奶，和牠建立起良好關係，是相當令人暖心又快樂的事。品質最好的奶油是用最後擠出來，乳脂含量最多的乳汁所製作。在過程中必須溫柔地用手指小心翼翼哄誘順從的乳牛才行——這種乳汁被稱為「輕撫而出的乳汁」（the strokings）。

將奶油加工以便貯存販賣，占據了酪農場更多的作業時間。經過攪揉後，奶油會脫掉乳清，呈現均勻質地，此時會再加入鹽水浸

泡。包裝完好的含鹽奶油可以在高達7、8℃的溫度下保存數月。現今奶油的含鹽量只有約2%；一份14世紀初期的紀錄顯示，當時每10塊奶油就含有1磅的鹽。為了能讓奶油貯藏在陰涼處，有些北歐的奶油製造商會將其產品裝入木桶埋在泥炭沼裡。奶油會因此產生絕佳風味，而某些奶油埋存的時間長到得種一棵樹來標示其所在地點。在愛爾蘭挖出這些奶油的考古學家表示，經過幾個世紀的封存後，奶油內部呈現白色，而且保存良好，不過現在看來與其說是奶油，倒更像是起司。

殺菌大作戰

現代牛奶製程的許多改進，都是為了拯救生命。自17世紀以來，儘管人們對汙垢、溫暖環境、傳染病之間的關係幾乎一無所知，牛奶卻一直遭醫生懷疑是致病因素。顯而易見，牛奶品質的劣化很快便演變到不可收拾的地步。養在城市的乳牛通常主要用餿水（釀酒廠丟棄的穀渣）餵養，有時餵食量多到牛奶聞起來都有酒精味。所以人們會添加一些東西，讓牛奶看起來賣相較好、較新鮮。

前面斯摩萊特所提到的蝸牛汁，就是用來使牛奶看起來更有泡沫，但在多年來摻入牛奶的種種物質中，這還算不上是最可怕的成分。維多利亞時代的科學家開始監督城市裡牛奶業者的品質時，也在牛奶中發現了白堊、穀粉、石膏粉、羊腦，甚至是含有劇毒的鉛製白色色素。除此之外，在1880年代，世人對結核病有初步瞭解並展開研究時，發現倫敦大多數的乳牛都染有結核病。

在1860年代，路易‧巴斯德（Louis Pasteur）發現，將有機液體，如葡萄酒、牛奶等加熱到約在沸點的溫度，可以消滅微生物，並使酶失去活性。現今，大多數牛奶在裝盒或裝瓶前，都會被加熱

到72℃殺菌約15秒。巴氏殺菌法拯救了無數性命。它是塑造現代世界面貌的製程之一，但若是想從牛奶中獲取營養，則不能算是處理牛奶的最佳方式。歷史學家卡洛琳‧史提爾（Carolyn Steel）寫道：「諷刺的是，在發現造成牛奶變酸的「壞」菌後，（路易‧巴斯德）發明了一種方法來保存牛奶，就是殺死裡面『所有』的微生物。」她指出，這種高溫殺菌法與如殺蟲劑等其他一律通殺的解決方案沒什麼兩樣，並認為其應該為當前社會面臨的一些問題負責。這個社會的生活環境已變得太過潔淨，將實際上對我們有益的自然菌系徹底消滅。

正如幫助我們製作出啤酒、葡萄酒、優格的酵母一樣，生乳中的細菌也對人類大有助益。它們不但賦予牛乳味道，也有助於牛乳保存。拜工業時代早期上演的牛奶恐怖秀之賜，我們現今只能喝著相同又乏味的牛奶，而且這些牛奶還喪失了一些最有益的營養價值，特別是也遭到高溫殺菌摧毀的維生素C。

生乳中的「益生菌」已確認不僅與消化功能的改善「有關」（又是這個詞），與氣喘、溼疹、過敏療效的改善也有關聯。有人認為，牛奶中天然存在的細菌有助於強化我們的免疫系統。因此，未經處理的鮮奶以健康食品之姿重獲消費者青睞，想要藉由發酵飲食如克弗爾（kefir）發酵乳、韓式泡菜等重建腸道菌叢的人士，尤其看好其健康效益。

主流科學界依然對這些功效存疑。2017年，美國疾病管制與預防中心（Centers for Disease Control and Prevention，簡稱CDC）發布了一份措辭嚴厲的報告，指出曲狀桿菌（campylobacter）、沙門氏菌、李斯特菌中毒事件的爆發，與生乳消費量的攀升有關。據報告所載，在美國與乳製品有關的突發中毒事件中，96%是由生乳所引起，若考量當時只有3.2%的美國人飲用生乳，可說是相當高

的比例。

　　生乳是傳統起司製程中最重要的原料。有些愛吃起司的人會對「非」使用生乳製作的起司嗤之以鼻，因為傳統上，起司當然得使用擠奶所在環境和地點特有的菌種來製作。史提爾以產於法國奧弗涅區（Auvergne）的康塔爾起司（Cantal）為例來說明。這種以薩勒乳牛（Salers）乳汁製作的起司已有相當攸久的歷史，歷史學家老普林尼（Pliny）在公元1世紀即曾記述它是「羅馬城最受歡迎的起司」。人們後來發現，存放薩勒乳牛鮮奶的舊大木桶是製作這種起司的關鍵所在。這些從未清洗過的木桶當中含有適當的微生物，正可製作出質地光滑、味道濃烈的康塔爾起司。

　　這些傳統知識對讀到美國政府公衛報告的人來說是不適用的。2016年，蘇格蘭一間酒吧爆發李斯特菌中毒事件，造成一名孩童喪生。之後在政府食品標準管理機構的敦促下，蘇格蘭環境衛生警察關閉了附近一家知名傳統起司製造廠。政府接著敦促蘇格蘭其他所有使用生乳的起司製造商改用經過高溫殺菌的牛乳，否則就得停止營業。據悉，就在政府祭出這些措施時，蘇格蘭的超市仍持續補進從歐洲進口的生乳起司。

令人尖叫的美味冰淇淋

　　原本做為主食的乳製品，在工業時代開始變換角色，成為令人享受的奢侈美味。在維多利亞時代中期的倫敦街頭，經常可見義大利籍的冰淇淋小販沿街叫賣。他們會用義大利語吆喝著：「冰淇淋，來嘗一點吧！（gelati, ecco un poco!）」由於ecco un poco聽起來近似hokey-pokey，這些小販就被稱為「叫喊『hokey-pokey』的人」（hokey-pokey men），因此直到20世紀，冰淇淋都俗稱為

「hokey-pokey」。然而,隨著這種美食出現在擁擠的城市裡,白喉、猩紅熱、傷寒等瘟疫也相繼爆發開來。

現今認為,冰淇淋可能是傳播這些疫病的主要媒介之一。當時大眾認為細菌無法在寒冷的環境中存活,但事實上,許多菌種在冰點以下也能大量生長。到了1920年代,人們瞭解到某種冰淇淋混料(當中包含了蛋和額外添加的糖)比起牛乳或乳脂本身,可能是更適合細菌滋生的媒介。由於高溫可以殺死大部分細菌,高溫殺菌遂成為法定要求的處理程序。此規定原先只限於冰淇淋的產製,之後便擴大適用於大多數鮮奶的生產。磷酸酶是存在於牛奶中的化學物質,在溫度上升到72℃時會失去活性。因此只要檢測磷酸酶的活性,便可很快確認牛奶加熱殺菌是否完全。

在依規定改進製程後,隨著廣告時代的來臨,工廠產製的冰淇淋(在食用奶製品的社會中)成為現代家庭最鍾愛的甜點。當富裕國家的中產階級購買了電冰箱,除了冰上一大塊冰淇淋磚,或是半加侖的冰淇淋桶外,還有什麼更好的方式可以炫燿這部閃亮亮的新玩意兒呢?

食物歷史學家維薩認為,20世紀的美國與冰淇淋之間存在著難分難捨的關係:冰淇淋除了是全民嗜吃的甜食外,也是國家富足的象徵。在1920年代,新移民抵達曼哈頓附近的埃利斯島(Ellis Island),正式進入美國國土時,可以吃到一碟冰淇淋。1942年,美軍戰鬥巡洋艦「列星頓號」(USS Lexington)在珊瑚海海戰(Battle of the Coral Sea)中遭到擊沉,當時艦上官兵卻是先搜刮了冰櫃,好在棄艦跳海的時機到來前,坐在甲板上大吃冰淇淋。與此同時,日本和英國在第二次世界大戰期間則都禁吃冰淇淋,將之列為不當的奢侈品。

在1950年代韓戰期間,許多年輕人被送上戰場,軍方認為冰淇

淋可以有效安定他們的心神，美國陸軍因此安排後勤每週3次，將冷凍的調味冰淇淋、水果調料、蛋等送到所有部隊，即使在叢林深處也照送不誤。

今日，如所有愛吃冰淇淋的人士所知，大部分的冰淇淋已不再是單純用乳牛或母羊的乳脂冰凍而成的食品。它們是用食品技術拼湊出的產物，成分包含了取自海濱、玉米田、森林等地的各種膠質、澱粉、粉末油脂（fat powder）、色素和調味劑。但是大多數的人並不在意這等欺詐手段，因為經過偽裝的食品總是能令人感到愉悅。正如維薩所說，在盎格魯撒克遜國家，冰淇淋向來是「牛奶最完美的化身」，是將人類巧思與人人在生命初始賴以生存的基本營養物質完美結合的奢侈美味。

焦糖牛奶醬

食品利用現代技術保存後，能夠呈現新貌或更佳樣貌的可說寥寥無幾。在這些食品變得更加安全之餘，是否可能讓它們變得更美味呢？確實可以的。「焦糖牛奶醬」（dulce de leche，西班牙語意思是「牛奶的甜味」），就是一個好例子。焦糖牛奶醬是拉丁美洲廚師用罐裝煉乳製作出來的美麗銅色軟焦糖醬，也是最早利用罐裝牛乳製作的新創食品之一；不用罐裝煉乳的作法是在牛奶中加糖熬煮掉大部分的水分。煉乳最初生產於1850年代，用意是為了提供一種較安全的兒童食品，在美國內戰時期曾大量提供給聯邦軍士兵做為緊急口糧。在此之後，煉乳就成了美國

甜品的主要原料之一。

　　典型焦糖牛奶醬的作法是，將未打開的罐頭浸在裝水的平底鍋中煮2~4小時。不過凱瑟琳．菲普斯（Catherine Phipps）在她所著的《壓力鍋食譜》（*The Pressure Cooker Cookbook*）中寫道，在壓力鍋中加一點水煮20分鐘就可以了。若是想讓牛奶醬顏色更深、更焦化，可以煮30分鐘。（她保證：「絕對不會有危險。」）製作好的牛奶醬可以添加香草和一點鹽巴，再塗抹在土司上或淋在冰淇淋上享用，也可以做為蛋糕餡。

流奶與蜜之地2

　　我們可以明顯察覺到，在現代社會，乳品業及其許多製品都未能受到妥善管理。自19世紀末以來，英國政府即斷斷續續試圖控管牛乳的產量與價格，但至今連一品脫的乳價都未能有效控管以保障酪農場的生存。這並不是件容易的事。政府從未能在給予酪農適當保護的同時，亦確保農場維持適當的供乳量。然而，英國在1980年代解散了奶製品行銷委員會，讓市場主導乳品的供給，使許多農場因零售價崩跌而陷入困境。

　　「牛奶湖」與「奶油山」（歐盟對農場的補貼造成生產過剩，賣不出去的產品因而大量堆積）是20世紀末的一大問題。解決生產過剩的方法之一，是將歐洲所產的牛奶，經過加熱處理成「保久乳」，以遠低於世界其他地區售價的價格外銷出去，此舉使得牙買

加及其他幾個更加不富裕的國家的乳品業遭到摧毀。

我們應該正視的事實是，英國的乳品加工方式似乎相當欠缺靈活變化，儘管已有眾多新興的手工起司製造商成功求變。若非如此，還有什麼理由可以解釋從丹麥進口的Lurpak牌奶油在英國市場的優勢地位？從來沒有任何一家英國奶油製造商可以成功與之抗衡。然而，正如費爾特姆農場的故事所帶給我們的啟示，勝出的關鍵只在於是否能調配出適當的菌種罷了。

現代的英國酪農又該怎麼做？他們有件事無疑是做對了，那就是抱怨幾十年來，超市一直將乳價壓在不公平也不必要的低水準，通常比生產成本還來得低。2007年，有三大超市因為違法操縱乳價而遭罰數百萬英鎊的罰款。

儘管某些連鎖超市現今已簽訂新約保證基礎價格，但難以否認的是，本章討論到的許多問題，從處置無用小牛的方式，到如何解決乳品業對氣候變遷的影響等，都是一品脫的乳價（特易購2021年底的售價是55便士）失當所引發。誠如霍林貝里所坦言：「乳價好，酪農業才能發展得好。」如此也才能確保乳牛過得好。

2 譯注：聖經中稱迦南美地為流奶與蜜之地，後引申為豐饒之地。

5
甜蜜的瘋狂

糖

「糖不僅僅是個問題。它還是文化的一部分，在我們用來歡度歲時與生活節慶的佳餚美食中不可或缺。如此說來，我們與甜味之間到底存在何種關係呢？」

——《食物面面觀》，2013 年

渴求糖分是人類與生俱來的天性。一杯 240 毫升的人乳含有 17 克的糖，飽和度大約介於牛乳與榨橙汁或可口可樂之間，不過人類的母乳不只有含糖這麼簡單。嬰兒一旦開始順利吸吮母乳，腦中會釋放出腦內啡：這時腦內會建立起反饋迴圈，將糖與愉快、舒適感聯想在一起。母乳也富含各種維生素、礦物質、抗體、蛋白質，以及幫助嬰兒發展腸道菌群的化合物。但是促使嬰兒渴求母乳的，是乳汁中帶有的甜味。

幾十年前，兒童發展專家雅各・斯坦納（Jacob Steiner）率先發現，當時認為直到約幾個月大才會有表情的嬰兒，在出生一週後嘗到糖味時，會舔舔嘴唇並露出「淺淺微笑」。某種癮頭就從這些初始的味覺體驗中開始滋生；凡是看到學步期的幼童把手伸進糖罐大抓一把的人，都明白這股衝動是多麼難以抗拒。不過值得一提的是，乳汁中的脂肪和稱為乳糖的糖分，對發育中的嬰兒至關重要。嬰兒仍處於半成型狀態的大腦與身體，需要大量易於獲取的能量來幫助成長。

因眾多理由使然，本書中沒有其他任何食物像糖一般，在今日飽受唾棄。健康作家及食物、文化歷史學家已然發難，即使消費者仍滿懷幸福地（或執意地）否認糖隱含的諸多問題與危害。以商店街的一家書店為例，從健康、歷史書籍區到食譜區的架上，都可察見這種仍為世人貪求的成分所遭受到的鄙視。例如《糖如何腐化世界》（*How Sugar Corrupted the World*）是歷史學家詹姆斯・沃爾文

（James Walvin）在2017年出版的書籍，書的副標是「從奴役壓迫到製造肥胖」。在醫學書籍架上則有一本經典之作，是約翰‧尤德金（John Yudkin）教授在1972年所著《甜蜜的，致命的》（*Pure, White and Deadly*），而擺在旁邊的是羅伯特‧路斯迪格（Robert Lustig）醫師新近出版的暢銷書《揭開糖的真相》（*Fat Chance: The Bitter Truth about Sugar*）。

沒有多少書能讓你對糖產生好感。在食譜書攤上，每出現一本教導含糖料理的食譜——2021年的新作是糕點師拉夫尼特‧吉爾（Ravneet Gill）的《蜜糖，我愛你》（*Sugar, I Love You*），可說足堪證明人類對糖的熱愛的意外佳作——就會出現另外5本提倡無糖烘焙的書，其中包括《我戒糖》（*I Quit Sugar*）與《無糖飲食》（*The No Sugar Diet*）。不過這兩本書所說之事，實際上都是做不到的，因為人類已知的幾乎每種天然食物都含有糖分。

儘管如此，沒有任何食物能像糖一樣如此受到渴求與熱愛。人類鍾愛的甜食可以按英文字母列舉出一長串。光是以M字開頭的就有：marshmallow（棉花糖）、meringue（蛋白霜）、macaroon（蛋白杏仁餅）、maple syrup（楓糖漿）、melon（甜瓜）、marmalade（甜橙果醬）、marzipan（扁桃仁糖膏）、muffin（馬芬蛋糕）、mango（芒果）等。此外還有Mars Bar（瑪氏巧克力棒）、Milky Way（星河巧克力棒）、Maltesers（麥提莎巧克力）等。

這些都是「高糖」食品：在英國的定義是，每100克裡含有22.5克或4茶匙以上的糖。甜瓜與芒果的糖分是固有且天然存在的；此種糖分在人體內產生的作用，顯然不同於加工食品中的添加糖（added sugar）；添加糖的含量大多遠超出食品的調味和結構所需。如果去掉添加糖，所有加工食品就會變成我們從未見過的模樣。對於愛吃糖又在乎健康，為此感到衝突與困惑的我們來說，究

竟該如何是好？我們又到底是如何淪落到此番境地的？

糖的魔法

在糖癮的驅使下，人類做出了一些既美妙又可怕的事。從最初的幾件事情中，可以深入瞭解到我們的文化與歷史。糖的主要特點是可以做為廉價且快速的能量來源，但它尚有其他獨特的作用。首先，為何麵包烤了之後會呈現賞心悅目的金黃色？這是因為過程中產生了梅納反應（Maillard reaction）。此種反應是以一位法國醫師的名字命名。他在1910年研究人類腎臟功能時，發現了蛋白質與糖遇熱後發生的化學變化。

烤麵包機產生的熱能會分解麵包表面的糖分。這些糖分會再與麵包中的胺基酸結合，形成許多不同的風味化合物。我們在烤咖啡豆或烤肉時，情況也是如此。反應過程主要使用到葡萄糖，其是構成蔗糖（標準糖）的2個分子之一，另一個分子是果糖。梅納反應會在溫度約達154℃時發生，並且會造成食物色澤改變。貝果與椒鹽蝴蝶餅表面之所以呈現光亮的金褐色，是因為在烘焙前先泡過鹼水，藉以加快反應過程，增加金褐色素的產生。出現金褐色澤後，就可以判斷它們烤得恰到好處。

在糖遇熱而發生的轉變中，焦糖化可以促發最誘人的味道。焦糖化的過程不只會改變食物色澤，增添其甜味，也會分解各種化合物，繼而締造出強烈豐富的風味。讀者不妨試試用平底鍋燒烤一根蘆筍，利用高溫分解蘆筍含有的天然糖分。大部分的糖會在大約160℃時開始焦糖化，但是不同種類的糖，即蔗糖、果糖、葡萄糖，各有不同的焦糖化溫度。蔗糖是由相連的果糖與葡萄糖分子組成，本質上是碳、氫、氧原子所構成的複雜鏈結。

在大約180℃，焦糖化的最佳風味會開始顯現，這也是為何在烤帶骨的大塊肉時，如果想讓肉呈現金褐色，外側必須加熱到遠高於中心部分的溫度。肉的內部溫度只要達到60℃，就足以分解脂肪與肉筋並殺死細菌。

將刻度盤轉到越高的溫度，食物表面的色澤就會變得越深。食物的顏色也是一種危險警告。當土司變成深褐色或黑色，且嘗起來有苦味，就表示你已經用熱能透過稱為「熱裂解」（pyrolysis，源自希臘語代表「火」的pyro與代表「分離」的lysis）的變性作用製造出丙烯醯胺（acrylamide）。丙烯醯胺是致癌物質：黑色與苦味即警示著，燒焦的食物（或燒焦的咖啡）對你沒有好處。

從蜂蜜說起

在西班牙瓦倫西亞市附近的阿拉納地區（Arana）有一座洞窟，洞內繪有一幅極其生動的壁畫，呈現一個人爬到樹上採集蜂蜜，數隻巨大的蜜蜂在這個採蜜賊周圍嗡嗡作響的情景。這幅壁畫已有8,000年歷史，遠遠早於任何其他描繪人類不殺生而從動物身上獲取食物的畫作。我們舊石器時代的先祖會透過追蹤回巢的野蜂來找到蜂巢。坦尚尼亞的哈扎族人是最後僅存的狩獵採集民族之一。他們尋找蜂蜜的方式是向名為黑喉響蜜鴷（honeyguide bird）的一種啄木鳥吹口哨。這種鳥的拉丁學名*Indicator indicator*（指示者）說明了其扮演的角色。響蜜鴷會引導採蜜人找到蜂巢，知道人類在取走所需的量後，會特意留下少許蜂蜜和蜜蜂的幼蟲給牠們享用。薩拉蒂諾在2017年的一集《食物面面觀》節目中，親眼目睹了兩者合作的情形，並錄下一名哈扎族男子的叫喊聲。這名男子爬到一棵30英尺高的猴麵包樹（baobab tree，亦稱猢猻樹）上，用煙將蜜蜂燻

趕出巢，在摘下蜂巢時被叮了好幾下。

1832年時，作家華盛頓‧歐文（Washington Irving）在後來成為奧克拉荷馬州的美國邊疆地帶，目睹了當地人尋蜂的過程。他記述道，他所見到的美洲原住民採蜜人在土地遭歐洲人入侵前，原本很難得撞見蜜蜂。這些原住民認為蜜蜂的出現是一種警示，「是白人到來的預兆」，因為當地的野蜂群是繁衍自白人社會所引進的馴化蜂群。不過野蜂的出現也有額外好處。歐文寫道：「印第安人驚訝地發現，森林中正在腐爛的樹木，突然間充滿了芬芳的甘露，他們告訴我，沒有什麼比得過這些令人垂涎的滋味。這是他們第一次享受到野外渾然天成的奢侈美味。」

對於蔗糖的渴望似乎處處可見，這也是所有哺乳動物共有的特性，凡是看過狗毀掉一盒巧克力的人都知道此言不假（不過讓狗吃了屬於禁忌食物的巧克力可是得花錢看獸醫的1）。我們雖然不知道人們何時開始懂得養蜂（而非搗蜂巢），但這應該是一種珍貴的技能：可以運輸並長久保存的蜂蜜是早期的貿易品之一。

砂糖源自印度北部，經由中東傳播開來：歐洲人用來指稱糖的詞語（如sugar）反映出該段傳播歷程。阿拉伯文的sukar衍生自梵文（印度北部）sharkara，原指細小的顆粒；英文的candy（糖果）源自阿拉伯文／梵文用來指稱糖本身的khandakha一字。

甜味很早就做為一種隱喻進入了西方的文化與語言。在荷馬的史詩《奧德賽》中，音樂是「甜蜜的」，而在《聖經‧出埃及記》

裡，摩西向以色列人保證最終將可到達「流奶與蜜之地」。但幾百年後，在公元前1000年左右，一種更加容易取得的甜味，也就是由甘蔗汁提煉出的產物，開始出現在印度北部。

糖征服了世界

源自印度的結晶體（原本是必須切成薄片或削成碎片的大塊蔗糖），將改變許多個迥異民族的歷史進程。但是這些晶粒並未快速傳播開來：在接下來的1,000年間，蔗糖會做為貿易物品，逐漸向西向東傳播出去。回教徒將之帶到北非，然後再傳至歐洲。在1,000年前，地中海諸島和西班牙就開始種植甘蔗了。英國人和蘇格蘭人可能是在1095年第一次十字軍東征期間，於巴勒斯坦作戰時，首次接觸到這種新的濃縮甜味。和其他所有人一樣，他們深深為之著迷，於是就將這種甜味帶回了家鄉。

在中世紀的家計帳目中可以發現「摩洛哥」（Marrokes）、「塞普勒斯」（Cypre，即Cyprus）或「巴比倫」（Babylon）等字眼，它們都是依據這些甜甜的奇妙結晶塊的原產地所取的糖名。最初用於製藥的糖，很快就成為貴族宅邸儲物櫃中的常備品。英王愛德華一世（King Edward I）的家計帳目，記錄了王室在1278年購買了1.3噸的糖，其中一些還混有紫蘿蘭和玫瑰花瓣。

到了中世紀末，從食譜中可以看出當時的人們也像我們今日一樣縱情恣意地使用糖，像是拿它當野味的填料，用來烤小牛肉、料

---

1 譯注：狗兒無法消化蜂蜜和部分巧克力所含的蔗糖，吃多了會導致腹瀉等問題。

理肝臟等。與此同時，在暹羅皇室料理中，經過精確計量的辛辣醬汁，會利用糖來平衡當中的酸、鹹、苦味。這些醬汁成了該國的驕傲，今日聲名依然不墜。

糖的建築世界

糖最驚人的變化發生在略高於水沸點的溫度。這時糖分子會分離，然後在冷卻時重新銜接成晶體，形成極細又堅硬的糖柱；利用糖的變化特性，可以製作出棉花糖、太妃糖蘋果上的鏡面光澤、使被澆淋的食物散發光澤的糖汁，以及奶油硬糖等。這些變化讓深具創造力的人類大受撼動：自文藝復興以來，糖所變身而成的城堡、船舶、整座花園，甚至是情色場景，成了宴會中招待富人貴客的擺設。

在桌子擺上用棉花糖和硬糖構建出的夢幻建築做為裝飾，似乎是流行了約300年之久的時尚。英王亨利八世（King Henry VIII）在1526年雇用了7名廚師置辦一場糖宴：他們建造了一座城堡主樓、有天鵝的莊園大屋、塔樓，並製作了一個西洋棋盤，糖上還「帶有純金光澤」。有一幅畫描繪了1655年，瑞典克莉絲汀娜女王（Christina, Queen of Sweden）與教宗克萊孟（Pope Clement）共進國宴晚餐時的落寞身影；可憐的女王獨自坐在離宴會主人幾碼遠的地方，被一群侍臣注視著。在成排巴洛克風的糖製「精品」後面，只能看見她的半個身影。這些糖製品是由當時公認技藝最高超的義大利糖品師所製作。

在尚未有溫度計的年代，要製作糖品並不容易。早期的烹飪手冊會說明糖在不同狀態和溫度下的樣貌特性，雖然應有助益，但手指燒燙傷的意外恐怕仍不時會發生。1655年出版的料理書《法式果

醬》《*Le Confiturier François*》建議將融化的糖滴在大姆指與其他手指之間來測試。如果這滴糖沒有流掉，並維持「像豌豆一樣圓」的形狀，就表示達到了一個關鍵階段，而「打開手指時，糖若是形成一條細絲」，則表示達到了第二個關鍵階段。之後，融糖即可用來做果醬和蜜餞。如果融糖再熱一點，就會形成「像乾羽毛一樣的形狀，而且沒有黏性」。這聽起來像是在149℃以上才會達到的「硬裂點」。

製作甜橙果醬的人都知道，融糖必須達到可以成絲或起皺的溫度，亦即105℃，而且必須將所有剩餘的水分煮乾。以前的人會將糖液滴在一個冷碟子上，在其開始凝固時察看是否有皺紋出現，現在只有死硬的傳統派才會堅持不用溫度計。

最後的幾場盛大糖宴之一，是當時的攝政王，未來的英王喬治四世（King George IV）在1817年1月15日於布萊頓穹頂宮（Brighton Pavilion）舉辦的糖宴。負責操辦的是首位明星主廚安托南·卡雷姆（Antonin Carême）；在出完第一道菜後，他送上了用糖製作出的套餐：「中國隱寺」與「土耳其清真寺遺跡」。

與以往一樣，這些製品是用來欣賞，而非供人食用的：若以現代而言，就好比是傳統結婚蛋糕上的一層層華麗裝飾。儘管如此，《食物面面觀》還是報導了一場現代的糖藝家盛事，即兩年舉行一次的翻糖裝飾藝術國際大賽（Sugarcraft），賽事地點就在離布萊頓穹頂宮不遠處。一位糖雕師讚道：「參賽作品中有一幅古斯塔夫·克林姆（Gustav Klimt）的馬賽克畫、一座巧克力鐘……還有一個上面有牛仔淺浮雕的巧克力蛋糕。這就是糖的魔力！而且你還可以把做壞的東西吃掉！」

上流社會的牙齒

到了 1817 年，攝政王鋪張浪費的夢幻糖宴已經有點過時了：糖曾經是一種昂貴到必須鎖起來保管的奢侈品，但如今已便宜到成為大多數英國家庭的主要食品。英國人的糖攝取量，已從 1710 年每人每年平均 1.8 公斤左右，增加到該世紀末的 8 公斤以上。現在人人都可隨時享受到甜蜜的滋味，但也為此付出代價。

> 她有點鷹鉤鼻，嘴唇很薄，一口黑牙，似乎是英國人因為吃很多糖所造成的後遺症。」
> ── 德國旅行家保羅・杭哲爾（Paul Hentzer）記述 1598 年
> 訪問伊莉莎白一世女王（Elizabeth I）宮廷所感

隨著糖成為歐洲富人權貴不可或缺的食品，一種料想不到的副作用發生了：有錢人不再張口微笑。英法宮廷貴族是出了名的滿口爛牙：據使節記載，伊莉莎白一世女王只剩下幾顆變色的牙齒。從那時起，肖像畫中的貴胄就開始把嘴巴閉得緊緊的。在古墓地進行的考古研究結果顯示，富人的牙齒狀況非常糟糕，遠比平民百姓還要糟。

直接嗑糖的滋味

現代人不喜歡直接單獨吃糖──當然糖果是例外。不過以前的人未必總是如此。我和蘇格蘭籍的祖母一起

度假時都會吃一種美食，那就是「夾糖三明治」（sugar piece）：在兩片塗了奶油的Mother's Pride牌麵包中間倒上白砂糖所做成的三明治。咬下時那嘎吱作響的聲音真是美妙無比。

我們也會用同樣的方式吃泰萊牌（Tate & Lyle）的金黃糖漿，同時還會喝很多Barr牌的鮮奶油蘇打水（Cream of Soda）。那是一種不加檸檬的檸檬汽水，只含蘇打水和糖。在蘇格蘭的工業時期，這是當地人相當自豪的吃法：人們會說克萊德河（Clyde）畔的造船廠是用糖當燃料來運作的，而工人平常都是吃「一份果醬三明治（jilly piece）配檸檬汽水」當午餐。但在懷舊之餘也必須知曉的是，蘇格蘭人現今依然是歐洲最不健康、最超重的族群之一。

第一位發現糖與蛀牙有關的醫師是法王路易十四（Louis XIV）的御醫。皮耶·波麥（Pierre Pomet）在1695年利用他的職位出版了一本「藥物史」書，之後被翻譯成德文與英文。他用了5頁篇幅講述糖及其在烹飪與醫藥上的用途；糖顯然對肺部、腎臟、膀胱有好處。但波麥警告「糖會蛀蝕牙齒」：他所服務的路易十四不到40歲就已經沒半顆真牙。據歷史學家沃爾文所述，在歐洲宮廷，張口微笑或大笑都成了忌諱，會被當成粗俗的舉動。

儘管如此，到了17世紀中葉，糖已經開始普及。此時在英國省轄城鎮的店鋪裡都能買到糖，既可做為治療肺病、潰瘍等小病症的藥物，也可做為烹調和製作果醬的原料。有人認為糖的普及，實際上可能改善了平民的飲食。許許多多苦酸的水果，包括紅醋栗、

西洋李、青蘋果等，開始出現在食譜中，因為人們已經可以用糖去除它們的酸味。和鹽巴、可可及其他許多曾經稀有的外國奢侈品一樣，渴望糖的北歐人所帶來的需求，激起了企業家的熱忱。只要能提供更多、更便宜的糖，就可大賺一筆。

糖與非洲人大屠殺的關聯

　　甘蔗只生長在有大量水源的熱帶地區。甘蔗的種植，以及後續的榨汁、煮汁、提煉甘蔗汁等工作，都是勞力密集的作業。17 世紀初的糖業企業家所需要的是溼熱國家的土地，而且地點必須較靠近歐洲而非亞洲。此外，當然還需要大量廉價人力。

　　這兩樣要素在大西洋周圍都能取得。拜船舶設計改良及更精進的航海技術之賜，跨洋的貿易運航已不再是冒險之事。另外，我們現在稱為私募股權投資或創業投資的體系，也準備好資助這些昂貴的遠征。新發現的土地顯然大有可為：哥倫布早在 1493 年第二次探索航行中，將首批甘蔗苗帶進了在加勒比海上，被他稱為伊斯帕尼奧拉島（Hispaniola）的島嶼。

　　因此，在歐洲人「發現」新大陸，並開始掠奪其礦產資源、奴役原住民的一個多世紀後，這片土地又被用來以一種新的工業化方式牟利。截至 1620 年代，在後來成為美國維吉尼亞州的殖民地上種植菸草外銷，已是可以賺進大筆獲利的生意。不過將甘蔗引進英國殖民島國巴貝多（Barbados）後，將改變整個加勒比海地區的樣貌，造成當地人口覆滅，並摧毀西非文明。

　　在 1630 年代，移居巴貝多的三名英國商人，詹姆斯·德拉克斯（James Drax）、威廉·希利亞德（William Hilliard）、詹姆斯·霍迪普（James Holdip），決定放棄在他們的土地上種植菸草，因為

產自維吉尼亞的菸草品質更好，且價格比他們自己種的還要低。因此，德拉克斯前往巴西考察葡萄牙人如何在當地種植甘蔗。他回來後，三人便開始種甘蔗，並嘗試複雜的煮汁及甘蔗汁提煉方法。雖然耗費10年之久，但他們最後實驗成功了。及至1650年，巴貝多島每年都有7,000噸的糖外銷回英國。

製糖所需的另一樣要素已然到位：奴工正從西非運過來到美洲的種植園工作。在1691年之前，英王查理二世（King Charles II）與其胞弟，未來的詹姆斯二世（James II），所建立的壟斷企業，一直是跨大西洋的主要奴隸貿易商。（皇家非洲公司〔Royal Africa Company〕的營運一直持續至1731年。此時，英國王朝及持有該公司共同所有權的商人，已運送了超過20萬名奴工。）隨著18世紀的推進，歐洲對糖的需求增加，加勒比海地區越來越多的土地被轉用於種植甘蔗。

此種情形造成種植甘蔗與製糖所需的非奴數量激增，利潤豐厚的奴隸貿易事業於是蓬勃發展。糖及奴工貿易所需種種物品的製造商（從造船廠到槍械製造廠等）都從中得利，而英國政府也大獲其利，因為其可對包括奴工和糖本身在內的各種項目課稅。

1746年，經濟學家馬拉奇‧波斯特斯華特（Malachy Postlethwayt）指出了一項顯見的事實：英國的糖癮已造就出一個以奴役為本的工業集團，而且其規模大到難以撼動。沒有奴工，就沒有糖、蘭姆酒或菸草，「因此，因進口種植園產品而產生的國家稅收就會蕩然無存。幾十萬名製造（英國、西非、加勒比海地區之間）三角貿易貨品的英國人將會失去工作，靠乞討維生。」

到了該世紀中期，巴貝多島上共有6.5萬名奴工，是白人人口近4倍。當時，巴貝多是英國發展最成功的糖業殖民地，但也是其最要命的殖民地之一。在加勒比海大多數的島嶼上，於糖業種植

園工作的成人奴工，平均在抵達後存活了4年，但在巴貝多島，存活時間只有3年，也許部分原因在於那裡的懲罰是出了名的嚴厲。隨著奴工人數飆升，德拉克斯和其他種植園主開始憎恨及畏懼黑人。牙買加、安地卡（Antigua）、格瑞那達（Grenada）、蓋亞那（Guyana）、聖多明尼哥（Saint-Domingue，即現今的海地）、維京群島，以及其他英國與歐洲國家在加勒比海地區的殖民地，也紛紛大量種植甘蔗製糖：截至1800年，英屬牙買加有超過30萬名的奴工，大多都從事製糖工作。製糖的利潤極其豐厚，購入一名成人非奴的代價，一年多就可以回本，因此可說讓奴工工作到死，比照顧他們還划得來。

沒人知道在英國殖民地廢奴前250年間，究竟有多少非洲人被奴役至死。這是一場種族大屠殺：雖然我們知道有325萬名非洲人被英國運往美洲，但他們全部生而為奴的子女則不計其數。英屬加勒比海地區在1833年廢除奴隸制度時，只有66.5萬名奴工存活下來，人數比1807年還要少。

在巴貝多島上，德拉克斯、他的合作夥伴及他們的後代，全都變成了富豪。他的直系子孫，英國國會議員理查・德拉克斯（Richard Drax）沒到巴貝多島上經營種植園的「大宅」度假的話，都是住在多塞特郡（Dorset）用製糖和奴役所得的財富買來的巨大莊園裡。其他想致富的人注意到了這點，歐洲殖民列強也不例外。1667年，荷蘭人用北美東岸一座不起眼但具有戰略重要性的島嶼——曼哈頓島，與英國交換了幾個熱帶地區的領地，包括南美洲加勒比海海岸產糖的殖民地蘇利南（Surinam）。

到了1770年，割讓給法國的伊斯帕尼奧拉島半部，即很快就會更名為海地的殖民地聖多明尼哥，已是全世界最大產糖地，每年將6萬噸的糖運往歐洲。在西邊100英里處的英屬牙買加，當時出

口量只有3.6萬噸，但產量每年都在增加。法國因此掀起了喝加糖咖啡的熱潮：一位英國遊客記述道，法國人加的糖量多到杯子裡的湯匙都可以立起來。結果就是造成人們牙周問題，臉部因缺牙而凹陷。沃爾文寫道，這彷彿是：「奴工正在報復他們於加勒比海遭受到的種種惡毒對待。」

> 我以後喝茶再也不會加糖，因為那都是黑人的血。」
> ——英國皇家海軍事務長艾倫・湯瑪斯（Aaron Thomas）
> 於18世紀末乘船造訪西印度群島後所記。

　　1791年8月，聖多明尼哥的奴工群起反抗法國的糖料作物種植園主；他們很快就不得不同時對抗這些種植園主和英國人，因為英國人發現這是奪取該島以占有製糖事業的好時機。結果4萬名英國士兵陣亡，海地共和國存留了下來，這是整個奴隸時代中，被奴役者唯一成功反抗的案例。

　　為廢除英國的奴隸貿易，繼而廢除奴隸制度本身而進行的抗爭，持續了50年之久。這是一場民眾運動。而這場運動始於1780年代，由一般英國民眾和少數逃脫或獲釋的非裔奴工發起。婦女在當中處於顯要位置，其引領的抗爭活動一開始就鎖定奴隸制最顯著的產物：糖。她們將抗爭帶入中產階級家庭，帶到茶桌上。

　　鼓吹廢奴運動的小冊子警告人民，糖飲是「染血的飲料」。有一份冊子聲稱，當糖桶運抵英國時，在裡面發現了整個被「烤」過的黑人。人們簽署了請願書，並開始大規模抵制西印度群島所產製的糖。

　　事實證明，廢奴是極其困難之事，原因之一是英國各管轄區顯然非常依賴來自糖業的大量稅收，其課稅標的除了糖，還包括種植

糖料作物和加工、運輸糖所需的所有其他物品。在18、19世紀之交，英法兩國長期交戰。這些稅收是穩定可靠的現金流，可以支應英國為籌措戰費而舉債的款項。英國人日益加重的糖癮（和菸酒癮一樣），對英國財政部來說是一大福音。

但是到了1840年代，牙買加及其他英屬島嶼上的糖業種植園大多都已關閉。在英國廢奴後的10年內，維多利亞時代的人們已將英國人描繪成奴役史上的英雄。人們稱頌英國領世界之先廢除其奴隸制度，但事實上，英國已從中賺取的錢財，比歐洲其他任何國家都要多。此種自鳴得意的虛假之言，不啻是一大諷刺，因為英國人不僅任由以前的奴隸陷入赤貧之中，而且還持續購買由奴隸製造的糖。產自古巴和巴西的糖較為便宜，諸如泰萊等糖業公司仍持續從這兩國輸入糖，直到1880年代當地廢除奴隸制度為止。

糖是大多數英國人奴役非洲人的原因所在，而直到今日都難以斷定，這段奴役史除了奪走數百萬人生命外，還有什麼建樹可言。誠如歷史學家西蒙·夏瑪（Simon Schama）所說，這是大英帝國的「原罪」。

英國百姓在跨大西洋奴隸貿易上扮演了共謀角色，某些人更是堅不承認這段歷史的遺害。這些問題在今日依然困擾著我們。《食物面面觀》在2020年8月討論到食物與奴隸制度遺害的問題。擔任來賓的美國食物歷史學家潔西卡·哈里斯（Dr Jessica B. Harris）博士提及了18世紀詩人威廉·古柏（William Cowper）為支持廢奴運動而寫的詩作，〈哀憐不幸的非洲人〉（Pity for Poor Africans）。1790年代，在英國議會準備表決是否廢除奴隸貿易期間，這首詩被印製了數千份，以「茶桌上的話題」為標題四處分發。

我對購奴之舉感到震驚，

又怕買奴販奴者是無賴；

我聽聞了為奴者的苦難、折磨和呻吟，

縱是鐵石心腸之人，也難免為之動容。

我雖然對他們深感哀憐，但是必須默不作聲，

因為沒有糖和蘭姆酒的日子，叫人如何忍受？

——摘自古柏，〈哀憐不幸的非洲人〉，1780年代

　　古柏在詩中突顯出一般英國人的偽善。他們明知奴隸買賣所釀成的慘事，但還是默不作聲，因為18世紀的英國人可以順勢享有便宜的糖、蘭姆酒，當然，種植園主、海運業者、糖商更可藉此創造巨大財富。對於古柏這首詩中喜歡在喝茶時加糖，又面臨道德衝突的主角所言，哈里斯教授指出：「他有一堆的藉口。」她說道：「這首詩的最後一行是『他參與了掠奪，卻同情那位受害者』。」

高糖的陷阱

　　自醫師開始建議人們減少糖攝取量，或用其他較健康的物質來代替糖以來，已經過了一百多年的時間。爛牙與糖之間的關聯雖已確立，但在1871年普魯士軍隊包圍巴黎，城內發生飢荒期間，醫師才注意到糖尿病患者尿液中的葡萄糖濃度有降低的情形。巴黎當時飢迫交加：餐館賣起貓肉、狗肉和老鼠肉，而巴黎動物園僅有的兩頭大象也都被宰殺吃掉。醫師們推測，之所以出現葡萄糖濃度降低的情形，是因為巴黎人的飲食中缺乏包含糖在內的碳水化合物。基於此項發現，從1870年代以後，糖尿病的建議療法就開始納入低碳飲食。

　　當時人們對糖與體重的關係所知更少，而在今日，糖與第二型

糖尿病之間的因果關係仍只是一種假設。但似乎很明顯的是，許多較富裕國家人口平均體重的整體增加，與糖攝取量的增加同時發生。我們只有涵蓋過去50年的可靠大量數據，但在這段期間，美國肥胖人數比例已從14%成長至40%。現今英國成年人的肥胖比例是28%，為1993~1995年間的2倍之多。

糖的變身

自19世紀以來，製造商一直致力於研發出更便宜、更方便使用的糖。1885年，蘇格蘭商人亞伯蘭·萊爾（Abram Lyle）找到了一種方法，可將煉糖後剩下的糖漿（當時用來餵豬）變成更有價值的東西。泰萊牌的金黃糖漿就是因此製作出的產品，以可始終保持液狀為賣點。這點的確不假：英國的史考特上校（Captain Scott）在1911年遠征南極時，便攜帶了罐裝的金黃糖漿。他最後不幸在這場長征中殉難。1965年，人們在他遺留在南極洲的存糧中，發現了一些糖漿罐頭，罐頭和糖漿都仍處於可用狀態。

金黃糖漿罐頭的金綠色罐身設計，最早於1904年開始使用，現今已是英國最古老的原始食品包裝，基本上沒有變更過。罐身上的死獅子圖片，代表聖經英雄人物參孫（Samson）在發現蜜蜂於獅子屍骨內築巢後所說的一個謎語——他對眾人說道：「食物出自食者，甜物出自強者。2」

在經過改造的糖類中，最惡名昭彰的是一種用玉米或馬鈴薯中的澱粉製成的物質，稱為高果糖玉米糖漿（HFCS）。這種糖漿的陷阱在於使用了較多果糖，也就是構成蔗糖（一般餐用砂糖）的2個分子中較甜的分子。以味覺受體感受到的味道來說，它的甜度大約是蔗糖的2倍，但很難在晶體狀態下維持穩定。

　　自1811年以來，人們便知曉可將玉米和大麥與硫酸一起加熱，製作出成分主要為葡萄糖的甜糖漿。用黑麴菌（*Aspergillus niger*，與大豆加工所用的菌種同科）處理這些糖漿，可將部分葡萄糖轉化為果糖，形成黏稠的漿液，其不但可讓食物有嚼勁，酸度也足以在烘焙的發酵過程中發生反應。

　　由於高果糖玉米糖漿加工容易又便宜，所以自1980年代起，製造商便開始在許多食品中以其代替蔗糖，特別是像可樂等會起泡的甜飲。目前美國人吃下的玉米糖漿，比用甘蔗或甜菜（傳統來源）生產的糖還要多。高果糖玉米糖漿的果糖含量其實只比餐用砂糖高5%，但自從大眾發現其存在後，以健康為由所發起的反對運動便屢見不鮮。

　　事實上，並沒有多少確切證據可以證明果糖比其他一般糖類更有害；由於高果糖玉米糖漿便宜而造成其攝取量增加才是問題所在。葡萄糖也與罹患心臟病的風險有關。人體會以不同方式代謝不同糖類，但我們尚未對這些代謝途徑有全面的瞭解。

　　許多與糖相關的科學研究仍存在激烈的爭論。有鑑於《揭開糖的真相》一書作者路斯迪格醫師發表的研究結果，目前科學界正逐漸形成一股共識：糖對肝臟和胰島素正常分泌功能的干擾是一項重大問題。據信正是這個問題導致第二型糖尿病的發生率異常上升；第二型糖尿病過去因為很少見，所以被稱為「早發性」糖尿病。

　　路斯迪格醫師認為大幅削減添加糖的攝取量是問題的解決之道：「人體中沒有任何一種生物化學反應，沒有任何一種，需藉由膳食果糖（dietary fructose）或糖來進行。膳食（添加）糖類和生

---

2 譯注：此句譯文取自聖經當代譯本修訂版。

命的維持完全無關。人們會說，噢，你需要糖才能活下去。這根本是胡說八道。」富裕國家還存在另一個備受爭議的問題，亦即其下消化道系統癌症的發生率，同樣以驚人的速度攀升：有學理主張，糖攝取量的增加也與此問題有關。

顯而易見的是，我們攝取糖的方式非常重要。「吃蘋果比喝蘋果汁好」是其中一項建議，原因在於糖若是與果肉纖維一起攝取，身體會以較有益健康的方式消化糖分。當然，另外一個原因是，如果吃掉整顆蘋果，會比較有飽足感。光喝蘋果汁（或是可樂）會讓你仍然感到飢餓。

儘管關於糖有各種爭論和健康主張，不變的事實是，糖就是糖：一種簡單的化學物質。餐用砂糖中的蔗糖是精煉過的糖分，但這一點並沒有多大意義，其與水果中的「天然」糖分沒有任何顯著區別，只不過人體會以不同方式代謝這兩種糖罷了。如果糖分最初就已從水果中分離出來，那麼保證「只含天然糖分」或「果糖」的標示幾乎沒有意義。它們很可能掩蓋了我們的肝臟和牙齒遭受到的另一次傷害。

代糖產品及其他化學物質

為了降低飲食中的糖分，自1970年代以來出現了許多糖的替代品，其大部分都受到食品公司贊助，因為這些公司急於確保甜味劑（無論是天然或合成的）可創造的任何收益不落入他人之手。阿斯巴甜（aspartame）是最成功的新創糖品之一，在美國獲得監管部門批准後，即成為市場領導產品。這項產品使西爾公司（Searle）及其執行長唐納德・倫斯斐（Donald Rumsfeld）名利雙收。倫斯斐在商業上的才華，也使他成為小布希（George W. Bush）執政時期的國

防部長，以及美國在911恐怖攻擊後發動「反恐戰爭」的主要推手。

關於人工甜味劑的長期副作用尚存在許多疑問。有些已證實會導致實驗動物罹癌，但其攝入劑量遠高於人類的攝取量。有些則可能會如葡萄糖般引發胰島素的分泌。另外也有研究顯示，人工甜味劑與腸道菌群的改變，以及因此在肝臟、淋巴、脾臟造成的一連串問題有關聯。

很少有甜味劑具有任何天然來源成分，不論標示上的說法如何。即使是甜菊植物的糖，也會利用其他化學製糖來彌補遺留的苦味，以迎合消費者喜好。甜度為砂糖2倍的糖精（saccharin）是用焦油製成。糖精在19世紀即已問世，做為開給糖尿病患使用的糖替代品。在1950年代，糖精與一種稱為甜精（cyclamate）的化學製糖結合，以「纖而樂代糖」（Sweet'N Low）之名上市並大獲成功，儘管美國的製造商非常清楚這種製品有致癌的可能性。美國在經過長期的法律抗爭後，於1969年禁止使用甜精，不過歐洲至今仍未禁用。（纖而樂代糖現今使用糖精、右旋糖〔dextrose〕、酒石酸〔tartaric acid〕等被視為安全的成分來製造。）

甜味劑尚未能完全擄獲消費者的心，主要是因為副味（side-taste）問題，以及至關重要的一點，那就是沒有任何人工甜味劑在用於烹調時，能夠真正發揮與糖相同的作用。代糖最為成功的應用，是添加在有其他味道可以掩蓋其風味的食品中，例如經過高度加工的「低糖」果醬、糖果，以及軟性飲料等。對由於醫療原因而不能吃太多糖的人來說，例如糖尿病患等，代糖也是一大福音。

惡意攻訐戰

糖的另一段黑暗史是關於糖業所發動的激烈反擊。發動反擊的

業界人士，是曾力阻廢奴的糖業種植園主及糖商的後代。和本書其他具爭議性的食物一樣，業界的反擊通常著重在打壓科學研究人員的研究結果，因為他們在當中對高利潤食品的安全性提出了質疑。

1972 年，飲食科學家尤德金教授敲響了糖的警鐘。他將生理學家和健康研究人員的懷疑公諸於世。他們懷疑糖攝取量的大幅增加，正對人體系統造成損害。尤德金教授寫道：「任何其他做為食品添加物的物質，只要顯現一小部分糖已知對人體產生的影響，該物質應立即遭到禁用。」尤德金在 1972 年出版《甜蜜的，致命的》一書時，是英國首屈一指的營養學家。然而，一些自鳴得意的營養科學家慫恿糖業打壓他的言論，他的學術生涯因而幾乎遭到毀滅。

尤德金的著作並未促使大眾對糖和公共衛生問題進行必要討論，反而遭到了屏棄。他的兒子麥可向《食物面面觀》透露：「一位英國生物化學家指稱我父親的著作只不過是學術界的造假言論。」事實並非如此。尤德金指出肥胖、心臟病、糖尿病、蛀牙等是與糖攝取過量有關的問題，而這些問題現今都已公認與糖有關。尤德金在 1995 年於寂寂無聞中辭世，但他的先驅之作如今已由路斯迪格醫師撰序重新出版。「我的天啊！」路斯迪格在發現尤德金的書時如此想道。「這個人比我還要早 35 年發現真相。」倘若尤德金當年能得到公正的聽證，或許就可避免不計其數的人因相關問題而早逝。

糖業與支持該產業的遊說者、科學家、被收買的政客聯手發起的論戰，可說是既猛烈又卑劣。這場論戰與 1960 年代為了扼殺有關吸菸的科學研究發現，並規避政府控管而發起的戰役非常相似。其中一項策略是將糖的罪過推諉給當代的另一種邪惡物質——飽和脂肪。2016 年，美國一項科學研究審查發現了 50 多年來，可口可樂及其他依賴糖的公司贊助據稱是獨立的研究，藉以支持其遊說活動的許多事例。

　　斯坦頓‧格蘭茲（Stanton Glantz）是對學術檔案進行調查的醫學教授。他指出：「這些人讓關於糖類的討論脫離正軌達數十年之久。」調查中所發現的一椿事例是，1967年某糖業基金會付給三名哈佛大學的科學家大筆金錢，而他們當時正準備針對與糖、脂肪、心臟病相關的研究文獻，發表一篇重要的回顧分析報告。

　　格蘭茲博士接受《紐約時報》（*New York Times*）採訪時表示：「回顧分析報告中所引用的各項研究，都是由這個糖業團體精心挑選的。報告內文刊登在聲望卓著的《新英格蘭醫學期刊》（*The New England Journal of Medicine*）上，不但極力淡化糖與心臟健康的關聯，還將飽和脂肪的屬性作用汙名化。」往來信件顯示，這些科學家在進行相關研究期間，必定會諮詢向其行賄的業界人士，確認他們的研究結果受到對方認可。格蘭茲說道：「以今日的標準而言，他們的作為非常地惡劣。」

與糖和平共存？

　　有跡象顯示，我們長達300年的盛「糖」時代，可能正邁入晚期。沒有任何人（甚至糖業）能再質疑關於糖與健康的科學研究結果。在已開發國家的每一家醫院、每一所學校，都可以看到飲食攝取過量糖分所造成的傷害。因此，每隔幾年，健康準則就變得更加嚴格：自2015年起，世界衛生組織即建議，每日自糖分攝取的能量不應超過總量的10%；以一個成人每日平均飲食熱量攝取2,000大卡來估算，相當於每天攝取25~30克，或6~7茶匙的糖，少於一個塗滿榛果巧克力醬（Nutella）的三明治，或是一罐可樂的含糖量。英國當局則是建議，自「游離糖」（free sugar，不包括水果〔儘管不是果汁〕和蔬菜中天然存在的糖）攝取的熱量不應超過總量的

5%。依此估算，一個成人每天的攝取上限是30克。

這些建議好倒是好，只是現今的消費者已經聽了太多說教言論，而干預我們享樂的健康準則也是最受到忽視的準則。英國國民保健署（National Health Service）與世界衛生組織近年來都已修訂飲食建議，並陸續發布各項公告，要求民眾減少攝取糖分。在同一時期，英國整體人均糖攝取量則是呈上升趨勢。民眾可能以為自己已經減少糖分的攝取：注重健康的消費者通常會表示，他們個人的糖攝取量已經降低。但是他們忽略了一個事實，那就是和鹽的情形相同，他們所吃進的糖大部分都隱藏在原製（manufactured）3和加工食品之中。

不過這些飲食建議正首度透過強硬措施來施行。各國政府都知道，此類措施已有效減少菸害。包括英國在內的幾個國家，已對高糖飲料開徵懲罰稅，儘管糖業贊助的遊說團體進行了激烈反擊。以人民過重比例而言，墨西哥和蘇格蘭在全世界名列前茅，而這兩地實施的糖稅已經大展成效。這些措施正逐漸降低該地人民含糖飲料的攝取量。

減糖該怎麼做？

測試結果顯示，許多傳統的餅乾和蛋糕（僅限糖對食物結構無關緊要者），就算減少糖2、3成的用量也不致會對味道產生顯著影響。不過，當然，削減飲食含糖量最簡單的方式，就是減少食用加工食品。

　　減糖措施的奏效，與政府更大力宣傳糖對健康的影響有關。但更重要的因素是製造商的反應。含糖飲料市場競爭激烈，對價格差異非常敏感。英國政府在2018年對此類飲料開徵少額稅捐時，發現半數製造商甚至在新法生效前就已經縮減糖的用量，以免必須為此漲價。在2022年初，英國政府開始考慮採行其《國家食品策略》（National Food Strategy）中一項極具爭議的建議。該項建議主張，凡是用於製造加工食品的糖都應當課稅。

　　認為糖稅是「窮人稅」而反對糖稅的陳情者得到的回應是：價格最終沒有上漲。另一方面，政府也對人們以為有益健康的高糖食品，實施更嚴格的標示規定，包括果汁、燕麥多穀片、營養能量棒等。

　　調查結果顯示，曾經對脂肪痴迷的英國民眾，現在會比較關心其飲食中含有的糖分。雀巢與瑪氏箭牌（Mars Wrigley）這兩家國際糖業巨頭，正試圖在這股值得關注的趨勢中搶得先機。繼10年前宣布鹽與反式脂肪的減量目標後，它們也宣布了未來總用糖量的自發減量目標。

　　另外，創新科技也可望解決用糖量的問題，不過要說服大眾接受這些解決方案通常很困難，因為他們已經對食品生物科技感到厭煩及失去信任。2020年底，以色列新創公司DouxMatok宣布，其正準備生產一項令人驚奇的創新產品。這項產品是一種甜味增加40%的蔗糖；該公司表示，製造商若使用這種蔗糖，便可將食品配方的用糖量降低40%。此種看似神奇的增甜效果，並非透過調配葡萄糖與果糖的濃度來達成（高果糖玉米糖漿即是如此），其秘訣在

---

3 譯注：使用完整、未加工的原料從頭開始製作。

於解決了人體甜味感受機制的缺陷：舌頭上的味覺受體無法有效感受到甜味。

以色列科學家亞伯拉罕‧班尼爾（Avraham Baniel）在他96歲時，取得這種新型增甜蔗糖的專利權。他在多年前就已經注意到，在糖中加入澱粉可以增加糖的甜味。箇中原理可以用一個例子來說明：我們若是咬下一口含糖的零食棒，實際上只能嘗到大約2成的甜味。亦即只有1/5的蔗糖分子可以傳遞到口中的味覺受體，其餘的分子就直接進到我們的肚子裡，因而無謂地增加了我們的糖攝取量，也讓我們吃進了額外的熱量。班尼爾發現，將糖粒與惰性矽顆粒結合，可以讓更多糖粒接觸到味覺受體。我們可以用棉花糖來做比喻：糖被抽成細絲後，可以擴大與味蕾接觸的表面積，使其嘗起來比等重的砂糖更有甜味。

由於危害較小的糖類充滿誘人前景，許多公司紛紛投入大筆資金進行研發。一些公司正在自然界尋找新的糖類：構成糖的碳、氫、氧原子，可以有無窮盡的排列方式，而每一種排列方式對我們味覺受體及腸道的作用都略有差異。這些公司目前已從海藻、蚜蟲、貝類和蘑菇中萃取出新的糖類。

在推出對人體的好處受到質疑的方糖和金黃糖漿後，泰萊公司目前正在推銷一種由玉米中的果糖轉化而成的阿洛酮糖（allulose）；阿洛酮糖本是存在於無花果、楓糖漿等食物中的天然稀有糖。泰萊表示此種糖的甜度是蔗糖的70%，味道與蔗糖十分相似。但是阿洛酮糖攝入人體後，大部分不會被消化吸收，因此熱量只有蔗糖的1/10，而據該公司所稱，其不會造成血糖或胰島素濃度上升。同樣重要的一點是：這種糖可以用於烹調。如泰萊公司一位發言人在接受《紐約客》雜誌（New Yorker）訪問時所說：「它的作用就和糖一樣，因為它本身就是一種糖。」

善品糖（Splenda）是泰萊經營了40年的代糖領導品牌。該公司在2015年即以Splenda與Dolcia Prima品牌為名，開始在美國銷售阿洛酮糖產品。銷售文案向消費者傳達的訴求是，阿洛酮糖是一種植物糖（當中提及了無花果等天然來源），因此是天然的產物，也不必稱之為糖。對阿洛酮糖產品大為驚嘆的商業分析師表示，其可望帶來「龐大」商機，足以拯救這家積弱不振的老牌糖業公司。

然而，在推出7年後，阿洛酮糖尚未能在美國市場打開知名度。它只能在英國的健康食品店買到，而且價格是白砂糖近10倍。此外，在反基因改造法令的阻礙下，阿洛酮糖遲遲未能獲得歐盟監管部門批准。

儘管我們現在對糖分感到恐懼，不過許多食品製造商為應對來自政府的威脅，會乾脆在產品中減糖，希望消費者不致察覺當中的變化。類似的策略也用在含鹽的食品上。而無論就烹調，或是生活中的許多其他事物而言，有一項不變的真理，那就是將某樣東西的用量減少5%或10%是輕而易舉的事。接著更進一步才是難處所在。

健康專家百年來不斷努力，希望能讓我們的糖攝取量減至略趨近18世紀前，或加勒比海地區蓄奴前的常態水準。也許有助於達成此目標的不是食品科技，而是最簡單的方式：以價制量。價格始終是最強大的消費誘因。因為，正如《紐約客》雜誌特約作家妮可拉・特莉（Nicola Twilley）在她2020年〈糖的改造競賽〉（The Race to Redesign Sugar）一文中所總結：「就像糖唯一的好替代品是糖一樣，遺憾的是，少吃糖的唯一好方法，就是少吃糖。」

6
大地的蘋果

馬鈴薯

「種植馬鈴薯使穀物逐漸成為一種可流通的經濟作物。隨著工業革命的推進，人們得以種植馬鈴薯，並靠馬鈴薯維生，因其蘊含了極其豐富的營養價值。馬鈴薯在所到之處推動了人口的成長，過剩的人口於是移往城市，而城市是工廠的大本營，馬鈴薯又養活了勞工，如此繼續循環下去。」

—— 歷史學家約翰·瑞德（John Reader），
《食物面面觀》，2009 年

唐納德·布朗（Donald Brown）是泰里島（Tiree，屬於赫布里底群島〔Hebridean〕）上的佃農。和北歐貧困地區的許多人一樣，馬鈴薯是他小時候的主要營養來源，不可或缺的生命糧食。8英里長的泰里島位在蘇格蘭西海岸外。在1940年代成長於此的布朗，每天下午2點都會吃馬鈴薯當午餐—— 這是他一天中的正餐。

布朗的母親會用海水煮帶皮的bhuntata，即蘇格蘭蓋爾語（Gaelic）的「馬鈴薯」。布朗表示用海水煮比用井水煮要好吃得多。「她會把一顆顆完整的馬鈴薯擺上桌，再配上一碗自製奶油、白脫牛奶（buttermilk）和軟質起司。」有時家裡若是宰了頭乳牛，還會配上一點牛肉來吃。布朗的母親有時會用牛脂炸馬鈴薯當點心。不過布朗小時候最愛吃的是帶皮馬鈴薯和配炸鯡魚的馬鈴薯（sgadain），後者配的是10月、11月在附近的高特灣（Gott Bay）捕到的鯡魚。

布朗家會在小農場上種馬鈴薯。布朗小時候會幫忙照料馬鈴薯田；這是島上大部分孩童的工作。他還記得花了大把時間切馬鈴薯做為牛隻過冬的應急飼料。在10月時，所有泰里島上的學童都可以放2週的假好幫忙收割馬鈴薯。現今蘇格蘭的學童在10月仍有18天的期中假，也就是所謂的「馬鈴薯假」。不過很少有人會在這段期

間拿起傳統的三頭叉（grape）來挖馬鈴薯。

馬鈴薯是在島上生活的必需品，就像聖經和風一樣重要且無所不在。布朗很難想像沒有馬鈴薯的世界會是什麼樣子。他記得島上有一則流傳很久又經常被提起的趣聞：「有個小男孩被一名外來遊客問到他在家裡都吃什麼。『早餐吃馬鈴薯泥，午餐吃馬鈴薯泥，下午茶吃馬鈴薯泥。』這名遊客於是追問：『那吃馬鈴薯泥的時候，你媽媽還準備了什麼給你？』小男孩回道：『一根湯匙！』」

布朗家的人在成長過程中清楚瞭解到，依賴馬鈴薯是件危險的事。就在100年前，病害造成馬鈴薯連連歉收，使得各座島嶼和蘇格蘭高地有成千上萬人餓死。愛爾蘭大飢荒（Great Famine）所造成的死亡人數遠遠更多，在1845~1852年間，大概達到了100萬人。馬鈴薯歉收，加上各地貧困不振，迫使愛爾蘭與蘇格蘭的許多人民移居國外：布朗至今仍與家族的外地表親保持聯繫，他們是19世紀移居加拿大的家族成員後代。馬鈴薯的存缺，重塑了北大西洋地區的面貌。與數百萬其他來自英國及愛爾蘭鄉村邊緣地帶的人民一樣，布朗的家族成員之所以移民，乃是迫於飢荒與地主（一心只想從土地賺到更多的錢）造成的雙重壓力。

對布朗來說，這等情事並非古老歷史，而是在近代確實上演的情境。在思忖我們在21世紀依賴的各種主食時，為何布朗的家庭和農村社區的眾多其他家戶會變得如此依賴馬鈴薯，具有重要的借鑑意義。

> 慣於及全然以馬鈴薯為食者，處於極端的人類生存境態，一旦喪失慣食的食糧，即無任何更價廉之物可供果腹。他們已經落入最悲慘的景況，只能等著餓死或乞討。
>
> ——闡述愛爾蘭與蘇格蘭高地貧困飢荒問題的官方報告，1848年

一場奇妙的邂逅

　　一切始於 1532 年的秘魯。在那一年，法蘭西斯克‧皮薩羅
（Francisco Pizarro）所率領的西班牙探險隊首次見到了馬鈴薯。由
於西班牙人當時對做為食物的塊莖植物，如甘薯（yam）、馬鈴薯、
番薯（sweet potato）等一無所知，對他們來說，馬鈴薯想必是種極
其怪異的東西。不過皮薩羅和其他秘魯的征服者吃了馬鈴薯後，發
現這種食物所蘊含的價值，也就是其可提供豐富的營養成分，並做
為維生素 C 的來源（雖然他們當時還不知道維生素 C 的存在），還
易於貯存和消化。馬鈴薯很快就傳到西班牙，再傳入西歐其他國家。

　　最早的馬鈴薯所含的抗蟲菌成分會致使人們生病。安地斯山人
在吃馬鈴薯時，一定會配著可食用的黏土一起吃，因為黏土可以吸
收稱為茄鹼（glycoalkaloid）的天然毒素。早期一些先民發現野生
動物會先舔食泥土再吃馬鈴薯，於是就模仿了這種吃法。不含毒素
的馬鈴薯直到大約 2,000 年前才培育出來；在安地斯山脈仍然可買
到古老品種，買的時候還會附上一小包可以和馬鈴薯一起嚼著吃的
泥土。深諳馬鈴薯歷史的查爾斯‧曼恩（Charles Mann）曾在《食
物面面觀》節目上表示他嘗過這種古老品種：「非常美味可口。」

　　不過曼恩對安地斯山人一些其他的馬鈴薯吃法就不太感興趣
了：例如 tocosh 是一種用發酵馬鈴薯漿製成的食品，帶有一股濃
濃臭味，讓大多數來到安地斯山的訪客難以下嚥。但是他非常佩服
當地業界發揮巧思，開發出各類的馬鈴薯品種。「安地斯山人針對
各種想像得到的環境條件，培育出了各種馬鈴薯，舉凡適合溼潤地
區、乾燥地區、寒冷地區、溫暖地區的品種，應有盡有。因此，當
地有數千種不同品種的馬鈴薯：位於利馬（Lima）的國際馬鈴薯中
心（International Potato Center）即收藏了七千多種已命名品種。」

馬鈴薯也因而無所不在。

　　馬鈴薯7成是水分，所以很容易腐壞。若暴露在陽光下，會變成綠色並生出毒性。秘魯人想出了各種保存馬鈴薯的方法，包括風乾、煙燻、發酵等。Chuños是一種冷凍乾燥，有時會加以煙燻的馬鈴薯，可以存放好幾年，看起來像是小顆的灰色棉花糖，受到不少人喜愛。秘魯籍的主廚維吉里歐‧馬丁內斯（Virgilio Martínez）在他倫敦的餐廳上這道菜時，會配上起司醬和胡椒葉供客人享用。

政治與馬鈴薯的關係

　　與所有來自美洲的其他作物一樣（菸草除外），馬鈴薯也是經過一段時間才普及起來。歐洲人在引進馬鈴薯時，也遇到引進新食品時常見的難題，首先面臨的困難是如何將之歸類。就像番茄1的歸類方式一樣，最適合拿來與馬鈴薯相比的既有食品是蘋果。蘋果看起來有點像馬鈴薯。因此，在法語與荷蘭語中，馬鈴薯被稱為「大地的蘋果」。

　　德文用truffle（松露）一字的變化形，將馬鈴薯命名為kartoffel。其他語言則是採用安地斯山克丘亞語（Quechua）的batata做為馬鈴薯的名稱，此字也保留在蘇格蘭蓋爾語中。但當然，這種新引進的食物不能生吃，而且嘗起來一點也不像蘋果或松露。馬鈴薯缺乏良好的宣傳，受到人們接納的速度非常緩慢。

　　但馬鈴薯終究還是普及起來了。最早開始種植馬鈴薯當作物，而非只將其視為新奇食品的北歐人，很可能是愛爾蘭人。關於此事

---

1 譯注：番茄有「金蘋果」之稱。

的始末，較受歡迎的民間傳說版本是，西班牙無敵艦隊的船隻在
1588年駛進英吉利海峽進行激戰後，於愛爾蘭的海岸失事。落難的
船員將馬鈴薯帶上岸，送給援救他們的人民當謝禮。而西班牙商人
將馬鈴薯從加那利群島（Canary Islands）帶到愛爾蘭是可能性較大
的版本。

名稱的誤用

　　安地斯山的主要民族，即克丘亞族，稱馬鈴薯為
papa，現今整個拉丁美洲和西班牙南部都是用這個字來指
稱馬鈴薯。而克丘亞語用來指稱番薯（薄皮橙肉，與馬鈴
薯差異頗大的塊莖植物）的字是batata。西班牙探險家將
這兩種塊莖植物帶回大西洋地區時，當然很清楚兩者的區
別。然而，不知為何，在繼續向北、向東傳至歐洲其他地
區時，這兩者的名稱就被混淆了。

　　在信奉基督教的歐洲，有項明確的阻礙造成馬鈴薯未能受到接
納，亦即聖經中並未提到馬鈴薯。一些神學家推斷，馬鈴薯只不過
是給異教徒或動物吃的食物。但是馬鈴薯易於生長繁殖的特性，最
終勝過了這些疑慮。它的生長力令人驚嘆：在理想的條件下，一片
田地種植馬鈴薯所產出的糧食，是種植小麥或大麥等穀物的4倍。
此外，到了18世紀末，馬鈴薯已成為時髦的食品，尤其是在法王路
易十六的宮庭。當時的宮廷時興男女都在假髮上配戴一朵紫色的馬
鈴薯花。

　　大約在同一時期，普魯士的腓特烈大帝、俄羅斯的凱薩琳大帝等力行改革的君主開始推廣馬鈴薯，藉以解決歉收和飢荒的問題。他們命令（通常不情願的）臣民栽種和食用馬鈴薯。在凱薩琳之後的沙皇繼續推動提倡馬鈴薯的大業。1840年，俄羅斯人在幾個城市發起暴動，反對在公有土地種植馬鈴薯的命令。

　　這些暴動並非特例。馬鈴薯已成為政治議題。英國的激進運動人士譴責馬鈴薯是壓迫窮人的象徵，而窮人也同意這點。1830年，英格蘭東南部因為缺地及貧困問題而發生一連串的暴動。在這段期間，肯特郡的農工所舉起的抗議布條上寫著「我們不會靠馬鈴薯過活」。對於卡爾‧馬克思（Karl Marx）與弗里德里希‧恩格斯（Friedrich Engels）的追隨者來說（如其在隨後的10年間寫道），馬鈴薯是一種壓迫的象徵。

　　儘管如此，後來在歐洲大部分地區，馬鈴薯還是成了可與麵包相抗衡的主要碳水化合物來源。馬鈴薯除了使食物供給量倍增，也可做為穀物的替代作物，減少了災情的發生。此種情形促成人口成長，小農收入增加，繼而改變了社會的樣貌。曼恩指出：「沒有馬鈴薯，就沒有歐洲各個帝國的存在。」在整個歐洲大陸，以往因飢荒頻仍而經常動搖的政權，如今得以增加其財富與權力。現代化的社會樣貌顯然是馬鈴薯所形塑，儘管在19世紀中葉，早期的營養學家憂心馬鈴薯會讓勞工變得愚蠢遲鈍，並且造成道德日漸淪喪——這是維多利亞時代長期存在的擔憂。因此，直到該世紀末人們才從擔憂變為樂於對馬鈴薯有所依賴，也就不足為奇了。促成這種轉變的關鍵之一，是馬鈴薯切條與滾燙熱油共同譜出的美味：炸薯條。這種食物可能源自比利時，最後在1860年代傳入英國城市。

　　人們對馬鈴薯都有某些既定之見，而每個人在料理馬鈴薯時，對於特定用途各有偏好：如口感粉質、蠟質的馬鈴薯，或是新採、

放置較久的馬鈴薯等。許多馬鈴薯的品種在外觀上沒有太大差別，但我們為不同品種的馬鈴薯付出的花費卻有極大差異。因此，賣作假的馬鈴薯是筆大生意。在歐洲各地，眾所渴求的澤西皇家馬鈴薯（Jersey Royals），必須和普伊扁豆（Puy lentil）、帕馬火腿（Parma ham）一樣，標有「受保護原產地名稱」。

2008年，英國食品標準署檢測294份馬鈴薯樣品，發現其中33%與標籤上聲稱的品種不符。愛德華國王馬鈴薯（King Edward）是一種廣受喜愛且用途多元的品種，其在1902年培育出來，用以紀念該年英王愛德華七世（King Edward VII）加冕登基。而許多標示為「愛德華國王」的樣品，實際上是稱為安柏斯馬鈴薯（Ambos）的品種。安柏斯馬鈴薯是大型農場栽種的一般品種，可以抵抗疫病，售價只有前者的一半。

飢荒及世界樣貌的重塑

愛爾蘭西部的人民在早期就接受了馬鈴薯，而在上的當權者無不鼓吹他們多種植這種作物。看好馬鈴薯生長效率的地主（土地的產出越高，地租就越高），還延請醫師相助推廣馬鈴薯：他們大推馬鈴薯是世上最健康的食物，也是解決土地貧瘠問題之道。這只是宣傳而已。種馬鈴薯對地主有好處的原因在於，只要1~2英畝田就足以養活整個佃農家庭。在天主教會眼中，人口增加是一件好事，所以神職人員也加入推廣馬鈴薯的熱潮。

有一段時間，廣種馬鈴薯的確帶來不錯的效益。19世紀初，在愛爾蘭與蘇格蘭的大西洋沿岸地區出現了一種產業，為人民提供了新的收入來源：採集海草燒製成灰以做為肥料。這項作業需要投入人力。地主鼓勵佃農在原本種植穀物的田地改種馬鈴薯，因為相

較於燕麥和大麥，種馬鈴薯需要的土地較少，所需的人力更是少得多。如此一來，地主的土地可以養活更多家庭，而省下的農作時間可以用來採集及處理海草以換取現金。拜食用馬鈴薯之賜，當地的人口數攀升到歷史高點。1830年時，泰里島上的人口是該世紀末的2倍以上。在幾十年間，新的富足生活改變了歐洲西部邊緣貧窮地區的面貌。之後，馬鈴薯疫病便大舉來襲。

馬鈴薯黑死病

人們在幾十年前就知曉，初秋時溫暖潮溼的天氣有可能釀成災害。這樣的天氣可能驟然將田裡的馬鈴薯變成一堆散發惡臭的糊狀液體，只剩下幾根發黑的莖桿向上翹起。這是一種在幾十公尺外就能聞到，且永遠不會忘記的味道，也是確實昭示大規模死亡將臨的臭味。在1840年代中期，死亡不僅降臨在所有馬鈴薯作物上，還降臨在愛爾蘭至少100萬人，以及北歐其他地區另外10萬人身上。

沒人知道這場災禍為何發生，或是由什麼東西造成。人們只知道，某種也對番茄有影響的黑色黴菌，可以在幾天內毀掉整片田地。它的散播速度快得嚇人。現在我們已經知道，那是一種據信源自南美洲，名為馬鈴薯晚疫菌（*Phytophthora infestans*）的真菌，其孢子會在風中傳播開來。這場在1845年與1846年間爆發的疫病，使得西蘇格蘭地區的佃戶失去了截至1840年，已占其日常飲食8成的糧食。

愛爾蘭有一半的人口都以馬鈴薯為主食，而其中大多數都只吃一種特別脆弱的品種，亦即愛爾蘭白馬鈴薯（Irish Lumper）。在1840年代和其後的幾年裡，人民死亡及隨後移居國外等因素，最終造成愛爾蘭的人口縮減了約300萬。現今愛爾蘭的人口只有500

萬，仍未回復到 1845 年前的水準。

有很長一段時間，解決疫病問題的唯一辦法，是種植更多抵抗力強的馬鈴薯品種。但是這種實驗若未能成功，反而可能造成更嚴重的飢荒。在 1880 年代，人們發現在作物上噴灑硫酸銅溶液可以防治疫病。但是銅非常昂貴。儘管已發現解決之道，蘇格蘭西部的馬鈴薯作物在那十年之中再次歉收，迫使更多人移居到大西洋彼岸。在第一次世界大戰期間，銅被保留做為製造彈藥殼的原料。殺菌劑因而短缺，導致 1916~1917 年間爆發疫病和飢荒，造成 70 萬名德國平民死亡。

此種疫病現今依然限制了西非馬鈴薯的產量。馬鈴薯晚疫菌的變種會定期出現，使得「晚疫病」成為常存的威脅，仍可導致世界許多還倚賴馬鈴薯的地區發生飢荒。中國與美國已研究了此種疫病用於戰爭的可能性，其目前已被正式列為一種生化武器。

21 世紀的馬鈴薯

較晚引進馬鈴薯的中國，現今已是全世界最大的馬鈴薯產國，而馬鈴薯是全球第四大糧食作物。在世界上最貧弱的一些國家，包括盧安達、白俄羅斯、尼泊爾等，馬鈴薯的人均食用量依然居冠。此外，各地的耕種仍高度仰賴人工殺蟲劑來對抗各種可能破壞作物的疫病、病毒、寄生蟲。光是這些病害的威脅就可對環境造成重大損害：幾十年來，美國的農民每到季末時節，都會在馬鈴薯田裡噴灑廉價的家用油漆來驅蟲。

以有機方式種植馬鈴薯，很難大規模進行。和許多蔬菜一樣，在不使用人工化學品的情況下，其所需的主要投入，乃是種植者花更多時間照料正在成熟的作物。但是馬鈴薯可能遭到異常多的天敵

與疾病侵擾，這也是為何有機栽培的馬鈴薯可能個頭較小，並且有更多的瑕疵。它們需要顧客多一點的寬容，願意如我們的祖先般清理和切除瑕疵處。這樣做是值得的：研究結果顯示，以傳統方式種植的馬鈴薯在烹煮後所殘留的殺菌劑及殺蟲劑，幾乎比任何其他蔬果都來得多。

美國農業部一項研究發現，即使經過削皮和清洗，81%的馬鈴薯還是殘留了化學物質。由於這些物質可能對人體健康有重大危害，英國政府每季都會檢測國產和進口蔬菜是否有殺蟲劑殘留。英國政府最近期的報告涵蓋了自2020年以來的檢測結果，當中指出，在於英國購買的123件馬鈴薯樣品中，有54件殘留化學物質，但都未達到官方認定的危險水準。

由於現行的基因研究正在探索馬鈴薯對抗害蟲與天敵的天然防禦機制，無需依賴化學藥劑防治馬鈴薯真菌和害蟲的那一天或許終會到來。舉例來說，馬鈴薯現在被認為與一些其他植物一樣，包括番茄、牽牛花在內，是屬於半肉食性植物。長在馬鈴薯葉莖上的毛會誘捕昆蟲，而蟲子死亡分解後，可為馬鈴薯提供養分。若能掌控並強化這些防禦能力，可能有助人們減少使用殺蟲劑。

減少厄瓜多殺蟲劑毒害的方式

在厄瓜多卡爾奇省（Carchi），農民田間學校（Farmer Field School）已幫助當地人們降低可怕的殺蟲劑中毒率。馬鈴薯連作不只創造了高產出，也為昆蟲及真菌病提供了極為有利的滋生環境，促使農民大量施用殺蟲劑和殺菌

劑。該地區的人民因為暴露在殺蟲劑之中，有6成出現神經功能衰弱的症狀。田間學校的訓練使農民得以降低施用農用化學品的成本，包括肥料、殺蟲劑、人力成本等，減幅平均達75%，而且對生產力沒有任何影響。後續的研究結果顯示，在減少殺蟲劑暴露量後，當地人民遭受的神經系統損害已經復原。

聯合國糧農組織

對馬鈴薯進行此種改造，可能會使用到較新的基因改造（基改）技術，即基因編輯技術，因而引發這些技術是否應用於人類食品的爭論。歐盟仍禁止將基因編輯技術用於人類的食品，其目前對食物及作物的基改有嚴格的管控。然而，如2020年8月《食物面面觀》節目中所討論，英國因為脫離了歐盟，可能會允許採用新的改造方式。蓋伊·華生（Guy Watson）表示：「若是能培育出抗疫病的馬鈴薯，對於減少殺菌劑的使用將是一大助益。」華生是一位有機農場主，並創立了Riverford有機蔬菜箱配送公司。他或許會接受新的作法。「我不會一概反對（基改）。我不是個反對技術革新的人。有機業界不能抗拒所有的技術發展，但我認為，我們應更小心防範意想不到的後果。」

微體繁殖（micropropagation）是一項創新技術，可在不改動基因或使用化學品的情況下減少馬鈴薯的病害。該項技術乃是在無菌環境中生產薯苗和種薯，不使用任何可能含有病孢或昆蟲幼蟲的

土壤。這表示，薯苗和種薯之後配送到農民手中時，大有機會不需倚賴化學藥劑就能順利生長。微體繁殖也是相當便宜的技術，可以幫助到較貧窮國家的農民。

此外，尚有一些方案可以幫助農民誘捕和辨識特定害蟲，使他們能夠防控特定害蟲滋生，而非使用全面噴灑殺蟲劑的方式來防治蟲害。重新採用舊時的農作法，即布朗家族及安地斯山人使用的方法，是另一項頗受歡迎的作法。舊時會使用由糞肥、海藻及其他腐葉墊高的植床來種植馬鈴薯。而現代的耕作法會將土壤翻起，但此舉會導致土壤流失、引發雨水逕流，並將碳釋放至大氣中。回歸「懶植床」（lazy bed）作法的效率要高得多，可以減少疫病發生，所需的土地和人工肥料也較少。有時方法還是老的好。

馬鈴薯與氣候危機的關聯

馬鈴薯的溫室氣體排放主要是在烹調過程中產生。馬鈴薯與我們烹調的大多數蔬菜不同，在料理時需耗費大量能源。對環境損害最大的馬鈴薯烹調方式是用烤箱烘烤：一顆用烤箱烘烤的馬鈴薯可產生 2,138 克的 CO_2e（溫室氣體排放量），幾乎等同窯烤 2 顆馬鈴薯的排放量。

微波同樣一顆馬鈴薯的排放量只有 76 克 CO_2e。若是配上起司和奶油，也就是我們最喜歡的餡料，則會再增加 1,000 克 CO_2e 排放量。相較之下，一份火腿三明治產生的溫室氣體成本約是 678 克 CO_2e。據有關機構建議，我們應

盡量將每天因食物所產生的排放量控制在 3,000 克 CO_2e 以內。2 一顆填有餡料的烤馬鈴薯可能就超過這個數字了。

用烤箱烘烤的薯條，可能是對環境最有害的馬鈴薯料理：若是將與處理過程、廚餘、烤箱的使用相關的排放量加總起來，其溫室氣體排放量是其本身重量的 3 倍之多。

馬鈴薯與烹調樂趣

馬鈴薯過去是人們在刻苦時期賴以維生的食物，但現今不僅是能量補充來源，也是讓世界各地人民享受烹飪樂趣的重要食材。有多少字詞可以代表馬鈴薯在廚房裡的神奇變化呢？不用多想就可以舉出十幾個：如馬鈴薯泥、肉末馬鈴薯泥（hash）、馬鈴薯餅（rosti）、烤馬鈴薯、馬鈴薯舒芙蕾、水煮馬鈴薯、馬鈴薯可樂餅、洋芋片、馬鈴薯丁、馬鈴薯沙拉、薯條等。更不用說還有包括司康在內的各種馬鈴薯粉麵包、西班牙馬鈴薯蛋餅（tortilla），以及滿溢鮮奶油的美味法式馬鈴薯料理焗烤馬鈴薯（pommes dauphinois）。

愛爾蘭人與西班牙人都是歐洲最早接受和最熱衷吃馬鈴薯的人。馬鈴薯曾是這兩地民族的標誌，就像牛肉代表著英國，或韭蔥代表著威爾斯一樣。而且可以肯定的是，愛爾蘭人享用馬鈴薯的方式，甚至比法國人還要多——法國人是率先為富裕中產階級開發馬鈴薯菜式的民族。

早在1800年代第一批法國食譜出版之前，愛爾蘭農村居民吃的

馬鈴薯就比任何其他國家都要多。除了亞洲貧困地區的米飯外，沒有任何一種當做主食的碳水化合物，對一個國家的飲食如此重要。亞瑟·楊格（Arthur Young）曾在1776年與1778年間遊歷愛爾蘭，並撰寫遊記。他描寫了貧民的經濟狀況：他們賴以維生的食物大多是「馬鈴薯和酸奶……偶爾會配上一條鯡魚」。

據他觀察，一個六口之家，一週可以吃掉252磅（114公斤）的馬鈴薯。這數字聽起來很可觀，但這只相當於每餐在每個盤子裡放上幾顆中等大小的馬鈴薯。馬鈴薯也不是多差的食物。馬鈴薯歷史學家瑞德即指出：「馬鈴薯是凝聚豐富營養的最佳食物。」當然，光吃馬鈴薯也會乏味。若是加上鯡魚就大為不同了，這是布朗在赫布里底群島成長過程中的體驗。在瑞典農村情況也是如此：當地有一道名菜，是用馬鈴薯切片與經過醃漬的小鯡魚或鯷魚燉煮而成，稱為「楊森的誘惑」（Jansson's Temptation）。這道菜可能是以一位19世紀的牧師為名，因為他可以輕易拒絕所有肉體上的享受，但就是抗拒不了這道帶有硬皮而且味道強烈的菜餚。

愛爾蘭人從馬鈴薯中獲得了許多飲食樂趣。如達里娜·艾倫（Darina Allen）在她包羅萬象的《傳統愛爾蘭料理》（*Irish Traditional Cooking*）一書中所述，馬鈴薯是其兩大民族特色菜餚的要角。這兩道菜就是愛爾蘭燉肉（Irish stew）與馬鈴薯餅（potato cake，其他同類馬鈴薯餅包括了名稱較特別的boxty與fadge煎餅）。艾倫在科克郡（Cork）外經營了一家名為「巴利馬洛之家」（Ballymaloe House）的餐廳，她在該處開設的烹飪學校是愛爾蘭最

---

2 上述所有計算數字出處：S.J. Bridle, *Food and Climate Change without the Hot Air* (UIT Cambridge, 2020).

有名的學校。她在《傳統愛爾蘭料理》一書中列出了40道以馬鈴薯為主要食材的食譜，以及更多以其為重要食材的食譜。

許多馬鈴薯菜餚顯然是在「物盡其用」的糊口壓力下誕生的。19世紀末一本家政教科書便提到了名為「窮人鵝」的菜。這是一種使用豬肺和其他牲畜內臟製作，再加上馬鈴薯切片、牛羊油脂及洋蔥片堆疊而成的千層麵。這道與蘇格蘭肉餡羊肚（haggis）同屬內臟料理的菜聽起來很美味，但是其他食譜就比較有「山窮水盡」的味道了。艾倫列出了一種「可以用來製作蘋果塔」的方法，就是在麵粉中添加馬鈴薯泥增加麵粉的體積。「梅莉斯吹笛手」（Maris Piper）是當今在英國最受歡迎的馬鈴薯品種，也是名廚德莉亞·史密斯（Delia Smith）的首選品種，用途多樣，無論是做成馬鈴薯泥或馬鈴薯麵疙瘩（gnocchi）都很適合。這是一種味道溫和的品種，易於種植，通常被視為安全牌的食材。但是許多人發現，若需要較有風味的馬鈴薯來製作沙拉、燒烤料理，梅莉斯吹笛手和其他類似品種就顯得乏味而派不上用場。多年來，各家超市都不願意販賣紅、白色以外的馬鈴薯。2009年，迪倫報導了大型零售商抵制奇形怪狀或不同顏色品種的情形。她發現超市所抱持的態度是「馬鈴薯就該是馬鈴薯的樣子」。

不過在往後的幾年裡，情況有了轉變。馬鈴薯的銷量不斷攀升，主要是因為人們越來越有興趣品嘗不同的風味，而且各地區也傳承了豐富的馬鈴薯品種。在現存的許多古老又奇特的品種中，如要請眾廚師選出最喜歡的一種，蘇格蘭的Kepplestone Kidney通常會雀屏中選。這種馬鈴薯除了有堅果的味道，還帶有迷人的紫色表皮。

美味無比的馬鈴薯泥

馬鈴薯泥是一道共通的菜餚。在世界各地，包括美洲和印度在內，都可見到將乳脂或其他動物性脂肪（鮮奶油、起司或奶油）與搗碎的水煮馬鈴薯摻合的料理方式。（在中國、泰國、東南亞地區，較常見的料理方式是加調味料翻炒碎馬鈴薯塊後用來配飯吃。）對我們所有人來說，馬鈴薯泥是一種療癒的食物。不過實際上做起來並沒有聽起來那麼簡單。

棘手的問題在於馬鈴薯的含水量、分子結構，當然，還有油脂與馬鈴薯的比例。法式馬鈴薯泥（pomme purée）將這幾個要素揉合到極致，最理想的狀態是讓薯泥化成含有大量奶油的濃湯。據說法國先驅廚師喬爾・侯布雄（Joël Robuchon）所製作的絲滑馬鈴薯泥，乳脂含量達到了驚人的60%（以重量計算），而且奶油中的油分並未分離出來。

至關重要的是，侯布雄先用食物調理機或馬鈴薯搗碎器，將煮好的馬鈴薯（使用稱為La Ratte，通常用來做沙拉的結實蠟質品種）攪搗成泥後，會再用小火煮乾其水分。如此一來，幾乎所有的水分都會去除掉，這或許是在製作這種真正的傳奇馬鈴薯泥時最重要的細節。之後，他會在薯泥中加入冷奶油和沸騰的牛奶。然而（根據我本身經驗）即使照著他在YouTube影片上的料理過程來做，也很難將這道菜做好。一旦出錯，薯泥就會變成一團沒用的油糊。

許多人認為這種馬鈴薯泥太過黏呼。傳統英式馬鈴薯泥是蓬鬆的質地，鬆軟的馬鈴薯塊之間存在大量的空氣。要做到這一點，同時還得加入大量的奶油、牛奶，以及（如我家的作法）切達起司絲，需要一定的技巧。美食作家傑佛瑞・史坦嘉頓（Jeffrey Steingarten）提供了一個運用科學原理的訣竅，亦即將去皮的馬鈴

薯浸在熱水（約70℃）中半小時左右後再烹煮。這道手續有助於糊化馬鈴薯中的澱粉，產生出較滑順的薯泥，另外也可穩固澱粉分子，使其在搗碎過程中較難破裂。名廚赫斯頓·布魯門索（Heston Blumenthal）也使用同樣的技巧，並且在最後加入酸橙果凍做為有提味點睛之效的「風味炸彈」（flavour bomb）。印度名為aloo bhartha的咖哩馬鈴薯泥，是用印度酥油、芥子油、綠辣椒和蔥製成，可能更令人食指大動。

「所有的營養都在皮裡面」

事實並非如此。馬鈴薯含有碳水化合物、少量蛋白質，以及包括鉀、鈣、維生素C在內的營養素，但這些物質主要都存在馬鈴薯肉中。若是把皮扔掉，唯一明顯的損失是丟失了一半的馬鈴薯纖維。

完美的薯條

薯條在英文中可以稱為French fries或potato chip，用法取決於你來自何處3。在各種形式的馬鈴薯料理中，以薯條最能引發人們探究美味科學的興趣：薯條在全球速食市場所占據的中心地位，更是令人想窺知其美味奧秘。薯條的美味秘訣在於充滿對比的口感：內部蓬鬆、輕軟，金黃色的外殼不但酥脆，還因為澱粉在熱油中焦糖化而散發甜味。

　　大多數愛好炸馬鈴薯的人士，包括最早的美國總統湯瑪斯·傑佛遜（Thomas Jefferson，將這種馬鈴薯烹調方式從巴黎帶回國，薯條也因此在美國稱為French fries）在內，可以用好幾個小時爭論什麼才是最完美的炸薯條方式。不過人們或多或少都普遍同意，薯條得炸2次才行，但是布魯門索並不是這麼做的。他會炸上3次。

　　薯條包含了各種不同的繽紛樣貌。它們有多種形狀大小。有鞋帶和火柴狀（口感又乾又脆）的薯條，也有英國傳統的形狀：油光閃閃，有中指粗細的黃色薯條。英式薯條絕不會有梅納反應（參見第五章）發生：粗魯的人可能甚至會批評這種薯條太過溼軟。相較於比利時人或美國人，英國人通常會用較低的溫度及較長的時間來烹調薯條。

　　以往炸魚薯條店都是用牛脂來炸薯條，直到大部分的國民開始避吃動物性脂肪為止。如以布里斯托（Bristol）至沃什灣（The Wash）為界線，現今在這條線以南通常會使用植物油來炸薯條，但是在以北的地區，舊時慣用的油脂還是有一群擁護者。用牛脂炸出來的薯條肯定比較有味道，它們也通常在盲品中拔得頭籌。

　　速食店的薯條會變得如此受歡迎的原因之一（對許多人來說是最完美的薯條），是其採用了集中化的製備方式。一袋袋半熟的冷凍薯條會被運送到速食店，經過再一次的油炸後才會出餐給客人。這種製備方式除了便利及符合經濟效益外，也是締造薯條美味的關鍵所在。

　　冷凍過程會使煮得半熟的薯條變乾。而事實證明，在冷凍狀態而非室溫下炸這些薯條，可以讓外殼變得金黃（將澱粉轉化為糖

---

3 譯注：French fries為美式說法，potato chip為英式說法。

分），內部也會變得鬆軟好吃。在家也可以炸冷凍薯條，而我們大多數人的確也會這樣做。在麥肯公司（McCain）推出烤箱薯條40年後，現在7成的民眾都會在冰箱裡放一包冷凍薯條。

英國人比所有其他國家的人都更喜愛洋芋片。英國6成的孩童每天都會在學校的午餐中吃到洋芋片，而英國每年每人平均總共會吃下超過6公斤的洋芋片。這些洋芋片發源自美國：第一位製作並販售洋芋片的是喬治·克魯姆（George Crum）。他是紐約州薩拉託加溫泉市（Saratoga Springs）一家度假飯店的主廚。他的一位顧客，航運大亨柯尼利爾斯·范德堡（Cornelius Vanderbilt），抱怨他炸的馬鈴薯太厚，所以克魯姆就盡可能將馬鈴薯切薄，炸過之後再加鹽調味。范德堡對這種洋芋片非常滿意，於是「薩拉託加洋芋脆片」就誕生了。克魯姆最後開了自己的餐廳，將剛炸好的洋芋片放在籃子裡供客人享用，但他從未將洋芋片包裝起來，或是為其申請專利。

在19世紀末時，人們會將洋芋片裝在硬紙箱裡出售，但洋芋片仍然很快就變質，或是失去酥脆度。到了1920年代，美國開始出現密封袋包裝。當這種零食（以極其廉價的原料創造巨大利潤的食品）成為廣告和行銷標的，人們開始忙著推敲字裡行間的涵義。語言人類學家任韶堂（Dan Jurafsky）教授研究了現代美國「洋芋片包裝」上的語言。

他在2017年接受《食物面面觀》訪問時告訴主持人迪倫：「包裝上的字越多，這包洋芋片就越貴。」他說明道：「比較貴的洋芋片在包裝上也會使用許多否定的字眼。也就是說，包裝會說明裡面不含什麼成分，例如不含油脂、脂肪等。昂貴的洋芋片自然得和普通洋芋片有所不同。至於便宜洋芋片的包裝，就有較多強調其純正性、來自美國某地區或家庭農場，或是「爸媽的好味道」等字眼。

昂貴的洋芋片會強調另一種純正性；它們會提到匠人手藝、洋芋片切工、只選用最優質的馬鈴薯等。」

亨利・沃克（Henry Walker）是英國萊斯特郡（Leicestershire）的肉商。他在第二次世界大戰期間推出了自製洋芋片：現在沃克斯公司（Walkers）販售的洋芋片，占英國人所吃洋芋片的一半以上，其每天的產量可達到1,100萬包。該公司能有如此佳績，尤其得力於沃克在1954年開發出的起司和洋蔥口味。沃克斯現今仍是英國最受歡迎的洋芋片品牌。但儘管沃克斯是有退役球星李納克（Gary Lineker）代言的純正英國品牌，自1989年起還是歸入了全球飲料巨擘百事公司（PepsiCo）旗下。

我們在洋芋片廣告中會聽到吃洋芋片所發出的響脆聲，這是有科學根據的音效。研究人員在受試者吃相同洋芋片時，讓他們聽到自己不同強度的咬嚼聲，結果發現聽到的響脆聲越大，消費者就會認為洋芋片越新鮮，也越好吃。

英國人愛吃洋芋片的習慣，平均每人每年吃掉184包，有其黑暗的一面。它們是英國飲食中最大的丙烯醯胺（食物中的糖分燃燒後產生的微粒）來源。英國孩童體內的丙烯醯胺濃度，是丹麥孩童的2倍（吸菸者體內的丙烯醯胺濃度也很高），而此種化學物質據信（雖然食品業對此有異議）是癌症的重要成因之一。丙烯醯胺含量最高的，是一些與洋芋片相似，用馬鈴薯皮和其他高度加工的植物性澱粉製成的零食。

如你所料，洋芋片也會對環境帶來不利影響。每片洋芋片所造成的溫室氣體排放量，等同或超過了其本身重量，其中半數是在烹調、加工、包裝過程中產生。一包洋芋片幾秒鐘內就可以吃完，但其包裝袋卻可能需經過一個世紀才能分解。無所不在的塑膠包裝袋，已經有可生物降解的版本問世，但尚未有任何一種獲得普遍使用——它們的確存在，只是太過昂貴。沃克斯已在2021年承諾，將會在2025年前改用可分解的包裝。

可堆疊的相同雙曲拋物面

寶僑是以肥皂產品聞名的美國家用品公司，在1956年決定進軍不斷成長的鹹味零食市場。該公司指示研發部門的首席化學家弗瑞德‧波爾（Fred Baur）開發一種便宜的零食，以解決市場調查中發現的問題。市調結果顯示，顧客對現有品牌產品的主要抱怨是：洋芋片的品質參差不齊。在一包洋芋片中，除了完好的洋芋片外，還夾雜了破損、油膩或不新鮮的洋芋片。

波爾於是設計出「雙曲拋物面」，即馬鞍面造型的洋芋片。這種洋芋片對外在壓力有相當高的承受度，但製作成本非常低廉，原料為從加工玉米、稻米、馬鈴薯的殘餘物中收集的乾澱粉糊。每一片不但都長得一模一樣，而且還可以堆疊起來，在消費者拿到手之前破損的可能性要小得多。

寶僑對這個構思很滿意，但無法製作出理想的味道。若是味道對了，還有其他問題得解決：做為實驗對象的員工反映，在試吃不同原型口味時，會出現腹瀉症狀。該公司一直到1968年才解決所有問題，之後便推出了品客洋芋片（Pringles），其可能是以最早研究出馬鈴薯乾燥方法的科學家馬克‧普林格（Mark Pringle）為名。

　　品客的第一則廣告標語是「品客一口口，片刻不離手」。事實證明果真是如此。品客洋芋片大獲成功，很快便在全球各地熱銷。波爾深以為傲。也因此，波爾在2008年去世後，子女按照他的遺囑將他的骨灰放入一個品客洋芋片的長筒罐裡（還依他的要求選用「原味」款）。

　　但它們是否真如罐身所標示是「洋芋片」？其他製造商不予認同。2008年，英國法院裁定品客洋芋片不是洋芋片，因為該產品中的馬鈴薯成分，在過去和現在都不到40%，而且一位法官指出，馬鞍形狀「並非自然存在的形狀」。不過這項裁決對寶僑來說是個好消息，因為洋芋片需徵收加值稅，若認定是穀物澱粉就不用繳稅了。

　　品客洋芋片雖然在全球大受歡迎，但並不是人人都買帳。有些口味含有十幾種不同的化學成分，並且和經過調味的洋芋片一樣，含有大量的鹽和糖。（不過含糖量都沒有品客現已停產的「薄荷白巧克力」與「甜肉桂」口味來得高。）由於品客現已納入家樂氏（Kellogg）旗下，而家樂氏在英國沒有生產品客洋芋片的工廠，於是在市面上可以發現一罐罐在中國或印尼製造的品客洋芋片：不會破損的拋物面造型洋芋片所產生的碳成本，不僅有跨越世界各地的運輸成本，還包括製造硬包裝罐（也是波爾所發明）及塑膠蓋的成本。

　　住在泰里島的布朗說他不喜歡吃品客洋芋片，或一般的洋芋片。不過他每週大多數的日子裡還是會吃馬鈴薯。他會到島上的超市購買用渡輪從蘇格蘭本土運來的馬鈴薯。如今泰里島上只有少數幾個佃農會在砂土中種馬鈴薯：生長在砂土中的馬鈴薯個頭很小，吃起來有堅果味，非常可口，另外還帶有一種淡淡的乾海藻味，這是因為植床仍使用乾海藻來施肥。

　　昔日的「懶植床」現在已成了放牧羊群的草地，形成沙質低地

（machair）上的一片草原。然而，當太陽在早晨或傍晚落到地平線
附近時，仍可望見過往農作留下的傷疤：凡有一丁點土地之處，就
可見到一座座平行的土堆分布在岩石間。在200年前採集海草與種
植馬鈴薯的極盛時期，有4,500人居住在泰里島上，但今日只剩下
不到600人。

如何製作美味的馬鈴薯卡士達派（1664年）

取1夸脫新鮮牛奶，6或7顆煮熟搗碎的馬鈴薯，幾顆
打好的蛋，約1/4磅的糖，少許磨碎的肉豆蔻；將全部材
料均勻混合，放到一個淺底的錫盤或陶盤，或是麵包皮裡
（預先在底部放一小塊奶油），然後放到烤箱烘烤……；烤
好後待差不多放涼，就可以享用一道極為美味又健康的甜
點，不僅清香爽口，還有助於補充元氣和強健身體；這道
料理也相當便宜，用4便士的食材所做出的分量，一般就
足夠讓2個人吃一餐。

取自約翰・福斯特（John Forster）《英國人民的美好
生活》（*England's Happiness Increased*）一書所載食譜。該
書旨在向英王查理二世建言，種植馬鈴薯乃是解決英國貧
困問題之道。

7
人人有雞吃

雞肉

「我們大多數人已經忘了雞肉實際應有的味道……滿足大眾市場需求的代價之一，就是讓雞肉失去了原有風味，因此需要加以醃製、調味。為了換取便宜的雞肉，我們接受了這一點。我到越南的時候，在幾個村落裡待了一段時間。那裡的村民吃的仍是本土品種的雞，味道嘗起來完全不同。」

—— 安德魯·勞勒（Andrew Lawler），《雞冠天下》（*Why Did the Chicken Cross the World?*）一書作者，《食物面面觀》，2015 年

　　如果你要設計一種供人類使用的生物，應該會想到雞：容易飼養、可自行覓食，活著的時候很有用（可以幫忙看門警戒、清理院子），死後食用既美味又營養。沒有哪種肉用禽畜能如此快速和便宜地從幼崽轉變成一家人的餐食，著實令人驚奇。你也許會覺得，對人類來說，雞倒是比狗還要好的朋友。

　　萬年來，雞一直與人類共存，把我們的剩菜剩飯轉化為蛋白質，充當防盜警報器、時鐘，用來預卜吉凶，提供有用材料，包括可以絕緣保暖的羽毛、可製作成工具的骨頭等。當然，雞也提供了食物，無論是活著或死去時。每隻母雞都能產下幾百顆蛋：雞蛋長久以來都被視為營養包，可以化為早餐的主食，各式各樣的蛋糕、蛋白酥、舒芙蕾和醬料。而在所有作業結束後，我們還能吃掉這部產蛋的機器。

　　我們為了回報這一切，讓雞變成一種成功的物種——如果以最基本的物種評判標準來看的話。雞由於出色地扮演了人類的良伴，現今已是全世界數量最多的鳥種。無論何時，世上都有大約 300 億隻雞活著，數量遠遠超越第二大種群，即紅嘴奎利亞雀（*Quelea quelea*）。這種雀鳥分布在撒哈拉沙漠以南的非洲地區，數量約有 15 億隻。

然而，紅嘴奎利亞雀可以活好幾年，但幾乎所有養來食用的肉雞都活不過2個月。大多數的雄性小雞一孵化就遭撲殺。一隻雞的正常壽命可達10年或更長的時間。面對早夭的命運，雞族數量的爆增似乎就不是多值得慶幸的事了。

當我們說自己喜愛某種食物，或者可說是喜愛某種經過馴化的食用牲畜時，我們其實是沉溺在某種虛偽的表象中，而許多人也越來越難以忍受這份虛偽。英國人對雞肉的熱愛，已使其從一種難得的享受（在1950年時，英國人每個月吃不到一次雞肉）變成日常的主食，以及食用量最多的蛋白質來源，受歡迎度是牛肉或豬肉的2倍。

我們不難看出，在經過這麼多年的互利共存後，人類卻殘酷地背叛了雞。我們把雞變成了宛如惡夢般的東西：雞被當成了一種植物，而非有知覺的生物。

雞與人類的關係

人類原先捕捉與飼養雞，並不是為了食用，而是為了娛樂。雄林雞（jungle fowl cock）之間為了爭奪最高地位，獲得在雞棚稱王的權力，會鬥到筋疲力盡或死亡為止。因此，可以鬥雞及賭鬥雞輸贏，成了人類受到雞吸引的最初緣由。鬥死的雞會被人們吃掉，當然，勝出者就可以繼續繁殖，將優越的戰鬥力傳給下一代。

於是雞成為人類日常生活中的一員，與我們同住共存，啄食我們的殘羹剩飯來獲取營養，還因為眾多特質而受到珍愛。雞令人喜愛的一點是不用花費太多心思照料：與哺乳動物不同，小雞幾乎從孵化後就可以照顧自己。

雞也很聰明：牠們認得飼主，並且可以用多達30種截然不同的

咯咯聲彼此溝通。大小公雞（即雄雞）既是鬧鐘，也是警報系統，有入侵者時可以率先發出警告。吃剩菜剩飯，在農家庭院裡啄食的母雞，則是會生產打包好的蛋白質：每隻大概能產下600顆蛋，不過活得最久的雞大有能力產下遠超過1,000顆的蛋。對我們的祖先來說，雞全身上下，包括雞毛、雞骨，無一沒有用處：雞腳在東亞各地也是一種美食。中國的廚師會將雞腳油炸燒滷幾個小時，以烹製成「鳳爪」。

就這樣，雞咯咯叫著走入了我們的心裡。雞很少像貓狗那樣受人寵愛，但任何在院子裡養過雞的人，都會對雞以及牠們的習性、好奇心和複雜的家族生活樣態，心生尊重與喜愛。雞進入了我們的典儀之中，並成為某些特質和事物的表徵。母雞代表著大驚小怪和關懷的形象；公雞（法國的國徽）則是自負、愚勇及男性優勢地位的象徵。埃及金字塔的牆上和英國教堂的尖塔上也都可見到雞的身影。被祭司丟擲在地的雞內臟，可以向古羅馬的政要、將領揭示吉凶禍福，預卜這個帝國的命運。

然而，如科學家葛瑞格・拉森（Gregor Larsen）向BBC透露，雞在人類社會中扮演的角色近來有了天翻地覆的改變。「我們先前與雞延續了幾千年的夥伴關係，在過去50年來完全扭轉……人們現在一想到雞，只會認為是看起來都一模一樣，彼此沒有任何差別的動物——我們看不到雞的全貌，只能在超市看到零碎的面貌。但是有在後院養雞的人眼中，雞是有個性、有知覺的生物。」

自從雞變成了溫順，能夠結出蛋白質的植物後，牠們所象徵的意義已經完全改變：現在英文會說「膽小鬼」是「雞屎」（chickenshit），「笨蛋」是「鳥腦」（bird-brained），懦弱的人是一隻雞。我們失去了對雞的尊重。

失去雞味的雞

　　英國人和美國人喜歡圍坐在一起享用一隻全雞：這不僅是一種享受，更是家庭團聚的象徵。在1920年代，此種概念成了一種政治符碼：（順利當選的）共和黨總統候選人赫伯特・胡佛（Herbert Hoover），在競選廣告中承諾讓「人人有雞吃」（A Chicken for Every Pot）。這項備受嘲弄的承諾，實際上呼應了中世紀一位法國君主的願望：在位期間力行改革的法王亨利四世（Henri IV）曾說道：「我希望我轄下的農民每週日都有燉雞可吃。」

　　在工業化之前，大多數平民所吃的雞，只限於已經油盡燈枯的下蛋母雞，或是在雞群不再居於上位的公雞。就味道而言，比較老的雞有其優點。猶太雞湯的經典食譜會要求使用「一隻又老又削瘦憔悴的雞」。這隻雞必須燉煮12個小時，以熬出美味油滑的金黃色雞湯，做為煮猶太丸子湯（matzah ball）或麵的湯底。湯裡的肉會被丟棄：據說雞湯要是熬得好，就連貓也不會想吃剩下的殘渣。但是現在已經很難找到老雞來燉了，無論是否符合猶太潔食規定。我在愛丁堡的鮑爾肉品專賣店（Bower's）詢問哪裡有老雞可以買時，店員唯一可以想到的，就是去傳統真正放養式的蛋場找找看。這樣的蛋場並不多。

　　英國人和法國人仍喜歡烤或燉整隻雞，但是在世界大部分地區，雞肉會切塊，然後再用醬料、香料調味，用酒和香草燉煮，或摻入調味料裹粉油炸。現今的各種食譜，都是想讓雞肉重拾原有風味，因為雞飼養的時間短，雞肉也就幾乎沒什麼味道：一份雞肉三明治得抹上美乃滋、奶油，或至少得加上一點鹽巴才會有滋味。

　　即使在開始工業化養雞之前，雞肉也不是以美味著稱。18世紀的美食家薩瓦蘭（Jean Anthelme de Brillat-Savarin）可謂世上第

一個美食品評家。他曾寫道:「家禽肉之於廚師,好比畫布之於畫家。」在他的年代,鵝肉、鴨肉、野禽肉都是遠比雞肉上等的肉。使用全雞烹調的經典法國食譜,總是會要求在雞肉上澆淋鵝油或甚至培根油。在16世紀的義大利,雞肉會塞入堅果,並搭配用圓葉當歸(lovage)、胡椒、牛至草(oregano)及蜂蜜調成的醬汁來食用。

人們熟知飼養肉雞以及鬥雞的方法已有幾千年之久;在古希臘,閹雞(閹割雄雞,好讓其長得更大)是很常見的作法。因為肉質幼嫩而備受喜愛的「春雞」(spring chicken)即是閹雞,而現今蛋雞所產的公雞一出殼就會被丟棄,因為不值得養大到可以食用為止。

此「烤」非彼「烤」

要烤一隻全雞並非易事。就算一切條件都很完美,將幼嫩的肉暴露在高溫下仍是一場賭博。整隻雞含有厚薄不等的肌肉,雞腿、雞胸、雞皮的肉質各大不相同,這些部位都需要能手來照看。

米佛德所設立的烹飪實驗室(曾為了探究麵包烘製法而烘焙了3.6萬條麵包,參見第一章)鉅細靡遺地分析了烘烤雞肉的過程:基本上,即是分析我們在烘烤時,應如何掌控熱度、熱風對流和溼度等要素。米佛德在他所著的《分子美食學》(*Molecular Gastronomy*)中指出,一般的廚師對此知之甚少,我們甚至不知道在廚房烤箱裡的雞肉,並不是直接烘烤(roast),而是間接烘烤(bake)出來的。前者是指讓要烤的食物暴露在輻射熱能(radiant heat)下,如火焰或電熱等(直接接觸熱源)。後者則是利用環境熱能(ambient heat),讓雞肉表面的水分能夠沸騰蒸發(間接接觸熱源)。

何謂完美烤雞？

　　這是烹飪界最熱烈爭論的話題之一。每位出過書的傳統廚師各有自己的秘訣，有些彼此間存在很大的矛盾。英國美食作家西蒙・霍普金森（Simon Hopkinson）認為烤雞應該從230℃開始烤，法國名廚皮埃爾・科夫曼（Pierre Koffman）則認為是180℃。不過還是有一些老生常談的建議可供參考：

- 「重要的不是熱度，而是溼度」。利用雞的體腔來保持溼度。在雞腹塞入百里香、洋蔥、切半的檸檬，都有助保持水分和增添風味。
- 水和酒產生的蒸氣可以縮減烘烤時間，讓肉質保持溼潤，並有助於將雞皮烤成金黃色。
- 以100℃慢烤可以締造絕佳風味。用探針溫度計來確認溫度。如果雞胸中間的溫度能達到65℃，並維持12分鐘，就表示可以放心了。
- 購買品質優良，飼養時間長的雞；雞養得越久，風味就越佳。「有機飼養」的雞可以提供一些品質保證。從這類雞的雞骨釋出的湯汁也會更美味。

　　其他不同的相關建議包括：

- 將龍蒿（tarragon）與奶油搗和成泥，塞在雞胸皮與雞

肉之間。

- 先用白葡萄酒稍微烹煮一下雞肉。
- 把溫度降下來，將雞肉置於一堆富含水分的洋蔥和根莖類蔬菜中慢烤。

因此，要把雞烤好，得掌握好烤箱內的溼度，而非熱度。米佛德的研究報告指出：「水蒸氣是造成烤出來的結果不穩定的主要原因。」由於水的導熱性比空氣好很多，所以液體含量會決定烤出來的雞是什麼模樣。米佛德並說明道，讓烤雞靜置一下再切割是個迷思，不過用鍋裡的油澆淋雞肉肯定有幫助，因為正在蒸發的高熱油會引發水爆，繼而促進水蒸氣的循環，使雞皮呈現金褐色澤，並且變得酥脆。

「用麵包價吃得起的肉」

工業化肉雞養殖始於20世紀中期。我們透過選育培養出能以超常的速度長肥，或產蛋量遠遠更多的雞種，但背後必須付出龐大代價，即犧牲雞的福祉以及我們的環境。雞群無法再徜徉於農家的庭院：牠們只能被關在雞舍裡，既使在「放風」的時候，也可能因為不習慣日光而不敢往外跨出一步。

從數字上來看，人雞關係的變化可說相當巨大：在1950年，英國宰殺了100萬隻雞，而在這一整年，每人平均吃掉1公斤的雞肉。但到了2015年，英國每年會宰殺10億隻雞，每人每週會吃掉0.5公斤的雞肉。雞本身也因為育種而發生變化：牠們變得頭重腳輕

（因為雞胸肉比較有價值），成長快速，無法展現若是被釋放到正常、非密集飼養的環境中會表現出的社交和覓食行為。

在今日，只要花6週的時間，就可以將一隻40克的新生雞仔養成2公斤重的肉雞，其體重與投入飼料量的差異不到2倍。（一頭肉牛需要的飼料量是其體重的6~7倍。）雞的改造過程始於1940年代。當時美國家禽業以「用麵包價吃得起的肉」為口號，發起了一場行銷活動，並舉辦一場高調的比賽，讓農民培育所謂的「明日雞種」（Chicken of Tomorrow）。該業界行銷部門關切的主要問題之一是，當時一隻全雞的分量對一對夫妻來說太多，但對一家人在週日歡聚的晚餐來說又不夠。瑪琳‧麥肯納（Maryn McKenna）所著的《拔毛！關於雞的真相》（*Plucked! The Truth about Chicken*）講述了美國家禽業的歷史。她在該書中說明，當時業界想培育出胸肉如火雞胸肉般厚實的「豐滿雞種」。

明日雞種順利誕生了，而且價格還很實惠。據說在1920年，一個領全國平均薪資的美國勞工必須花2小時才能賺到買得起一隻雞的錢，今日只要花18分鐘就夠了。根據政府紀錄，在1967年，英國1公斤雞肉售價是39便士，依通貨膨脹率調整後，相當於現今的7.24英鎊。但是在2021年，1公斤雞肉的價格是2.76英鎊，而在2021年11月，一隻全雞在阿斯達（Asda）和特易購超市只賣2.66英鎊。

現在雞肉有更多部位會被用來製成食品。1963年，農業科系教授羅伯特‧貝克（Robert Baker）想出了一種辦法，可以將工廠的廢料，即雞脖子、雞脊骨、雞皮、機器回收的碎肉，變成可煎炸的肉塊，貝克最初把這種肉塊稱做「雞肉腸」（chicken frank）和「雞肉熱狗」（bird dog）。這就是我們今天所吃的雞塊：它們是最便宜的肉類蛋白質食品。

然而，透過選育產生的超級雞種，與其野生的先祖，亦即叢林雞，相差甚遠，而且也與兒童繪本或動畫電影《落跑雞》（*Chicken Run*）中忙碌、自在悠遊的母雞有很大的不同。如麥肯納所說，這種雞看起來更像是「插在兩根牙籤上的橄欖」：牠們無法再棲息於高處，而且可能因為過於頭重腳輕，只能蹲坐在地面上自己的排泄物裡。

由於大部分的消費者都偏愛雞胸肉，現今肉雞的胸部是傳統雞種的2倍大，占其總重量2成之多。牠們的腿部可能是畸形的，無法長久支撐身體。在過去100年來，一隻宰好待售的雞，平均重量已從2.5磅（1.13公斤）增加到6磅（2.7公斤）。但是牠們的生產成本卻降低了：以往需要4磅的飼料來生產1磅的肉，現在只需要不到2磅。

在生產力最高的美國格子籠養雞場裡，雞隻（無論是蛋雞或肉雞）都生活在一張A4紙大小的區域，關在9~10個高高疊起的籠子裡。歐洲的情況就好一些了：歐盟在2012年禁用環境最擠迫的格子籠來養雞，並擬在2027年前全面廢除養雞場的關籠飼養方式。

水煮蛋的秘訣

溫度是關鍵所在。蛋不必真的煮沸：想煮全熟蛋，溫度只需要達到80℃；半熟蛋則是達到65℃即可。但這樣的煮法得花半小時才能煮好。讀者可以嘗試將一顆蛋放到冷水裡煮到沸騰，接著將鍋子從火上移開。把鍋蓋蓋上，靜待6分鐘後，應該就有一顆完美的半熟水煮蛋。

如此不自然的生活環境所損害的不僅是雞隻而已。為了滿足現代消費者需求，而以極低成本養殖家禽的作法，已經破壞了環境，並埋下一顆細菌定時炸彈。這顆炸彈恐將大大改變人類未來的健康狀態（本章後文將探討此議題）。現在餵給雞的抗生素，已經比所有其他動物（包括人類在內）攝入體內的總量還要多。若計入生產肥料、小麥和大豆飼料所隱含的化石燃料成本，世界上最便宜、最受歡迎的肉類，在另一本記錄未來世代真實食物成本的帳簿上，其實是非常昂貴的。

雞肉的骯髒秘密

兩姊妹食品集團（2 Sisters Food Group）是英國最大的雞肉生產商之一。2014年，《衛報》刊登了對其2座加工廠進行臥底調查後所發現的恐怖景象。被搶走的影片及前任員工的證詞，勾勒出一幅可怕畫面：雞隻屠宰後的內臟在廠房地板上「堆積如山」，準備包裝的雞肉上有糞便的痕跡，剛宰殺雞隻的清洗槽好幾天沒有清空或清理，已拔毛的雞身掉到泥地上，但只是被撿起並掛回加工生產線上。在回應《衛報》的報導時，兩姊妹集團發表了以下聲明：「各項對於本公司斯肯索普（Scunthorpe）和蘭格費尼（Llangefni，位於安格爾西島）加工廠區的指控，乃是不實、有誤導性及錯誤的言論。根據多次預定及臨時稽查的結果，2個廠區均通過英國零售商協會（British Retail Consortium）『A』級食品標準認證。此外，本公司及公司客戶亦對生產作業進行了多次稽查。這些稽查皆未發現與公司衛生標準或食品安全相關的任何疑慮。」然而，《衛報》將所有資料與政府統計數字進行比對。結果發現，在英國販售的雞肉，2/3在送達肉鋪時已遭到汙染，主要是感染了名為曲狀桿菌

（*campylobacter*）的危險病菌。

凡是吃雞肉的英國人都很難避開兩姊妹集團的產品，無論是在各大超市或快餐連鎖店。該集團在米德蘭郡（Midlands）發跡，最初是小規模的肉品包裝公司，之後在2000年代初期開始收購其他業者品牌。到了2013年，英國近半數雞隻都是由其加工處理。兩姊妹集團目前在波蘭與荷蘭設有廠房，供應英國1/3供食用的雞肉。

在2022年仍是該集團經營者的波帕蘭（Boparan）家族，對於其經營業務的原則直言不諱：「我們以更低的價格進貨、更低的成本生產，然後以更低的價格賣出更多的產品。」所以兩姊妹集團的發展策略是什麼？那就是盡可能壓低成本，藉以成為世界領先的食品公司。現今，該集團每週可加工處理1,000萬隻雞。

沒有多少記者進得了工業化食品工廠，更不用說是宰殺牲畜的工廠了。映入眼簾的處理作業實在難以卒睹，不宜公諸於眾。但在2014年兩姊妹集團被控衛生狀況欠佳，當局因此展開調查後，《食物面面觀》主持人薩拉蒂諾順利地隨食品標準署人員實地視察該集團在斯肯索普的雞肉加工廠。該廠是英國最大的雞肉加工廠，每週可加工處理175萬隻雞。

薩拉蒂諾看著一輛輛卡車抵達廠區，每輛各載有6,000隻活雞。加工廠的作業系統似乎效率極高：這些活雞先被卸載到一間「溫蒂屋」（Wendy house）₁，用風扇保持涼爽，接著以氣體致昏（stunned）。一切都以驚人的速度進行：一分鐘可以處理180隻雞。失去知覺的雞被倒掛在高架單軌生產線起點的鉤環上，由此傳輸到整座廠房及所有製程。

第一站是自動屠宰刀，雞隻會在此割喉「放血」到一個貯槽裡。接著雞隻會被浸入一個熱水池。熱水可以打開雞身上的毛孔，以便利用機器拔除雞毛。生產線下方的血、水和羽毛流淌成河。雞

毛會被送到垃圾掩埋場、焚化，或是製成動物飼料，甚至還可能再用來餵雞。

雖然整個作業流程聽起來頗有效率，但是拔毛機在擊打尚未去除內臟的雞身時，也會傳播病菌：糞便會從雞身擠壓出來，沙門氏菌和曲狀桿菌可能因而散播到打開的毛孔上。儘管將雞肉確實煮熟可以補救這項缺失，但廠方還是建議客戶在烹煮生雞肉前不要用水沖洗，原因之一是要避免雞皮上的細菌四散到雞肉上，繼而沾染到其他食物與用品。

雞隻繼續往廠房的下一站推進：肉品衛生檢查員與獸醫會檢查雞身狀況，但當然，細菌是無法用肉眼察見的。接著，牠們排隊進入「掏膛」部門，在此移除內臟，去頭去腳。之後作業員會將雞身從鉤環取下，檢查是否有雜毛、糞便和瘀傷，再將之冷凍、包裝，運送到英國各家超市與餐館。

薩拉蒂諾向公司高層主管轉達了國會專責委員會對該廠作業流程的一些擔憂。他們對此採取了防禦姿態。技術部門主管賽門・休伊特（Simon Hewitt）拒絕採納建議，即放慢「生產線速度」（雞隻通過作業流程的速度），以給予檢查員更多時間，減少錯誤發生。他表示：「我們的設備是依照製造商指定的生產線速度運作的。」

休伊特承諾會在衛生方面投建新製程，包括可將新鮮雞肉冷凍至-2℃的新製程。在斯肯索普加工廠進行的初步研究顯示，藉此可將出廠雞肉「受到高度汙染」的發生率降到僅有2.2%。

從薩拉蒂諾的採訪中可清楚得知一項重要事實：如果英國民眾想吃便宜的雞肉，就得忍受超過1/50的雞肉在進入肉鋪時，攜帶了

---

1 譯注：原為給兒童遊玩用的遊戲室，後來也有人用來存放物品。

大量會造成食物中毒的細菌。事實上，消費者面臨的風險可能還更高。現今英國國民保健署網站即提醒民眾，在處理生雞肉時應格外小心，其指出據調查結果，超過5成的市售雞肉都染有曲狀桿菌。

　　在薩拉蒂諾造訪斯肯索普的加工廠後，不到一年內，兩姊妹集團又登上了報紙頭條。在2017年，於西布羅米奇（West Bromwich）的加工廠進行的另一次臥底調查，拍攝到更多違反衛生法規的行徑，而且更重要的是，還發現員工更改記載「屠宰日」的標籤，使消費者在包裝上看到的「此日期或之前食用」（use by）的日期得以延後。在對獨立電視台（ITV）及《衛報》發出的聲明中，兩姊妹集團表示其非常重視相關指控：「維護衛生與食品安全將永遠是本企業優先要務，也依然是本企業核心理念……我們從不自滿，並繼續致力不斷改進作業流程與程序。倘若有進一步證據提出，揭露在本集團任何廠區發生任何可證實的違法情事，我們當不遺餘力進行調查，並立即改善此等情況。」[2]

越來越便宜的肉品

　　越來越多此類問題出現在製造廉價肉品的工廠裡。每年都會發生一起與工業化生產肉品有關的醜聞，如漢堡摻入馬肉、爆發沙門氏菌感染事故、豬肉和養殖魚類中含有戴奧辛等。分析家與農民都認為，問題的根源在於肉品過於廉價。貝爾法斯特女王大學（Queen's University Belfast）的克里斯・艾略特（Chris Elliott）教授接受薩拉蒂諾訪問時指出：「食品業當前的利潤率只有2%或3%。」他並說道：「你能想像經營利潤只有2%的生意是什麼樣子嗎？要是有一天生意不好，就可能賠掉你一整個月賺到的利潤。要是有兩天生意不好，你的生意就不用做了。」

根據世界經濟論壇（World Economic Forum）的報告，在2020年，英國家庭收入用於購買食物的比例是8.2%，儘管自英國退出歐盟以來，食物價格普遍日益攀升。在20年前，此一比例為15%；40年前則是20%。所以實質上，我們在食物上的花費比過去要少很多。在歐洲，此數字目前一般為12~15%。英國的食物在全世界是數一數二地便宜，僅次於美國——美國家庭收入只有6.4%花在食物上。

這對我們的健康或牲畜的福祉來說，都不是一件好事。艾略特表示：「生產商因而承受壓力，不斷設法削減成本。」由此看來，儘管媒體與國會對2012年、2017年的醜聞深表憤慨，細菌中毒事件卻持續爆發，也就不足為奇了。

一個令人憂心的新問題是，近期英國食品標準署及地方公共衛生監督的預算遭到刪減。這意味著，相關問題可能只有在眾多民眾遭到波及時，才會受到注意和分析。2020年爆發的沙門氏菌感染，造成至少一人喪生，以及其他數百人送醫治療，當中半數是孩童。

調查結果發現，這波感染的源頭來自利多（Lidl）、奧樂齊（Aldi）、冰島（Iceland）等超市販賣的平價雞塊及其他可立即烹調的食品。病菌汙染源追溯到了波蘭的一家工廠。而在2021年初，另一場沙門氏菌恐慌爆發開來，聖斯伯理超市和其他商店因而召回品牌名稱為「南方炸雞」（Southern Fried Chicken）的外帶無骨雞塊。

儘管頭條新聞不斷，英國的大型雞肉處理商，如兩姊妹、艾瓦拉（Avara）、莫伊園（Moy Park）等，皆認為近年來情況已有顯著

---

2 聲明全文可參見以下網址：https://www.theguardian.com/business/2017/sep/28/uks-top-supplier-of-supermarket-chicken-fiddles-food-safety-dates.

改善——就算不能套用在雞本身，至少對吃雞肉的人類來說確是如此。畢竟，根據英國家禽協會（British Poultry Council）的數據，在2016年~2018年間，英國屠宰的30多億隻雞中，「只有6,300萬隻在加工廠被判定為不適合食用而淘汰，比例只略高於2%。」

據業界表示，上述數據顯示更嚴格的檢查制度已逐漸發揮作用。在一般的格子籠養雞場裡，有4%的雞隻會因為罹病或受傷而被撲殺。當然，批評人士將這些統計數字視為一樁醜事，而非一項成就。世界農場動物福利協會（Compassion in World Farming）的彼得·史蒂文森（Peter Stevenson）指出：「這些數據揭示了英國家禽業普遍可見的惡劣養殖環境。大多數的肉雞、火雞、鴨子，都飼養在擁擠又充滿壓力的環境中，使牠們容易感染疾病。」

雞肉、雞蛋與氣候危機的關係

雞肉所產生的溫室氣體成本遠低於其他肉類和乳製品，主要是因為其飼養時間極短。雞肉的溫室氣體成本是同等數量的豬肉或起司的一半，以及牛肉的20%。但就對地球的傷害來說，雞肉的成本依然相當高昂。更明智地採買雞肉有助於減少此等傷害。

若從助長氣候變遷的角度來看，生產雞蛋與雞肉所隱含的成本，主要在於業者為種植大豆當飼料而在各地毀林闢地。一隻母雞如產下12顆蛋，需要消耗大約1.8公斤的飼料。英國每年進口的300萬噸大豆多數用於產製雞飼料，而其中獲得永續認證的不到3成。因此，食用以在地

永續來源飼料生產的雞肉與雞蛋，可以帶來重大的正向改變。

生產一顆雞蛋的總溫室氣體排放量，是其本身重量的5倍，約與生產30克奶油的總排放量相同。水煮一顆蛋產生的溫室氣體成本，是生產一顆蛋的1/3。但是用奶油炒2顆蛋的溫室氣體成本卻達到了1,174克CO_2e，超出每人每天飲食所致溫室氣體支出建議值1/3，並且是一顆水煮蛋排放量的3倍。

數據來源：S.J. Bridle, *Food and Climate Change without the Hot Air* (UIT Cambridge, 2020).

抗生素濫用

廉價雞肉的工業化處理業者已展開一項至關重要的改善計畫，其對人體健康產生的影響，勢必遠勝於任何防治糞便汙染雞肉的計畫。這項計畫即是（終於能夠）減少大規模家禽養殖作業的抗生素使用量。麥肯納表示，使用抗生素一直是「在我們這個時代緩慢醞釀的絕大健康危機」。聯合國大會在2016年宣告，抗生素抗藥性是人類健康、發展、安全所面臨的最緊迫風險，可謂「一項重大的威脅」。

美國在1940年代末率先將抗生素添加到動物飼料裡，以應對將雞群養在新型格子籠的不自然擠迫環境中所產生的問題。在同一時期，科學家證實，過度使用改變人類健康狀態的抗菌靈藥（傷口

感染不再意味著重大死亡風險），可能是一大問題。背後的道理很簡單，亦即抗生素所針對的細菌發展出了抗性，致使抗生素失去功效，這便是所謂的抗生素抗藥性。

然而，就在科學家敲響抗生素抗藥性的警鐘之際，飼料業開始因為抗生素產生的意外副作用大發利市。抗生素可以讓雞隻長得更快，達到原本速度的3倍，但沒人確實知曉箇中原因。因此，從1950年代起，抗生素就開始被添加到雞豬飼料中做為「生長促進劑」。在20世紀末抗生素熱潮的高峰期，全球生產的抗生素有6成都用來餵養雞隻。

黑心假蛋

本書講述了眾多試圖用黑心食品矇騙消費者來牟利的情事，但最令人稱奇的或許是中國的黑心雞蛋事件。在1990年代某段時期，中國的詐騙分子研發出一種技術，利用明膠、苯甲酸、食用色素、氯化鈣及其他物質，假造出蛋黃、蛋白，甚至是蛋膜。他們還用白蠟做出能以假亂真的白蛋殼。這些假蛋不但重量、觸感都和真蛋一樣，而且敲開放到鍋子裡煎起來也像雞蛋，差別只在會「起一點泡」。在受過訓練後，一個人一天可以做出1,500顆假蛋，然後以真蛋的半價出售牟利。假蛋唯一的問題是，食用後會引發腹痛、健忘等症狀。儘管如此，假蛋還是流入了東南亞各地。

　　但當然，在這些牲畜胃裡的細菌開始發展出適應投藥的能力。這也必然意味著，具有抗藥性的新菌種，包括沙門氏菌在內，被人類吃進體內，但人類又對這些新菌種缺乏抵抗力。到了1950年代中期，醫師們即已發現過去可有效治療普通感染的抗生素已不再有效。

　　現今全球每年有70萬人因抗生素抗藥性死亡，所造成的醫療支出、工資損失和生產力損失，總計達數十億美元。除非能找到解決之道（目前已有許多科學家投入研究行列），否則，根據醫學期刊《柳葉刀》（*The Lancet*）在2016年刊登的一篇重要評論，到了2050年，每年會有1,000萬人因為抗生素抗藥性而死亡：人數是Covid-19新冠肺炎疫情最初18個月病歿人數的3倍。每年因而產生的經濟成本估計將達100兆英鎊。

反抗科學論證

　　如麥肯納所說，到了1970年代，大量生產的「雞肉已變成危險食品」，而且世界各地的科學家都認同此點。儘管當局曾試圖管制抗生素的使用（甚至做為生長促進劑使用），但規模龐大的農業和製藥業成功打消了此番意圖。在1980年代，美國的大公司持續生產新抗生素，並且甚至未測試其可能對人類造成的風險就施用於牲畜。這表示效力更強大，專為使人類能夠對抗具抗藥性病菌而研發的新抗生素，又添加到動物飼料中，和導致先前的抗生素失效的狀況如出一轍。

　　關於抗藥性的研究結果似乎無可爭辯，而且佐證不斷增加，尤其是農民本身發現抗生素一個接一個都失去了效力。一些歐洲國家在80年代中期開始限制飼料中的抗生素用量。歐盟於1999年頒布了第一套管理規章，並在2005年禁止抗生素用於疾病控制以外的用

途。

但直到經過一輪的法律訴訟後，美國的監管機構才得以首次讓某種動物用藥強行從市場下架，因為此種藥物會導致對抗生素的抗藥性，繼而危害人體健康。自 2022 年起，歐盟全面禁止於動物飼料中添加抗生素。不過相關運動人士擔心，英國人未來恐接觸到更多含有抗生素的肉品，因為在英國脫歐後，自美國進口的肉品量增加了。

雖然許多國家將持續對牲畜施用抗生素以預防疾病和促進生長，但在歐洲大部分地區以及在北美，實際的使用量已減少了 8 成或更多（據業界機構所說）。多家大型生產商，包括兩姊妹在內，都表示已確實依照計畫，持續縮減抗生素用量。

減少抗生素的使用

英國家禽協會主席理查·葛瑞夫斯（Richard Griffiths）表示：「英國家禽肉業不斷致力於促進家禽的健康與福祉。此番努力除促成整體供應鏈合理使用抗生素，亦確保了抗生素的施用功效。我們在過去 6 年已成功將業界的抗生素用量縮減 82%，並停止所有預防性治療，以及黏菌素（colistin）的使用（對治療人體感染極為重要的「最後防線」藥物）。對人類至關重要的最優先抗生素僅做為『最後一線藥物』使用。」

寶鵰（Perdue）是美國最大的雞肉生產商之一。該公司目前所有的雞肉包裝上都標明「絕不含抗生素」（No Antibiotics Ever）、「絕無例外或限制條件」，但有一項「動物福祉」特許條款。若有雞群染病，則可使用抗生素治療，即使是有機養殖雞也可使用。在2020年與2021年因新冠肺炎疫情封城期間，由於餐廳歇業、在家烹飪習慣改變，雞肉的銷量崩跌。雞隻產量與往常季節性需求量緊密配合的大型養殖場，開始出現嚴重的過度擁擠問題。為防疾病爆發及業者破產，英國當局暫停實施對養殖動物使用抗生素的一些規定，範圍涵蓋了雞、鮭魚等。即使在平常時期，每年仍有6,000多萬隻雞因為患病和「有缺陷」，而遭到英格蘭與威爾斯的屠宰場拒收。

最美味的雞肉晚餐

當我們掀開鍋蓋時，這隻雞的表皮已經烹煮到金黃酥脆。牠散發出百里香、大蒜的味道，以及令人聞之一振、無可比擬的雞肉香味。雞胸肉呈現乳白色澤，但口感富有層次，帶有一種嚼勁。深色的雞腿肉近似紫色，有一種堅果味和濃郁豐富的味道：這是因為腿部有經過充分活動的肌肉。這隻雞曾經四處走動、覓食、爭鬥、歇息；牠曾有過美好的「雞」生。

這隻雞的確非常特別。牠是琳達・迪克（Linda Dick）所飼養的雞，在整個蘇格蘭名聞遐邇。琳達的雞隻售價約是一般超市肉雞的4倍，而飼養的時間是一般肉雞的近3倍。這種雞值得我們為牠的料理方式好好爭論一番。在我們家，這場快樂的爭論最後汰選出了2種深受喜愛的料理方式：這隻雞是要用牛奶燜燉，並添加大蒜、肉豆蔻、檸檬來調味（美食作家黛安娜・亨利〔Diana Henry〕提供的珍貴食譜），或是在烤箱中蒸烤？

　　過去30年來，琳達每個週末都在拔雞毛。現代人通常都不做這種事了，因為現在除了有機器可以拔除雞毛，還有機器可以清理雞身去除內臟，最後包裝起來。

　　不過在蘇格蘭西南部經營一座小型混合型農場的琳達，卻寧願費工生產味道好，又能供一家人享用兩餐、或甚至三餐的雞肉，就像她小時候所認知的雞肉一樣。因此，迪克農場上的雞所度過的一生和半世紀前的雞一樣，當時雞肉尚未成為地球上最便宜的肉類。琳達說道：「說來其實很簡單。我小時候叔伯們怎麼養雞，我們就完全照著養。」

　　這些雞過著可能稱得上是美好的生活，不同於幾乎所有每年為供人類食用而被宰殺的900億隻雞。琳達會向英國最大的供應商之一購入小雞。在基因上，工業化養殖場的雞和她養的雞並沒有什麼不同。她只是按照過往的方式來飼養雞隻罷了。她認為自己養的雞味道之所以不同，主要是因為採取了慢養的飼育方式，以及依傳統方法將雞懸掛數日後再完成清理作業和出售。而手工拔毛可以確保雞肉的處理過程安全無虞。

　　琳達的肉雞會飼養大約4個月的時間，而且雞隻可以自由進出雞舍。名廚布魯門索在他所著的《尋求完美》(*In Search of Perfection*) 一書中，多方探尋了最適合用來烘烤的雞肉。琳達的雞肉榜上有名，其他上榜的還包括蘭開夏郡（Lancashire）的艾利爾放養雞（Ellel Free Range Poultry）、英國標籤雞（Label Anglais，原本是為了複製艾塞克斯郡〔Essex〕的法國紅標雞〔French Label Rouge〕，現已更名為 English Label），以及維特羅斯超市（Waitrose）的自有品牌有機雞肉。他和許多其他改吃優質雞肉的人士一樣，想知道為何沒有更多的生產商試著養殖優質、健康又受到善待的雞。「我認為，這樣的雞才能有應有的味道，可以提供遠遠更佳的飲食體驗。」

琳達會自己混合殘剩的菜葉和穀物做為飼料。這種飼料不是為了讓雞隻盡快長肥，而是要讓牠們以較正常的速度成長。她所飼養的雞群很少需要獸醫照看，並且從不使用任何抗生素，因為雞隻並未生活在容易致病的擁擠環境中。牠們在生命告終後，會於愛丁堡、洛錫安（Lothians）、邊區（Borders）的肉鋪販售，價格是一般超市雞肉的3~4倍。然而，琳達和她丈夫所生產的雞肉永遠供不應求。在接到記者採訪電話時，她表示：「我真的不想要宣傳。我目前的產量已經是極限了。」

如何判斷雞蛋是否新鮮？

自從人類想知道是先有雞還是先有蛋以來，如何判斷雞蛋新鮮度的問題就一直困擾著我們。這個問題很重要，不只是因為關乎健康，也是因為不同新鮮度的蛋適合用不同的方式料理。較新鮮的蛋可以煎得更好、更有型，而且用其蛋黃可以調製出較黏稠的蛋黃醬；某些食物的烘焙則需要使用放得較久的蛋。

在爆發與沙門氏菌中毒相關的醜聞後，英國的雞蛋開始印上了獅子標章（British Lion）。自此之後，要判知一顆蛋已產下多久就變得十分容易：蛋是在「此日期或之前食用」日期的前30天產下（不過蛋若是經過冷藏而且未破裂，則可延長食用期限）。新鮮的蛋放到一碗水裡會沉下去，較不新鮮的蛋則會浮起來，這是因為其內部的氣室會隨著時間經過而含有更多空氣。不過浮起來的蛋未必就不

能吃。不妨用現存最古老的測試工具——你的鼻子,來測
試一下。

雞的哀歌

雞在20世紀遭逢的命運曾成為一些恐怖故事的創作靈感。瑪格
麗特・愛特伍(Margaret Atwood)在她刻畫反烏托邦未來世界的
小說《末世男女》(*Oryx and Crake*)中,描寫了一種名為「雞球」
(ChickieNob)的工業化生產基改雞,雞身只有嘴巴、消化道和12
塊雞胸(或可視喜好改為12隻雞腿)。然而,近年來,消費者似乎
已基於健康和雞隻福祉等理由,反對越來越便宜的工廠產製雞肉。

在標籤上保證包裝內的雞肉不含抗生素,的確似乎有行銷潛
力,也最有可能促使業界改變慣常的作法。標籤上亦可附加「放養
雞」或「穀飼雞」等字樣——只不過實際上,後者並沒有多大意
義。(現今所有雞隻都是用穀物飼養的,而「放養」可能只是在一
棟巨大雞舍的末端打開一扇門而已。)然而,零售業有充分的理由
對其行銷潛力持懷疑態度。儘管多年來,廉價的工業化生產雞肉充
滿負面形象,在英國售出的有機雞肉仍只占大約2%。

價格永遠是關鍵所在。要說服英國或美國的消費者掏出額外的
錢,好讓一隻雞能過上更好的生活,或甚至吃到更好的飼料,以便
讓他們相信雞肉應該比麵包來得貴,是極為困難的事。2008年1
月,英國Channel 4電視台播放了由傑米・奧利佛與休・芬利—惠
廷斯托(Hugh Fearnley-Whittingstall)所主持、為期2週的節目。

這兩位都是致力為全國嗜吃廉價雞肉所造成的問題（如雞肉味道、人體健康、雞隻福祉等）發聲宣導的名廚。

在《休的落跑雞》（*Hugh's Chicken Run*）節目中，芬利－惠廷斯托在目睹廉價雞隻的飼養方式時，不禁潸然淚下。而《傑米的禽類晚餐料理》（*Jamie's Fowl Dinners*）節目則向參加晚宴的名流嘉賓展示雞隻實際上被致昏宰殺的情形。奧利佛並向觀眾介紹機械回收肉（MRM），即用雞隻屠宰後殘留的碎肉製成的灰粉色肉泥，這種肉泥會用來製成便宜的香腸。

有300多萬人收看了這些節目，並起而行動：有機和放養雞肉的銷量飆升了35%，廉價雞肉的銷量則是下滑了7%。英國皇家防止虐待動物協會（RSPCA）的報告指出，在一項針對英國民眾的調查中，73%的人承諾日後會購買以更妥善方式生產的雞肉，並擔心這種雞肉可能會供不應求。

但6個月之後，大眾的憤慨已然消減，而雞肉銷量統計數字顯示，市場完全沒有發生轉變。自此之後，情況便無任何顯著變動。在市面上仍然可以用3英鎊買到一隻全雞，比麥當勞的一個大麥克漢堡還便宜。2020年，在英國人吃掉的10億隻肉雞中，有機雞肉只占2.1%，略高於8年前的1%。可悲的事實是，儘管英國的食物歷來都極為便宜，大多數的消費者（根據調查結果）仍認為價格比味道和動物福祉來得重要。

在2022年的艱難時期，食物價格漲幅創下20年來首見新高，縱使是身為廉價雞肉之王的兩姊妹集團，也認為情況必須有所改變。蘭吉特‧辛格‧波帕蘭（Ranjit Singh Boparan）在2021年10月即表示：「一隻全雞賣得比一品脫的啤酒還要便宜，怎麼可能是件合理的事？往後的世界將會改變，顧客必須付出更多錢來購買食物。」

波帕蘭同時是家禽供應商柏納德・瑪修斯（Bernard Matthews）與兩姊妹集團所有人，他旗下的工廠目前供應了全英國 1/3 的家禽肉。波帕蘭當時透露，他預測雞價在 2021~2022 年冬天會上漲 10%。他並指出，英國的食物「太過便宜了」，整個體制需要「重新調整」。

琳達認為待她退休時，她的養雞事業也會結束。她從未找到任何願意辛苦手工養雞和拔毛的人，儘管她的雞可以賣到一般超市雞肉 3~4 倍的價格。

法國的情形就完全不同了。美味可口又受到善待的雞在當地是深具價值的。顧客已經很習慣花上 50 歐元購買有原產地區管理證明的布雷斯雞（poulet de Bresse）。這種雞是米其林主廚鍾愛的美食，已在法國馳名 500 年之久。布雷斯雞會養在戶外至少 4 個月，以玉米和乳製品餵食，而且每隻雞保證會有相當於一個停車位 2/3 大小的空間。稍微便宜一點的是受到政府規管的紅標「牧場飼養」傳統品種雞。這些雞是慢養的雞，可以活到 100 天，而非像廉價肉雞只能活 38 天。由於這些雞的其他飼養標準與英國的有機飼養標準相近，牠們的價格是法國密集飼養雞隻的 2 倍。不過紅標雞在法國雞肉市場有將近 2/3 的占有率。

雞的未來

雞肉對地球的友善度既日益增加，「也」日益減少。雞肉在全球的受歡迎度仍持續成長，尤其是在開發中國家。隨著這些國家的人民變得更加富有，其食用的肉量也不斷增加，繼而推升了破壞氣候氣體的排放量。但另一方面，用雞肉來替代豬肉或牛肉的趨勢，也會使這些氣體的排放量減少，主要是因為雞肉每公斤需要投入的

飼料量較少。

世界最富裕國家所食用的肉量，依然是較低度開發國家的2~3倍。不過在這些富裕國家，有些情況正在逐漸改善。用如大豆等會破壞氣候的食物來餵養雞隻的作法，現在正受到質疑，就像早期工廠用廉價魚粉當雞隻飼料的作法也同樣受到質疑。雞隻需要攝取蛋白質和脂肪，但也有其他辦法可以獲取這些營養，尤其可以從幼蟲中取得，而且用於生產幼蟲的溫室氣體成本非常低。

任何對此作法感到噁心的人都應該回想一下，多少世紀以來，雞一直都是在農家院子和堆肥裡四處啄食，有機會還會抓老鼠來吃。讓雞吃土產的蛆蟲顯然比吃從巴西進口的大豆要好。這不僅是為了地球的利益著想：用玉米和大豆飼養的雞其實是較不利人類健康的食物。食用這些雞也是雜食的人類需要補充Omega-3油的原因之一：我們最喜愛的家禽體內缺乏了Omega-3油，因為牠們現在吃的幾乎全是素食。

對在乎動物生命的消費者來說，若想要幫助解決問題，最顯而易見的方法就是多花一點錢來消費。這樣做還有額外的好處，亦即可以吃到味道更好且具有高「營養密度」的肉品，因為肉裡就不會含太多為了撐大體積而灌入的水分。低價之害在雞身上表露無遺：種種惡劣的養雞行徑，從變更雞的飲食、使用抗生素和氯3，到殘忍地讓雞群處於不自然的擠迫環境、以過快的速度成長等，都是為了將價格壓低。多掏出一點錢消費對地球有好處，對雞——人類最好的朋友——也同樣有好處。

3譯注：指用氯來清洗雞隻。

8
痛並快樂著

香辛料

「英國的改變何其之大！若是在許多年前，在家煮食的英國人想必只敢用家裡的胡椒粒來調味，但現今英國已成為全世界各種香辛料和調味料的進口國。自 2000 年以來，我們的進口量已經增加了 1 倍……繽紛多彩的滋味即將在英國迸發開來。」

—— 主廚賽魯斯・托迪瓦拉（Cyrus Todiwala），
《食物面面觀》，2015 年

　　1696 年 6 月一個悶熱早晨，米歇爾・雅若萊（Michel Jajolet, Sieur de la Courbe）正在西非的甘比亞河（Gambia River）旁看著河景，想要提振食欲。身為法國皇家貿易公司代表，他在早上 8 點就開始視察，除了檢視被俘的非洲人，以便將他們運送到加勒比海地區做為奴隸，也為每個俘虜討價還價。為了讓議價過程更加順利，他和紐米區（Niumi）的官長一起喝法國白蘭地酒，最後再以象牙為價款買下這些新奴隸。

　　想到即將和當地一位名人共進午餐，他心中不由感到欣喜。這場午宴的東道主是拉・柏林格勒（La Belinguere）。她風采迷人、氣質高雅，會說數種歐洲語言，而菜餚的內容也非常豐盛。雅若萊在他的日記中詳細記錄了這件事。

　　在精緻的焗釀雞肉及「味道還不賴」的小米糕等菜色中，有一道複雜的米飯料理。米飯中加入了大量他從未見過的果實來調味：「顏色或綠或紅，狀似黃瓜，味道則類似胡椒。」根據科林漢在她的食物史專書《帝國的滋味》中所述，這道菜即是我們現今所知的西非主食，加羅夫飯（jollof rice）。那些紅紅綠綠的果實當然就是辣椒了。但它們根本不是非洲本地所產，而是經由奴隸船運送，從加勒比海地區賣回塞內加爾和甘比亞的食材。

　　如科林漢在書中指出，歐洲人當時即已知曉一種西非的辣味香

辛料。長有鮮紅色豆莢的天堂椒（melegueta，薑科豆蔻屬植物）在更早的時候就已經向北傳播了，其黑色種子在中世紀有「天堂子」（grains of paradise）之稱。西非料理仍會用天堂椒搭配塞利姆胡椒（selim，另一種肉豆蔻類胡椒）來調味。不過現今加羅夫飯主要使用的香辛料是生長在中美洲，且易於種植的辣椒。

火熱的滋味

　　早期關於辛辣食物的描述，經常會出現「天堂」一詞，天堂椒即是一例：許多世紀前，居住在寒冷北方的人民即已體認到，食物帶來的「灼熱感」與其引發的愉悅感之間有著奇妙關聯。胡椒鹼與辣椒素是存在於胡椒與辣椒中的活性（以及類似）化學物質，其在我們身上產生的作用，顯然有違大自然本意。它們本是用來嚇唬人類的物質，卻有如恐怖電影般，讓我們心生興奮之感。

　　擔任倫敦大學感官研究中心（Centre for the Study of the Senses）主任的哲學教授巴瑞·史密斯（Barry Smith），在《食物面面觀》一集探討灼熱感與香辛料關係的節目中，說明了當中的機制：「這些化合物是植物的化學防禦機制之一，目的是要嚇阻人類和其他動物吃掉它們。動物並沒有這種傾向……人類卻喜歡這些香辛料，因為吃了會產生灼熱和刺痛感。沒有人生來就喜歡香辛料，對灼熱感的喜愛是得慢慢培養出來的。」

　　我們在吃含有香辛料的食物時，會出汗或感到不適，這正是大自然的意圖。這種辣感在英文裡只會用一個詞語來形容，那就是「too hot」（太辣了）。法文、西班牙文、義大利文會用piquant或piccante來形容辣感，其原指被昆蟲叮咬後所產生的刺痛感。德文則是用scharf這個字來形容（同英文的sharp，有強烈、尖銳之

意）。史密斯教授表示：「我認為，我們會用『灼熱感』來形容辣感，是因為熱覺受體與痛覺受體實際上受到了刺激。有趣的是，身體接收到的熱感與痛感都是假象。我們的嘴巴並沒有真的因為食物的溫度而發熱，身體也沒有真的受到損傷……這是香辛料造成的一種味覺假象。」

三叉神經會對身體受到損傷的警訊做出反應，將感官訊息從神經受體傳送到鼻子、嘴巴和眼睛。這些器官會基於辛辣化合物的作用數據，啟動自身的防禦機制：眼睛會製造淚液，鼻子則可能會開始打噴嚏，以將所有危險物質都排出去。

解辣之道

「熱辣」食物中的胡椒鹼、辣椒素及其他類似刺激物若攝取過度，可是會令人難以消受。由於這些化合物不易溶於水，所以喝啤酒來解辣是沒有用的，只會讓你的嘴發麻。不過它們可以溶於脂肪和糖，因此吃含脂肪和糖的食物，或將之加入菜餚中（優格或椰奶皆可），可望挽救一頓看似毀掉的晚餐。

當然，在神經學上（以及在心理層面）更耐人尋味的是，我們為何會有此反應：為何有這麼多人將身體損傷的警訊解讀成愉悅感。這是腦內啡高漲所引發的一種症候群，甚至是成癮症。運動員都知道腦內啡帶來的愉悅感是怎麼回事。史密斯教授解釋道：「人們（因為吃了辛辣食物而）感受到一定的疼痛時，應該會生出一股

飄飄然的感覺。身體會分泌類似鴉片的物質讓心神平靜下來。這種感覺或許近似在跳傘時，從飛機上一躍而出後產生的騰雲駕霧感。追求刺激的人會喜歡吃辣，男性更是會為了展現男子氣概彼此互激，挑戰越來越辣的食物。」

歷史的驅動力

許多食物都可說是形塑現代世界的關鍵要素，其影響涵蓋了文化、地理、政治等層面。某些可以產生所謂的灼熱感或辛辣感，被我們用來為食物提味，或帶出更微妙風味的香辛料，曾造成人民流離失所、創造財富、促成帝國的建立。這當中不乏大屠殺與奴役等情事。在所有這些改變世界的物質中，沒有一樣是如此可有可無、純粹為了享受之用，而不具讓人們飽餐的務實用途。

我們往往會忘了，在1490年代哥倫布向西班牙王斐迪南五世（King Ferdinand V）和卡思蒂利亞女王伊莎貝拉一世（Queen Isabella I of Castile）提出西航建議時，承諾將開闢一條可取得東方香辛料的新航線。這個承諾比希望渺茫地尋找黃金更為誘人。這兩位贊助哥倫布的君主深知，荷蘭商人因為與東印度群島進行貿易賺進了巨大財富，而哥倫布提出的是一條較短且競爭較少的路線。哥倫布後來沒能從美洲尋得任何可立即供貿易之用的物資，使西班牙人大失所望。沒有胡椒、沒有丁香，也沒有肉豆蔻。

正是同樣的誘惑力，驅使伊莉莎白一世時代的探險家亨利·哈德遜（Henry Hudson）前往北極的荒蕪地帶探勘；這片地帶後來成為加拿大北部的國土。1611年，哈德遜在該處失去下落，最終未找到任何通往「遠東」（far Cathay）香料群島（東印度群島別名）的貿易航線。他的名字留在了標示這片荒涼大地的地圖上：哈德遜灣

（Hudson Bay）即是以他為名。

不過哥倫布的確找到了大量辣椒，歐洲人後來也發現辣椒是很不錯的調味料，至少第一個優點就是比胡椒便宜。但是辣椒太容易取得，而且很容易就可以在玻璃溫室中栽培，甚至在北緯地區也是如此，以致前往美洲的冒險家和商人都對其不感興趣。在哥倫布帶回辣椒後的50年內，辣椒已隨著葡萄牙商人傳播到印度的果亞邦（Goa），自此之後即在亞洲料理中占據中心地位。然而，沒有任何人因為辣椒而發財或開戰。

胡椒：貪婪與財富的印記

胡椒粒的故事就黑暗多了。胡椒粒是胡椒科藤蔓植物結出的漿果，原產於南亞，在該地區用於烹調至少2,000年後，才首次傳入歐洲。而歐洲對胡椒的需求，最終將促發一連串的探索遠航、征戰和大屠殺。古希臘羅馬人早已知道胡椒的存在，並將之奉為珍品，因為胡椒必須沿著海陸貿易路線，經過漫長的路途才能從亞洲運達他們手中。到了基督教時代初期，胡椒在文明高度發展的地中海地區，已成為眾人痴迷的調味品。胡椒改變了羅馬料理的樣貌，就如同其在中世紀改變了英國料理的樣貌：羅馬的作家即嘲笑貪食的有錢人沒有節制地使用胡椒。

羅馬人會在甜點裡加入胡椒。公元2世紀的羅馬美食家阿皮修斯（Apicius）有一份蜂蜜蛋糕食譜即以堅果、松子、椰棗為食材，並加上胡椒調味；今日已是義大利西恩納市（Siena）著名美味甜點的潘芙蕾硬蛋糕（panforte）也摻有胡椒。胡椒的多重魅力之一是可與酸和糖反應：用義大利葡萄醋（balsamic vinegar）及胡椒為熟甜的草莓調味是一種美味秘方。因此，在歐洲早期歷史中，胡

椒不僅僅是一種香辛料，絲毫不足為奇。胡椒在當時成了一種貨幣，而且比硬幣更加可靠：從第八世紀起，就有許多關於用胡椒粒充當租金（按重量計算）的記載，這也是現代英文中「胡椒租金」（peppercorn rent，即象徵性租金）一詞由來。

目前已知最早使用胡椒的人是埃及法老拉美西斯二世（Ramses II）。這位法老王在公元前1224年駕崩後沒多久，鼻孔即各嵌入一顆胡椒粒，做為防腐處理的一道程序。

又過了500年，歐洲人才發展出先進航海技術，得以從阿拉伯商人手中奪走東西方香辛料貿易路線。這些路線係始於印度，向上穿過紅海再到達地中海。從15世紀起，富有且充滿野心的歐洲人透過買賣胡椒（以及肉豆蔻、丁香、肉桂等）獲取大量財富，而這些財富將促成歐洲第一批貿易帝國的建立。這股「黑金熱」是東南亞和印度地區遭到占領與肆意掠奪的開端。

荷蘭人是歐洲大西洋地區第一批成功的香辛料商人，在16世紀占據主導地位。他們所建造的船隻也越來越巨大。1599年7月，海軍上將范內克（Jacob Corneliszoon van Neck）從印尼返回荷蘭，並帶回了創紀錄的貨物量，當中包括800噸的胡椒，以及更多其他香辛料。他這段航程的利潤高達4倍，刷新歷來紀錄。在此番佳績的鼓舞下，荷蘭人開始試著向英國人採購更多船隻。

范內克的捷報使英國商人深受激勵，繼而在幾個月後，設立了我們後來所知的英屬東印度公司。一場競逐貿易霸主地位的惡戰隨之展開。1621年，前者的對手，荷屬東印度公司占領了現今印

尼境內的班達群島（Banda Islands），並燒毀村莊，殺害或奴役當地人民。隨著荷屬東印度公司成為堪比今日埃克森美孚石油公司（ExxonMobil）或亞馬遜公司的商業巨頭，其總督言道：「沒有戰爭的貿易，或是沒有貿易的戰爭都無法長久持續下去。」

66 自1500年後，在（印度喀拉拉邦〔Kerala〕）卡利卡特（Calicut）取得的胡椒，沒有未被血染紅的。
—— 法國作家伏爾泰，寫於1756年 99

英國人對胡椒及其他東方香辛料的需求，是透過海盜行徑來滿足的：英國的船長不像荷蘭人一樣善於外交與貿易，所以乾脆強搶其船隻。塞繆爾‧佩皮斯（Samuel Pepys）是以流傳後世的日記聞名的海軍官員。他於1665年記述自己在倫敦登上一艘被俘的「荷蘭船」。這艘船的貨艙在腳下嘎吱作響，裝滿了「在世上所能見到的⋯⋯最大財富」，亦即胡椒粒、肉豆蔻和丁香。

印度作家艾米塔‧葛旭（Amitav Ghosh）曾寫道，有段時期，拿一小撮這些香辛料就能買到一棟房子。在佩皮斯記述登船情形之時，倫敦一磅胡椒要價16先令8便士，超出一名勞工3週的薪資，並且是一磅牛肉價格的66倍。不過至少對有錢人來說，他們享用的料理有了重大改變，納入了充滿異國風情的新食材。

據食物歷史學家科林漢所述，佩皮斯和他的妻子所享用的晚餐，包括了用高湯、鹽巴、胡椒燉煮的雞肉，以及一道佐蔬菜燉肉（用胡椒和其他亞洲香辛料調味）的乳鴿。1669年，佩皮斯在白廳（Whitehall）與諾福克公爵（Duke of Norfolk）共進晚餐。公爵所吃到的菜餚添加了一種我們現在可能稱為莎莎醬（salsa）的辣調味汁，是用未加抹醬的烤麵包片，加上與醋、鹽巴、胡椒一起搗碎成

泥的荷蘭芹調製而成。他大讚這是「世界上最棒的萬能醬汁」，無論是用來佐「牲肉、禽肉或魚肉」都非常適合。

然而，胡椒粒也是受到窮人珍視的物品。1982年，英王亨利八世的軍艦「瑪麗玫瑰號」（Mary Rose）被打撈上岸，其船骸保存得極為完好。當時考古學家發現，水兵的衣服及個人物品中藏有少許胡椒，或許是做為貨幣使用，而非用來為船上的食物調味。

做為政府代理人的英國香辛料商人，積極採行了荷屬東印度公司「以貿養戰，以戰養貿」的策略。隨著17世紀的推進，他們利用優勢海軍力量，以及對地方官長行賄的方式，將荷蘭人和其他國家擠出亞洲香辛料貿易市場。英屬東印度公司儼然成為一大地緣政治強權：第一個征服一整個國家的資本主義機構。被其攻克的印度領土，最終將併入大英帝國而成為英屬印度。到了該世紀末，英屬東印度公司每年會進口價值達100萬英鎊的胡椒，然後扭轉古老的貿易路線，將胡椒重新從英國出口至地中海與中東地區。

到了18世紀，在價格滑落和新鮮感消失後，人們對東亞香辛料的貪戀便消退了。這些香辛料與今日的鮭魚有點雷同，只有在富人才買得起的時候會引人渴求。肉桂、丁香、肉豆蔻及其乾皮等，在英國料理中依然深具重要性，尤其可見於我們用來歡度節慶的蛋糕和香料調味飲料。不過它們不再是可能導致荷蘭商船船員遭到殺害，或印尼整座島嶼的人民受到奴役的食材。雖然在經過幾個世紀後，胡椒的價格已變得大為親民，但其重要性從未消失。即使當辣椒（同樣可提供熱辣感，但價格便宜許多的香辛料）挑戰其地位，胡椒仍是歐洲料理與調味品中的要角。胡椒也是許多餐桌上的要角：在我們用餐的神聖餐檯中間，必定會擺上鹽巴與胡椒。然而，並沒有明顯的理由可佐證，結合這兩者能使食物更加美味，因為兩者之間的味道互不影響。

在19世紀中葉之前，胡椒在英國一直十分昂貴，以致需要被課稅。和許多其他昂貴的食品一樣，胡椒的高價引來投機取巧與詐騙分子從中牟利。他們以「胡椒粉之最」的名義販售廉價胡椒粉；據自命為食品摻偽糾察官的弗里德里希‧阿庫姆（Friedrich Accum）所說，那些只不過是從胡椒工廠地板清掃出來的粉末。這位居住在倫敦的德裔化學家在1820年出版專書，揭露商人如何無所不用其極地欺騙胡椒買家，製造假胡椒粒摻入真品中。這些假貨是用亞麻子、黏土、牛角椒粉（以乾辣椒製成）混製而成的球粒。經稅務機關委託，阿庫姆檢查了一批托運胡椒，結果發現當中高達16%的胡椒粒都是「贗品」。

有黑有綠，有白也有粉紅

真正的胡椒及其藤蔓有著形形色色的模樣。在這之中有「長椒」（long pepper，或稱蓽芨），其長長的花穗上嵌著微小的果實，可能是最早從印度傳至歐洲的椒種。曾在英國頗受歡迎的尾胡椒（cubeb pepper）是個別長在葉柄上的漿果，在印尼仍用來為醬汁、甜點調味，或做為香菸的香味劑。非洲產有各式各樣的椒種，包括散發丁香味，包夾石灰及其他配料嚼食的檳榔。檳榔嚼散開後會產生紅色汁液，這便是在一些亞洲國家路邊可以見到的紅色吐汁。

黑胡椒粒是成熟但尚未能食用的漿果，會經過燙煮再以日照曬乾，或人工加熱烘乾。屬於印尼特產的白胡椒粒，是已經熟透、果實層自然腐爛脫落的漿果，在磨碎後，味道和前者幾乎沒什麼差別。白胡椒粒的主要用途，是供不想讓黑色微粒破壞淡色醬汁外觀的廚師使用。綠胡椒粒是未完全成熟即採收下來，然後經由浸泡鹽水或脫水乾燥保存的漿果，其味道清新淡雅，帶有花香。粉紅胡椒

粒（不同於較常見的「粉紅胡椒」〔pink pepper，參見下文〕）則是用剛成熟的紅色漿果醃漬而成。

花椒的英文名Szechuan pepper（四川胡椒）以及另一種粉紅胡椒，都屬於誤稱。在香辛料的英文名字加上pepper（胡椒）一字，如將辣椒（chilli）稱為chilli pepper，一直是對不明就裡的歐洲人推銷的好方法。幾個世紀以來，花椒樹的種子和花椒皮都是備受珍愛的食材。花椒樹是與柑橘類植物同科的樹種，其含有的化學物質可以產生辛辣、刺痛及微麻感，造就中國辛辣菜系獨有的特色。一般認為，花椒中的化學成分山椒醇可以同時作用在不同神經末梢，使大腦感到錯亂。另一方面，粉紅胡椒則是現代培育出來的品種。這種胡椒長有漂亮的粉紅色漿果，是野葛和常春藤的親緣植物，原產於美洲，在1980年代首度上市銷售。

過去1,000年來，情況並沒有重大改變：胡椒依然是全世界交易量最大的香辛料。但是在印度喀拉拉邦與卡納塔克邦（Karnataka）地區，傳統種植區已因氣候變遷而縮減，自17世紀以後遭英國商人剝削的舊有產地也隨之消失。印度現今只是第三大的胡椒生產國。

現在越南已成為香辛料貿易的起點。越南當地的胡椒產量已是印度南部的3倍之多，而且以高度工業化方式生產，所使用的土地只有印度南部的一半。越南與胡椒有一段歷史淵源；法國殖民者在17世紀即已將胡椒引進越南，黑胡椒與綠胡椒因此成了越南菜中的重要食材。像綠胡椒燉牛肉（Bò Ham Tiêu Xanh）等菜餚顯示出了殖民時期的影響。這道菜類似在法國鄉村可見的馬鈴薯燉牛肉，但因為加入了成串新鮮綠胡椒粒而生色不少。

越南自1980年代才開始崛起成為世界第一大胡椒生產國，這是因為在經濟長期衰退後，共產黨政府經過審慎思考，決定種植各種

作物以供出口。在同一段時期,越南也幾乎從無到有,發展成全球重要的咖啡生產國之一。

胡椒以外的選擇

當然,英國人在很久之前就有胡椒的替代品。

早在 1,000 年前,薑就已經是可以普遍取得的食材,大多數是進口而來(儘管只要細心照料,並注意保暖,薑也能在英國本地生長)。薑與其他辣味香辛料並沒有多大差異,其主要成分為薑辣素,是與胡椒中的胡椒鹼及辣椒中的辣椒素相近的化學物質。(實用小秘訣:薑可以洗淨,但不要剝皮,因為大部分的風味成分都在皮裡面。)中世紀的廚師會將番紅花粉與薑混合在一起,將之稱為黃胡椒,或許是因為胡椒粒等食材帶有的黑色調據說會引發憂鬱。

在胡椒變得便宜之前,英國一般民眾會到田籬和海岸邊採摘可以提味的香辛料。他們的目標大多是帶有辣味的蕓薹屬(brassica)蔬菜,包括甘藍菜與綠花椰菜(不妨生吃看看味道如何)。在有辛辣味的蕓薹屬蔬菜中,以辣根(horseradish,十分普遍的雜草),當然還有芥菜的種子為首選。

山葵是味道較雅緻,也比較昂貴的辣根,而原本專門種植水田芥(watercress)的歐茲家族(the Olds)已在英格蘭南部栽種商用山葵。迪倫在 2021 年《食物面面觀》節目中曾實地訪問他們。山葵是與棕櫚類似的植物,相當難以照料,需要在有持續流動水源的砂壤土中種植 2 年的時間,先前從未在歐洲成功栽培過。不過這番辛苦是值得的。山葵辛辣且帶有果香的味道,在切開或磨碎後的 4~5 分鐘最為濃烈。栽植場的營運總監尼克・羅素(Nick Russell)說明道:「20 分鐘後就嘗不出任何味道了。」歐茲家的山葵大受歡迎,

所推出的產品有新鮮、乾燥的山葵及山葵醬，並曾在2020年榮獲英國優良食品協會舉辦的美食風味獎。

許多在英國生長的植物都具有防禦機制，也因此將它們變成人類的美味佳餚。大蒜以及野生蒜種在生吃時，會像胡椒般可以刺激味覺的感受，例如泰式沙拉就會用生蒜切片搭配辣椒來增添辛辣感。亞歷山大芹（Alexanders）又稱馬歐芹（horse parsley），是最著名的野外香辛菜。它的幼芽在嫩綠時吃起來非常可口，乾燥後的細小種子則帶有辛辣味和明顯的芹菜味。一些真菌類也具有辛辣的味道：蕈菇採集者建議可以將味道辛辣的牛肝菌菇（bolete）曬乾做為香辛料使用。

水田芥亦有「胡椒草」之稱，可以顯著提升醬汁的風味。新鮮的橄欖油也可以。在西班牙一些地區，新一季的柳橙會切片，然後佐上最青綠、辛辣的橄欖油來食用，如此一來，可以帶出一種奶油般的甜味。同理，柳橙與水田芥也可在沙拉中共譜出誘人風味。妮姬・薩格尼特（Niki Segnit）在她所著的《風味事典》（*Flavour Thesaurus*）中建議可以添加一些鹹橄欖。

來自海中的胡椒

被稱為胡椒紅藻（pepper dulse）的嬌貴海藻，長期以來一直是大西洋沿岸社群的傳統美食；它不僅是窮困時可供果腹的糧食，也一直是愛爾蘭傳統料理中的珍貴食材。（據古文記載，若有幸能在海邊的岩石上發現胡椒紅藻，就等於得到了價值3頭乳牛的財產。）胡椒紅藻是一種味道濃厚的紫褐色海藻，容易在退潮時採集到，曬乾後即成為絕佳的調味品，擁有鮮味滿溢的複雜風味。胡椒紅藻也可切片曬乾，做成又鹹又辣的下酒小菜。

在2016年《食物面面觀》一集精彩的節目中，野菜採集專家馬克‧威廉斯（Mark Williams）為主持人迪倫製作了一道「蘇格蘭野菜咖哩」。這道咖哩使用了在加洛韋（Galloway）海岸拂曉退潮時採集到的胡椒紅藻。威廉斯也採摘了味道辛辣的辣根菜（scurvy grass）、有香菜味的sierra grass、有椰子味的金雀花（gorse flower）、圓葉當歸與豬草的種子，以及味道像辣椒的水蓼（water pepper，較普遍知曉的英文名是arse-smart）。

致力保存愛爾蘭食譜的名廚艾倫曾在書中提及，以前愛爾蘭移民從家鄉收到的食品包裹中會有小包的乾紅藻，可見這是多麼令人想念的食物。艾倫建議可以將之拌入愛爾蘭青蔥馬鈴薯泥（champ，以青蔥、馬鈴薯、奶油、牛奶烹煮成的一道經典菜色）食用。

芥末：遠航者的引路種子

早在14世紀，芥末就出現在法國的食譜和醫學文獻中，之後也出現在英王理查二世（King Richard II）的御廚所彙編的一本書中：這本書就是《烹飪大全》（*The Forme of Cury*）。（cury是法文表示烹飪的動詞cuire的英化拼法。不過在英印語境中，則源自泰米爾語〔Tamil〕表示醬汁的kari一字。）這本食譜集也是第一本提到橄欖油的英文食譜，當中還提及許多其他比芥末更具異國風情的香辛料，包括肉豆蔻、薑、胡椒、肉桂、小豆蔻等。

芥菜及其大批微小種子，在探索北美的遠征中曾發揮過作用。基督教兄弟會成員在17世紀離開英格蘭東岸前往麻州時，將可以快速生長的芥菜種子放入口袋帶在路上，沿著沒有標記的道路小把小把地扔出去：「這麼做的原因是，如果他們迷了路或遭遇敵手，便

可順著種子成長後生成的小徑回到船隻所在處。現在透過衛星仍然可以觀測到這些芥末小徑。」

喬治‧霍伊爾斯（George Hoyles）在2012年的《食物面面觀》節目中講述了這段軼聞。英國芥末種植業曾經歷過一場復興，以現在的眼光來看，應可稱得上是一項不凡的成就，而霍伊爾斯正是引領這場復興的先驅之一。這是一個商業壓力如何將傳統種植業推入險境的故事。20年前，種植芥末的農民曾因為低價進口芥末和一連串歉收而深受打擊。許多農民都轉而種植利潤較豐厚（並且同樣黃燦燦）的作物，亦即油菜。然而，有感於東英格蘭（East Anglia）芥末種植業過往的輝煌歷史，加上英國最知名的芥末品牌牛頭牌（Colman's）即將邁入200週年，一群農民在2007年成立了一家新的芥末種植合作社。

這些農民當中包括了霍伊爾斯。他的家族是第四代的芥末農，其祖輩往日在林肯郡（Lincolnshire）靠著種植芥末賺進不少財富。牛頭牌在諾里奇地區（Norwich）的需求，給了霍伊爾斯靈感：牛頭牌必須至少有一些芥菜籽是自本地採購，才有資格在其標籤印上「英國芥末」字樣。牛頭牌創立於1800年代初期，現今已納入食品巨擘聯合利華（Unilever）旗下。芥末的傳統製作方式是將芥菜籽浸於醋中，再研磨成糊狀。牛頭牌的芥末則加入了薑黃根粉末，藉以增添風味並調製出特殊又醒目的鮮黃色澤。

植物學家發現，牛頭牌被併購後便不再管理其給予農民的原種（seed stock），是造成為其供貨的農戶收成慘淡的原因。所幸有些舊種子被尋回，而其DNA分析結果顯示，某個重要的授粉芥末品種已經丟失。解決此一問題也許拯救了英格蘭的芥末農。可惜在2018年，聯合利華宣布將牛頭牌大部分的生產線從諾里奇撤出，主要是轉移到德國。

位在英國另一邊的蒂克斯伯里地區（Tewkesbury）所製作的芥末醬，幾個世紀以來一直以「全英格蘭最好的芥末醬」聞名於世。此種芥末醬最初是製成乾燥的球粒出售，作法是將辣根醃泡在蘋果醋中，然後用鐵球將之與芥菜籽粉一起搗碎。莎士比亞就曾在劇作中描述某個角色的智慧「就如蒂克斯伯里芥末般濃稠」。該城鎮的一家手工製造商已開始重製這種芥末醬，其與牛頭牌的芥末醬有所不同：顏色沒那麼可怕，而且因為加入辣根，味道也更有層次。

辣椒：篡位者

當然，辣椒在16、17世紀傳播到世界各地後，旋即成為替代胡椒的首選，因為它除了價格便宜外，只要有一點陽光，無論在任何地方都很容易生長。辣椒在美國仍通稱為chilli pepper，以與用來製作沙拉的甜椒（bell pepper）區別。當然，兩者都與胡椒藤植物毫無關係。

英國人花了很長的時間才適應辣椒；我母親到現在還是不會在家裡放辣椒。她認為，在她童年的戰亂時期，人們會用辣椒來遮掩腐肉的臭味。對辣椒的偏見由來已久：16世紀時，偉大的草藥學家約翰·傑瑞德（John Gerard）警告英國的消費者，雖然西班牙人會用「幾內亞胡椒（Guinea pepper）和印度花椒（Indian pepper）」來烹製肉品，但「其含有一種惡毒的物質」。他並補充道：「給狗吃了會致命。」的確，在所有掉到廚房地板的食物中，我的狗唯一不會去碰的大概就是辣椒。

也許正是因為辣椒隱含了邪惡意味，讓人感到如處地獄般痛苦，卻又帶來令人困惑的愉悅感，使得表示辣味的「devilled」（亦可指受到折磨）一字出現在英文菜單上。這個字恰可形容許多以辣

椒粉為主要調味料，而非以其為胡椒替代品的食譜。貝類、火腿、蛋都沾染上了折磨人的辣味。即使在今日，裹上麵粉與辣味紅椒粉煎烤的香料羊腰子（devilled kidneys），仍是倫敦聖詹姆斯區（St James's）老牌紳士俱樂部餐廳中的固定菜色。

現今英文Cayenne pepper一詞只會令人聯想到乾燥後磨製成的卡宴辣椒粉，但其在17世紀時，是專指產自今日法屬圭亞那地區（French Guiana）的牛角椒。卡宴辣椒粉通常明顯比一般超市的「辣椒粉」還要辛辣。紅椒粉是以與辣椒同科的甜椒製成，味道越辣，即表示所用的甜椒籽越多。早在1569年，匈牙利就開始使用紅椒粉，其時至今日依然是匈牙利菜餚的關鍵調味料之一。

眾人對於辣椒究竟是如何傳播到中歐地區有一些猜測。有人認為，是穆斯林商人將辣椒從東方帶到布達佩斯的。這是段非比尋常又快速的旅程。辣椒隨著哥倫布從中美洲返回西班牙，接著隨葡萄牙商人航行到印度，然後再回到中歐——這一切都發生在不到70年的時間裡。如果這段旅程可以做為某種佐證，則其證明了辣椒是多麼受到世人珍愛。

由於辣椒農競相培育世界上最辣的辣椒品種，用來評比各品種辣度的史高維爾辣度單位（Scoville Heat Units，簡稱SHU）於是應運而生。美國科學家韋伯·史高維爾（Wilbur Scoville）在1912年發明了半科學的品測方法，利用受過訓練的品測員檢測辣度。這個方法是取特定重量的辣椒溶於酒精當中，然後測試需要多少糖水來稀釋溶液才會嘗不出辣味。SHU值越高，辣椒就越辣。除了專門培育的雜交品種外，世界上最辣的辣椒是外觀皺巴巴的蘇格蘭圓帽辣椒（Scotch bonnet），原產自牙買加及加勒比海其他地區。此種辣椒的辣度大約是35萬SHU；警察人員使用的辣椒噴霧則高達300萬SHU。

神秘的橙色植物：薑黃

辣度也可藉由顏色來表示。自中世紀以來，廚師們會在食物中加入香辛料以增添風味，但同時也是為了傳達暖意與歡慶節日的熱鬧氣氛。除了番紅花、牛角椒、芥末外，他們還會使用紅檀香（red sandalwood）。不過這當中最重要的，當屬擁有鮮豔橙黃色澤（夾雜少許深綠色）的薑黃。薑黃與外觀類似的薑是遠親，原產於東亞，在當地是黃色袈裟的染料，也是印度阿育吠陀醫學的天然藥物及用於料理的食材。

直到最近，在印度以外的地區，為食物增色依然是薑黃的主要用途。對現代的英國人來說，薑黃為印度咖哩雞（chicken korma）、黃米飯（pilau rice）染上黃色的作用，比增添料理風味的作用更加重要。在19世紀，薑黃最為人知的一段歷史，是做為假芥末的主要成分（與麵粉摻和在一起）。當時這種摻假芥末在英國各地十分常見。亞瑟・哈塞爾（Arthur Hill Hassall）是1850年代的反摻假運動人士。根據他的舉報，他在42個不同的場合中，都買到了用薑黃和麵粉混充的芥末醬。哈塞爾將證據呈交給國會，並提議設立一座工廠來生產保證使用真正芥菜籽的「國產芥末醬」。

有誰可以清楚說出薑黃是什麼味道？「有土味和苦味」、「近似麝香味」、「很辛辣，帶有一點胡椒味」，都是廚師會用的含糊字眼。其實薑黃有助於增香提味，可以使咖哩中其他較清淡的味道變得較濃郁。有人說「只要是印度菜，就一定會放『haldi』（薑黃的印度語）」，而在印度次大陸，95%的食譜都會用到薑黃。在喀什米爾，薑黃尤其無所不在。不論是餵給嬰兒的第一批固體食物，或是給婦女產後立即食用的補身湯裡，都有它的存在。

有一些印度廚師，譬如印度勒克瑙市（Lucknow）以代代擔任

廚師聞名的庫雷西家族（Qureshi），對於「沒味道的」薑黃能在印度料理中占據主要地位予以譴責。他們指出，薑黃不是香辛料，而是一種藥物：薑黃的確是一種常見的傷口急救消毒劑。（可以在傷口灑薑黃粉試試看，肯定會有刺痛的感覺。）然而，出生在孟買的主廚及食物歷史學家莫妮沙·巴拉德瓦吉（Monisha Bharadwaj）認為這兩種角色並不衝突。

巴拉德瓦吉曾在《食物面面觀》節目中，用番茄、新鮮的辣椒和芥菜籽烹煮一道扁豆湯（dal），並在最後加入薑黃。她說明自己為何極喜愛這種香辛料：「薑黃通常是做為平衡味道的香辛料來使用。它本身沒有強烈味道，但往往可以發揮調和其他味道的作用。」這道扁豆湯大為成功：「整道湯品色香味俱全⋯⋯這都要歸功於薑黃的果味和清香。」

以薑黃入菜亦有藥用效果：薑黃有助於調和身體機能，繼而發揮養生效益。巴拉德瓦吉指出：「（在印度）學作菜時，必須時時思考如何讓食物兼具養生之效，否則吃這些食物就沒有意義了。」

薑黃大檢測

在西方國家，薑黃的主要成分，亦即薑黃素，已在主流醫學界引起越來越大的興趣。醫界已就其在過敏、腸道問題、憂鬱症等病症的應用有過一番討論。而薑黃最引人關注的潛在用途之一，是做為癌症治療病患的營養補充品。相關功效需要進一步的研究。

麥克·莫斯里（Michael Mosley）醫師曾在2017年的《食物面面觀》節目中講述他對薑黃特性的研究結果。令他深感興趣的是，在大量食用薑黃的國家，罹癌率似乎比較低。他表示，迄今已進行了各種科學研究，但結果相當「紛雜」，也就是研究中使用了極高

的劑量，但結果卻令人感到困惑。「我們進行了一項研究，在當中觀察標誌基因（genetic marker）的變化，因為我們實際上無法追蹤受試者20年，以便確認他們會有什麼改變。所以我們招募了一大群志願受試者，大約有100人，然後將他們隨機分組，分別服用相當於1茶匙量的薑黃粉或薑黃膠囊，或是安慰劑。」

在6週後，研究人員發現服用安慰劑或膠囊補充劑的組別都沒有出現任何變化。但是服用薑黃粉的組別卻有顯著且令人振奮的改變。出現改變的基因，與抑鬱、焦慮、癌症、溼疹、氣喘等症狀的發生有關，而這些都是人們先前即認為可以吃薑黃來調理的病症。這些改變究竟是好是壞？科學家表示還需要進一步研究。

莫斯里說道：「我（從研究中）瞭解到，薑黃是種非常耐人尋味的香辛料，似乎具有生物活性。」他對薑黃膠囊無效這一點尤其感興趣。薑黃的生體可用率（bioavailablility，指經過腸道後有多少比例實際被身體吸收）似乎非常重要。莫斯里對此深信不疑，所以也開始吃起薑黃粉。「我喜歡把薑黃粉撒在蛋上面……撒在煎蛋餅上，而且我還很喜歡喝薑黃拿鐵。」

薑黃拿鐵及類似的食品已變得越來越多，這是因為大約自2017年起，薑黃即躋身流行超級食物之列，成為保健新寵兒。威爾森在她2019年出版的書籍《飲食大未來》中引用了聖斯伯理超市一位滿懷欣喜的主管所說的話。她剛在超市裡推出了薑黃鷹嘴豆醬，是薑黃系列熱賣商品中的最新品項。同系列產品還包括小塑膠瓶裝的「薑黃能量飲」（2021年60毫升裝的售價是2英鎊）。

這位產品開發經理得意地說道：「薑黃真是一股突如其來的熱潮！」但她這句話當然錯了。薑黃並非橫空出世，而是在遠比英國古老的文化中，經過數千年的實踐與實驗所傳承下來的食品。

巴拉德瓦吉的薑黃泡菜（Haldi Ka Achar）： 新鮮薑黃根的美味

成品約100克
醃製時間：10分鐘

4茶匙新鮮薑黃根，刮淨切碎
1茶匙切碎的新鮮薑末
1小條新鮮綠辣椒，切成碎末
新鮮檸檬／萊姆汁，用來覆蓋混合後的備料
鹽巴

將薑黃根、薑、辣椒混合在一起，然後倒入檸檬或萊姆汁，並加鹽調味。將混料倒入經過消毒的密封容器裡。封緊容器，將混料搖勻。美味的薑黃泡菜醃好後，可以在冰箱保存達1星期。

—— 食譜出處：《印度烹飪程序》（*The Indian Cookery Course*, Kyle Books, 2016），巴拉德瓦吉著

消失於世的香辛料

許多出現在我們祖先食譜中的誘人香辛料，現今都已然消失或

遭到遺忘，無論是由於熱潮消退、太容易取得，或只是因為被我們吃光了而絕跡。以下是幾種歷史久遠的香辛料植物：

昔蘭尼羅盤草（Silphium of Cyrene）：可能是某種巨型茴香，但沒有人知道其味道如何。此種產於北非的香辛料深受羅馬饕客、香水製造商和情侶1的喜愛。傳說最後一根羅盤草是被古羅馬皇帝尼祿吞食掉的。因此，這位在羅馬發生大火時還顧著玩樂的君主，也是導致羅盤草滅絕的元凶之一；羅盤草是目前已知最早因為人類的貪婪而滅絕的植物。

鬱金（zedoary）：為顏色較白的薑黃品種，其根莖可做為辛辣調味料。中世紀的醫生會以鬱金做為治療36種不同疾病的處方；17世紀的藥草學家尼可拉斯·卡爾培柏（Nicholas Culpeper）會將其與月桃（zerumbet，同屬薑科）併用，以達「驅風、抗毒、止血與止經、引吐、促進膽汁分泌、殺蟲」之效。

木香（costus）：為菊科草本植物，帶有強烈、辛辣的味道，在古羅馬常用於葡萄酒的調味，在諾曼英格蘭（Norman England）則常用於調製醬汁和燉菜。木香主要生長於印度北部和喀什米爾，現為瀕危物種。

牛膝草（hyssop）：雖然牛膝草可能會令人聯想到清洗時加了太多柔軟精的毛巾，不過此種常見的香草從聖經時代以來就備受珍愛，尤其因為有掩蓋異味的功效而深具價值。英國中世紀的廚師會多方使用牛膝草，包括用來燉肉、做為飾菜或製作甜點的香料；現今希臘、以色列人在作菜時仍會使用牛膝草。

　　甘松（nard）或穗甘松（spikenard）：另一種深受羅馬人喜愛的芳香草本植物，在羅馬主要用來為葡萄酒調味。中世紀時，歐洲的廚師會用甘松來烹調魚和肉類。甘松也曾出現在聖經中。甘松是原產於喜馬拉雅山區的忍冬科植物，在市面上有許多假貨。

1譯注：因為其果莢形狀與愛心形狀非常相似。

9
蜜桃或毒果

番茄

「畢頓夫人曾告訴我們，番茄得像甘藍菜一樣煮上好幾小時。
當然，現在我們一年到頭每天都在吃番茄……而這已經成為一種問
題。」

—— 美食作家及番茄歷史學家琳賽‧貝爾罕（Lindsey
Bareham），《食物面面觀》，2012 年

　　15世紀遠赴美洲的探險家和掠奪者，帶回了一籃筐滋味誘人
的蔬果——我們現在要是沒有辣椒、馬鈴薯、番茄可吃會怎麼樣
呢？這些蔬果每樣都以各自的方式，改變了世界各地的菜餚和飲食
營養。經過緩慢的起步後，番茄已成為21世紀全世界最受歡迎的水
果，於歐洲與美洲的飲食文化中扮演要角，而且幾乎在其他地方也
都大受歡迎。番茄在中國就沒那麼受歡迎了，當地平均每人所吃的
番茄量只有歐洲人的1/30。然而，中國是迄今全世界最大的番茄種
植國與加工國，所產番茄主要供外銷之用。關於這點，會在本章後
段再做探討。
　　不過在此要先講述一小段歷史。番茄從有趣的新移入物種，到
成為水果界霸主，經過了一段緩慢又迂迴的旅程，大約歷時450年
之久。在普韋布洛族印地安人（Pueblo）與阿茲特克人（Aztec）開
始種植番茄1,000年後，番茄才從中美洲傳入歐洲。當時歐洲人
對番茄感到既興奮又困惑。它是一種毒藥嗎？番茄與有毒的顛茄
（deadly nightshade）同屬茄科，而且酸性的番茄汁會破壞錫盤表
面。它是一種水果、蔬菜、藥物，或是一種催情食物？或最好當成
觀賞植物來栽種？一個世紀以來，喜歡抽食或嗅聞菸草（新世界的
另一種產品）的人，都將番茄視為毒物而不屑一顧。關於番茄應如
何定位的爭論持續了一段時間：19世紀時，這番爭論發展成爭訟，
要求法庭裁決番茄是否應視為水果或蔬菜並加以課稅。

1753年，植物學家卡爾‧林奈（Carl Linnaeus）決定將番茄歸為茄科，與馬鈴薯、茄子、辣椒、顛茄同科。他將番茄的學名定為*Lycopersicum esculentum*，意思是「可食用的狼桃」。這樣的命名未能引起消費者的興趣，或許並不令人詫異。最後，義大利人決定將這種後來成為其料理基石的水果稱為「金蘋果」（義大利文為pomodoro），典故源自神話中位處西方的金蘋果聖園。這座聖園由稱為海絲佩拉蒂（Hesperides）的眾仙女看守，園中的金蘋果乃是一條惡龍被大力士海克力斯（Hercules）殺死後流出的血液所化成。但是在北歐地區，番茄一直被歸為奇異植物而受到忽視，時間長達好幾個世紀。

約翰‧傑拉德（John Gerard）是最早開始鑽研食用植物的植物學家之一。他在1597年出版《植物史》（*Historie of Plants*，亦稱*Herball*）一書，於當中列載了「愛情果」（Apples of Love）1，並附上一幅番茄植株的圖畫。他在書中寫道，他設法從地中海地區取得了番茄種子（不過他認定「龍血化果」只是虛構的傳說）。傑拉德將番茄種在自家花園溫熱的馬糞中。但是他發現番茄並不吸引人：性質寒涼，味道又淡。「它們可以提供給身體的營養極少」，而且有一種「藤蔓的臭味」。他指出，西班牙和義大利人會用胡椒、鹽巴、油來熬煮番茄，做為佐肉的醬汁食用，就像英國人使用芥末醬一樣。

人們對番茄的疑心始終揮之不去。直到19世紀末，番茄才開始出現在流行的食譜中，但鮮少做為主要食材。維多利亞時代的人的確會吃番茄。他們會將番茄汆燙、去皮、切片，做為珍饈美食享

1譯注：法國人把番茄稱為「愛情果」。

用。但是1890年出版的《畢頓夫人的每日料理》，只提供完全煮熟的番茄食譜。畢頓夫人列出了5種不同的番茄佐醬，有幾種是用於鑲肉或填塞麵包屑的番茄，有一種則是用於在濃稠褐色肉汁中整顆燉煮的番茄。

> 66 謝天謝地，終於有人有勇氣吃下一顆這些金紅色的小球，
> 並且讚揚它可口的酸味和奇妙的口感。
> ——詹姆斯·比爾德（James Beard），美國知名美食作家 99

在1950年代，一系列注重健康的新興烹飪書，如格蘭特的《給親愛的家庭主婦》，仍建議將番茄挖空後填料來烹煮。雖然格蘭特的確也提供了值得嘗試的生番茄三明治食譜（只要墊上生菜，防止麵包片變得溼軟即可），但直到1960年代，英國人才開始真正懂得享受生吃番茄的美味。在法國人的啟發下，英國人開始將番茄做成沙拉拌油醋醬食用，或甚至製作成番茄冷湯（gazpacho）來享用（不過冷湯對許多英國人來說還是難以接受）。當時認為，用番茄做菜時，應該先把番茄浸燙在開水中去皮，因為番茄皮幾乎無法食用。

罐裝番茄湯蛋糕

「這是一款討喜的蛋糕，可以保存一段時間，還能讓詢問這是什麼蛋糕的人苦思不出答案。這款蛋糕可以趁烹煮其他菜餚時，放入烤箱以中溫烘烤，能帶給你微小但真切的樂趣。」美國美食作家費雪的「番茄湯蛋糕」食譜

（材料包括奶油、蘇打粉、果乾、糖、麵粉、肉桂、肉豆蔻、薑、丁香及一罐番茄湯）出現在她1942年的著作《如何煮狼》（*How to Cook a Wolf*）的〈如何悲傷〉（How to Sorrow）章節中。她撰寫該書的目的，是為了鼓舞戰時因食物短缺與配給制度而過著困頓日子的英國民眾。費雪的反諷式幽默，以及對危困時期新社交禮節的挖苦，使這本書成為一本經典著作，儘管書中一些食譜的作法實際上是不可行的。當然，在我所知實際烤過她這款番茄湯蛋糕的人之中，沒有人有想再烤一次的念頭。

早在英國人終於接受生番茄之前，番茄的加工與保存即已開展出一段將改變20世紀食物樣貌的故事。罐裝番茄征服了所有人的心，而成就這段史詩的關鍵，是義大利人的大遷徙。

如傑拉德所指出，番茄是喜歡陽光和溫暖環境的水果。這兩項要素不但可以加速番茄生長，增加其產量，還能提升番茄的甜度。但這很難解釋為何義大利人如此熱情地接受了番茄；其原因可能在於義大利人生活貧困，而富有營養、種植成本又低廉的番茄能夠醃製保存。約翰·迪基（John Dickie）在他探索義大利人與食物歷史的《愉悅！》（*Delizia!*）一書中寫道：「番茄是義大利食物的命脈，有人會說是義大利人本身的命脈……番茄是一種信仰，而在此信仰中，「新鮮」、「罐裝」、「濃縮」，是聖三位一體的共融關係。」他在那不勒斯發現了超過50種用番茄調製的醬汁：這座城市可謂是「番茄的聖城」。

紅醬與披薩的美味關係

　　第一個用於義大利麵的番茄醬汁配方，出現在1844年那不勒斯的一本食譜中。僅僅10年後，弗朗切斯柯·齊里歐（Francesco Cirio）便推出了罐裝與瓶裝番茄，將汲取自陽光的美味濃縮其中。番茄於是從南部特有的食材，變成風靡整個義大利的美味。茄義歐（Cirio）現今仍是最大的番茄製品製造商之一。

　　從18世紀起，那不勒斯貧民區的麵餅（flatbread）上便塗上濃稠的番茄泥，這正是披薩的雛型。經典的瑪格麗特披薩，是以1880年代義大利剛統一不久時的王后瑪格麗特（Margherita of Savoy）為名：其使用的紅色番茄泥、白色莫札瑞拉起司、綠色羅勒葉，正代表了新國旗的顏色。那時，整個義大利南部都在種植及醃製番茄。拜番茄之賜，該地區延綿幾個世紀的地方性飢荒終於畫下句點。

　　但是義大利南部依然非常窮困。臨近該世紀末時，數以百萬計的義大利移民帶著他們對番茄的熱愛遷往美國。起初，當地對義大利人帶來的料理有些抗拒：較早到來的移民對義大利人有刻板印象，認為他們「油膩膩的」，還「有股大蒜味」。不過在經濟大蕭條時期興起了吃義大利麵的風潮。這股風潮乃是政府當局所推動，因為其認為義大利麵是經濟實惠的麵食，而搭配麵條的便宜番茄醬汁也具健康效益。然而，直到第二次世界大戰前，評量義大利移民是否成功融入社會的社工還是會注記：「仍在吃義大利細麵，尚未融入本地文化。」

番茄醬與魚露的淵源

　　深受西方國家喜愛的瓶裝番茄醬（ketchup）起源於二百多年前，自當時迄今，它已多次變換模樣，最後成為如我們今日所知，吃起來酸酸甜甜的紅色醬汁。「Kê-tsiap」是福建話，意指經過發酵的魚露。英國商人在中國首次見到這種辛辣刺激的醬汁，並將之帶回了英國：以發酵鰻魚和香辛料製成的李派林烏斯特醬汁（Lea & Perrins Worcestershire），即是直接承繼魚露作法而來。到了18世紀，英美的廚師會採購及製作各式各樣的醃製辣醬，並稱之為Catsup或Ketchup，主要材料為蘑菇、堅果和貝類。

　　夏洛特・梅森（Charlotte Mason）於1787年出版的料理書《女士好幫手》（The Lady's Assistant）列有數種誘人的核桃調味醬（ketchup）食譜，所使用的材料包括堅果、鰻魚、大蒜、醋、荳蔻皮、丁香和「牙買加胡椒」。第一個使用番茄製作調味醬的食譜出現在1817年，結果大受歡迎。到了20世紀初，亨利・約翰・亨氏（Henry J. Heinz，以生產辣根醬汁起家）製造的番茄調味醬，每年出貨量達1,200萬瓶。競爭對手酸溜溜地指出，亨氏番茄調味醬之所以熱賣，主要可能是因為加入極大量的糖，占醬料比例達25%。一茶匙的含糖量比一片普通的巧克力片餅乾還要多。不過印尼甜醬油（Ketjap Manis）也是如此。這種又甜又辣的美味醬油在印尼無所不在，而印尼也是魚露的另一處傳播地。

披薩滿天下

　　簡單的那不勒斯麵餅只要鋪上番茄醬和各種起司，就成了令人無法抗拒的美食。在1950年代，披薩餅店開始從義大利社區一家家開到美國大城市的其他地區。與此同時，社會大眾（以及食品產業）發現青少年是披薩的消費族群之一：速食非常適合喜歡輕鬆駕車在戶外活動的社會大眾，也同樣適合做為坐在沙發上邊看電視邊吃的晚餐。廚師們發現，披薩麵團可以先在早上放到鍋裡攤開，然後在白天時放入冰箱存放。等到晚上開始營業，就可以拿出來快速鋪上番茄醬、餡料，放到烤爐裡烘烤。如此一來，可以大大加快出餐時間。

　　截至1956年，披薩已經超越「火腿蛋」和熱狗，成為美國餐廳和家庭的首選餐點，從此一路長紅不墜。1958年，必勝客（Pizza Hut）開始在中央廚房製作麵團與醬汁：該公司加盟連鎖店當時唯一要做的，就是烘烤鋪上餡料的麵餅。必勝客於1970年代末在香港開設分店（在英國首家披薩連鎖店Pizza Express於倫敦蘇活區開業15年後），而現今其分店已經遍布90幾個國家。2001年，必勝客提供了第一塊外送到太空的披薩：這是一塊以番茄、莫札瑞拉起司和義大利蒜味香腸為餡料的6吋披薩，專供一名駐紮在國際太空站的俄羅斯太空人享用。

　　與漢堡一樣，披薩現在是世界上已知最受歡迎的速食食品。挪威平均每人的披薩食用量居全球之冠，每年每人平均會吃掉10個披薩，大多是吃在家烘烤的冷凍披薩。中國是成長速度最快的披薩市場，而有4成的美國人每週會吃掉1塊披薩；目前美國約有7.7萬家披薩店。大多數北歐國家平均每人的披薩食用量比義大利人還要多。

　　人們嗜吃披薩的科學原理很簡單：在一塊典型的披薩中，經過

炙烤的起司與濃稠的番茄醬，都富含可以提味的麩胺酸，而兩者混合在一起後，人類味覺受體所感知到的滋味，甚至比其各自的味道更加誘人。當然，另一個關鍵要素是製作過程：披薩製作成本低廉，而且也容易運送，這也是為何披薩可以外送到那不勒斯的貧民窟給家中沒有烤箱的居民。一塊新鮮披薩的售價，約莫是其食材成本（當然需視鋪在上面的餡料而定）的7倍。

如何選購罐裝番茄

專家建議，在選購番茄罐頭時，最好買整顆番茄（而非切丁）的罐頭，並且要慎選優良品牌。瑪麗・康蒂尼（Mary Contini）是愛丁堡著名的Valvona & Crolla餐廳（亦經營食品雜貨店）主廚。她建議買罐裝番茄及番茄糊（tomato paste）時，品牌要精挑細選。慕堤（Mutti）與茄義歐都是可靠的牌子。（她會查看罐頭上是否標明為產自義大利南部的著名聖馬札諾〔San Marzano〕烹調用番茄。）平價罐裝番茄與較昂貴者若是並列比較，差異是相當巨大的，不過據說5成的義大利出口加工番茄都有標籤造假問題。購買時也應查看標籤上是否列有任何添加物。

為了享受美味而種？

番茄農所面臨的挑戰，主要在於複製日照的作用，藉以提升番

茄的含糖量，讓番茄在適當的時機於超市貨架上呈現出適當色澤。另一個問題是番茄的運送與貯存：冷藏會破壞番茄的滋味。從番茄愛好者的觀點而言，以及對擔憂氣候危機的人士來說，工業化生產是番茄今日許多問題的根源。

「1999年，有句關於番茄的流行語是『為了享受美味而種』（grown for flavour）。這就引出了一個疑問：我們還為了什麼目的而種番茄？」作家琳賽・貝爾罕（Lindsey Bareham）拋出了這個問題。她在該年出版的《番茄紅皮書》（*Big Red Book of Tomatoes*）意外成了暢銷書。她在書中尖銳地指出，番茄經銷商與銷售商所耍的各種花招，大多是為了讓番茄長得好看，而非好吃。

英國人在夏秋兩季以外所吃的番茄大多產自南歐，而番茄必須冷藏才能用卡車從該地運送過來。但是番茄存放在冰箱後，味道會變酸、變淡，必須從塑膠包裝中取出，並置於室溫下幾天才能恢復原有狀態。貝爾罕認為所謂「連著藤蔓的成熟番茄」是騙人的花招。在托盤擺上一串連著藤蔓的番茄，只是「讓番茄能以高價賣出的一種手段」。

現代超市販賣的番茄是科學所孕育的產物。以義大利以外的地區而言，亨氏是第一家著手改造番茄基因以追求利潤的大型番茄加工商，1930年代在自家農場展開了一項實驗性的種植與育種計畫。溫室栽培的番茄從開花到熟透需要40~60天的時間，但是它們可以提前採摘，然後在存放於倉庫或卡車上時噴灑乙烯氣體。乙烯可以促進茄紅素生成，而茄紅素是可以讓番茄轉紅的天然類胡蘿蔔素。這也是你在挑選了一顆完美又火紅的番茄後，卻發現裡面仍像蘋果一樣硬邦邦的緣故：這種番茄的內部尚未自然熟成，吃起來也沒什麼味道。由於番茄從荷蘭或西班牙的溫室運送到英國的貨架上，需要花費4天或更長的時間，採取此種作法對農民來說大大有利。

1994年，「佳味」（Flavr-Savr）番茄誕生於世。它是第一種在實驗室經過基因改造後（並非經由育種方式培育而成），獲准上市供人類食用的食品。相較於今日的各種基改作物，佳味番茄的改造方式很簡單：將番茄的一個基因分離出來並逆轉，以減緩熟成過程。但是佳味番茄缺少了一樣重要的特質而名不符實，那就是美味。由於沒人愛吃它，這種番茄很快就下市了。然而，佳味因為是在實驗室中育成，現今仍是聞名於世的番茄品種。

基因改造與基因編輯作業持續進行，繼而培育出可以解決熟成速度問題，並具耐霜、抗病能力的實驗性番茄品種。在印度培育出的一個新品種，可以在室溫下保持「成熟」狀態及完美外觀達45天。基因經過改造操弄的番茄，似乎定會繼續進化，而業者因此獲得的利益，可能遠大於番茄愛好者可享有的利益。

番茄的政治味

在整個歐盟地區，經過基因改造的作物都必須通過嚴格檢測，並符合嚴格的規定。目前在歐盟地區唯一商業化種植的基改作物是一種玉蜀黍，其經過改造後可以防蟲害，主要做為動物飼料使用，但是幾個歐洲國家已禁止種植這種玉蜀黍。然而，英國依前首相強森（Boris Johnson）敲定的協議脫歐之後，最終可能會允許基改作物，以及以基改動植物製成的食品在國內上市供民眾食用。2022年初頒布的新法規，使得種植研究用的基改作物，以及在實驗室使用基因編輯等技術不再重重受限。英國政府已表示希望擺脫歐盟關於基改及其他新技術的「過時」規定，但蘇格蘭政府亦要求勿更動這些規定。

如薩拉蒂諾在2019年《食物面面觀》以「英國脫歐：番茄的故

事」為主題的一集節目中所說明，與美國簽訂貿易協議，據以核准
某些基改食品（包括醬油、番茄醬等）進口，將會有問題產生。但
是農村地區一些深具影響力的保守黨議員認為，應允許英國農民使
用基改技術，以在食品相關規定較寬鬆的全球市場上競爭。

英國的研究人員持續對番茄進行更加複雜的基因改造，盼能促
使法規改變。2012年，位於諾里奇的植物研究機構，約翰英納斯中
心（John Innes Centre），宣布其培育出一種令人稱奇的紫色番茄。
這種番茄有宛如午夜天鵝絨（deep-midnight velvet）的色澤，是透
過植入金魚草花（snapdragon flower）的一個基因培育而成，藉此
可提高番茄的花青素含量。紫色基改番茄不但有令人驚豔的紫色，
保存期限也較長，並且較不容易感染「灰黴病」（grey mould）。此
外，其尚有一種科學家們大肆宣揚的潛在健康效益：花青素已被證
明可減緩小鼠體內癌細胞的生長，並具有抑制發炎的作用。這也是
為何健康機構建議民眾食用藍莓等呈天然紫色的水果。

由於受到歐洲基改法規限制，約翰英納斯中心的番茄被運到
加拿大進行大量種植，並榨成2,000公升可供飲用的紫色番茄汁合
法運回英國，因為所有的番茄籽都已經去除了。《食物面面觀》的
一位審查員斷然拒絕飲用以這種番茄汁調成的血腥瑪麗（Bloody
Mary）。當中的果泥根本不是紫色，看起來更像是一種「灰色汙
泥」。

10年過去了，紫色番茄仍未獲准上市銷售，但領導紫色番茄研
發團隊的凱西・馬丁（Cathie Martin）博士，仍持續編輯番茄的基
因。她最新培育出的基改番茄，可以生成治療帕金森氏症病患所需
的左旋多巴（L-Dopa）藥物。約翰英納斯中心的一位發言人說明，
在較貧窮的國家，一天的左旋多巴劑量費用可能達2美元，但種植
此種番茄就可以解決費用的問題，還能享有番茄作物可帶來的所有

正常效益。

　　時下有個廣為流傳的迷思是，有人已經利用基改技術培育出更易於包裝存放的方形番茄。但事實並非如此。實際上，在自己家中就可以輕易種出方形的番茄。在栽種番茄植株時，可以用一張半硬質塑膠布、剪刀和膠帶製作一個透明的塑膠盒。將盒子懸掛在一顆看起來快成熟的番茄周圍，等時機「成熟」，就可以種出一顆方形番茄了。存放方形番茄並沒有比較容易，不過你可以用它們來玩疊疊樂。

廉價番茄帶來的惡果

　　自從英國和北歐人開始要求一年四季都有新鮮番茄可吃以來，南歐就傳出了一些關於番茄園工人處境的駭人事蹟。不過這似乎絲毫不影響我們對番茄的胃口。2018年，在相隔不到48小時內，接連有16名外籍農工在過於擁擠的卡車上遭遇車禍而身亡。當時卡車正將他們載送到義大利南部的番茄園工作。現今番茄園大多數的工人，都是新近從北非過來的移工：身為非法移民，他們無法享有勞工權益，也因為害怕被遣返而無法訴諸法律途徑解決問題。

　　同年，聯合國奴工問題特別報告員（special rapporteur）指出，有40萬名農工恐遭到剝削，而將近10萬名農工被迫生活在不人道的環境中。當時義大利政府被指責姑息此種情形發生，因為其認為，若是試圖改善現況，只會造成更多移民橫渡地中海而來。

　　《衛報》在2019年進行的一項調查發現，義大利南部遍布著貧民露宿的營地。外籍農工就在這種不安全又不健康的環境中生活，為農場工作。工人受到性侵或喪命的案例層出不窮。他們會依不同季節採摘番茄、胡椒、葡萄、馬鈴薯等作物。這項工作是按採摘的

重量支付薪資：採摘300公斤的番茄可以拿到3.59歐元。工人一天很難賺到超過30歐元，而雇主還會從中扣除載送他們到農地的費用，若是發生事故得載他們到醫院治療，還會扣得更多。自1990年代以來，犯罪集團便屢屢在農場上活動。這當中發生了許多令人聞之心驚的故事。2018年時，義大利普利亞區有一座番茄園專採生物動力（biodynamic）農法種植較有價值的作物，並保證會提供工人合理工資與良好工作環境，但在幾天之內，園裡所有的拖拉機卻被竊一空。

番茄與氣候危機的關聯

種植1公斤以化石燃料供暖的一般市售番茄，可以產生多達10公斤的溫室氣體排放量，等同生產1公斤火腿的排放量。如果你非常在乎氣候危機，那麼非當季的番茄顯然在禁買之列：我們可以透過一些更好的方式為溫室供暖，包括透過太陽能、使用廢熱（waste heat）等，但只有生產頂級農產品的農場能負擔得起利用這些熱能的費用。如果僅使用以太陽能供暖的溫室在本地栽種番茄，則用這樣的土產番茄做出的一份沙拉，估計會產生8克的 g CO_2e；若番茄是產自以化石燃料供暖的溫室，則會產生626克的 g CO_2e。將番茄從荷蘭或西班牙運送到英國的過程（英國一年之中有8個月通常都是以此種方式供應番茄），會再增加大約5%的排放量。

　　義大利分析家認為，北歐零售商願意支付給農場主的價金是核心問題所在。曾是番茄採摘工，原本來自中非國家喀麥隆的伊凡‧薩格內特（Yvan Sagnet），與李奧納多‧帕爾米薩諾（Leonardo Palmisano）在2015年共同出版了一本書，名為《義大利貧民區的故事》（*Ghetto Italia*）。他們在書中寫道：「農作成本與產品價格之間已經失去連動關係。」在2019年冬季，普利亞區的農場主每賣出1公斤的番茄只能拿到7.5分錢。但是這些番茄在英國的超市卻可以賣到100倍的價錢。

　　義大利目前是全球前十大番茄出口國。奇怪的是，義大利也是排名第十七位的主要番茄進口國。這是因為中國的番茄種植成本，甚至比南歐仰賴非法勞工的地區還要便宜。與橄欖油的情況相同（參見「油脂」一章），歐盟的標籤法規允許大宗產品進口後在義大利重新包裝，並標示為「義大利農產品」。當然這些產品必須進行一些再加工作業，但以番茄糊來說，可能只是添加鹽巴和水罷了。

　　義大利人堅稱，出現與其食品相關的種種詐欺行為，並不能代表義大利監管不嚴，只是顯示出「義大利製造」標籤在全球通行的價值，而引來詐騙分子覬覦不能算是他們的過錯。事情或許真是如此。然而，目前身為全球最大番茄糊生產國的中國表示，其產品大多數都外銷到歐洲。除了在亞洲食品店可以見到中國產製的標示外，英國沒有任何一家超市的番茄糊品牌帶有「中國農產品」的標示。

　　在政府無意或不願介入的情況下，和往常一樣，阻止這一切作為的責任，似乎就落在了愛買便宜貨的消費者身上：倘若我們執意購買低價食品，即價格遠低於我們祖輩當年所付實質金額的食品，我們就可能得到（以最醜惡的手段）偷工減料的產品。在本世紀前十年，英國番茄農收取的價金完全沒有上漲，但不管是肥料或人工

等投入成本全都上漲了。與此同時，一些英國超市與絕望的農場主訂立無明確買賣價格的供貨合約：超市會自行決定番茄售價，甚至以買一送一的方式販售。若番茄腐壞或滯銷，農場主還得自付處理費用。

中國生產的番茄有更多問題值得關注。中國每年生產的新鮮番茄，大多來自位於西部新疆省境內的國有農場，而據報導，當地會強押少數民族維吾爾族人在農場工作。2021年初，美國政府及一些日本企業即因此停止進口產自新疆的番茄製品。中國否認了這項指控。中國生產的番茄糊會外銷到英國與歐盟地區，主要銷往義大利，而截至2021年底，這些地區尚未有任何國家採取任何行動。

所以，做為一個番茄愛好者，你會怎麼做呢？從奴工困境到使用化石燃料生產的肥料、基因改造等，有相當多的問題值得憂心。不過有些事情正在改善。番茄已經可以利用水耕栽培方式種植。水耕法是受到工業化大麻農戶採用而普及起來的種植法，與傳統的溫室栽培法大為不同，不使用土壤，也無蟲害。這表示我們能以最少的用水量種植番茄，僅提供其實際需要的養分，不過肥料裡必須添加通常經由土壤傳送到番茄中的健康微量元素。

室內「垂直農場」（vertical farm）也可用來替代傳統番茄種植法。垂直農場可在層架上以人工照明、循環水源和營養液種植農作物，繼而減少土地的使用和汙染，在美國、日本、中國、新加坡的擁擠城市中已相當普遍。英國的第一座垂直農場位於斯肯索普附近，占地相當100座網球場，預定於2022年啟用。將番茄園設置在可以取得工業或發電廢熱的地點，是另一個逐漸成為主流的節能方案。

主廚傑洛米‧李的完美血腥瑪麗配方

傑洛米在他位於蘇活區的Quo Vadis餐廳會使用Pago牌的番茄汁做為基底來調製血腥瑪麗。「紐奧良人所調製的血腥瑪麗，會在杯口巧妙地擺上各式各樣的醃漬蔬菜，像是秋葵、四季豆等，也是不妨一試的作法。」

調製分量：5~6杯
300毫升伏特加（我使用的是蘇托力〔Stolichnaya〕伏特加）
150毫升現榨檸檬汁
1公升番茄汁
20毫升伍斯特醬
18滴 Tabasco 辣椒醬
2個滿茶匙芹鹽（celery salt）
1茶匙現磨黑胡椒粉
另備適量芹菜梗、檸檬片、冰塊放入杯中或飾於杯緣

雖然我們經常聽聞，現今番茄所含的營養成分只有50年前的1/10，但這並不是真的。（BBC已指出，我們實際上並沒有自1970年以來的數據可供佐證。）事實上，隨著栽培原種番茄（heirloom tomato）的風潮興起，加上現在更注重讓番茄慢慢生長，2022年可供消費者選購的番茄，品質可能比以往都來得好。

懷特島（Isle of Wight）是原種番茄農業重鎮。美食作家瑪琳‧

史碧勒（Marlene Spieler）曾在《食物面面觀》節目中赴該島造訪
一戶農家。她描述了當時見到的情景：「這是一場令人眼花繚亂的
番茄盛典：有小圓球狀的、深綠色的、帶刺的，還有長著稜紋的，
什麼都有。」她看到了各種美麗且味道複雜多變的番茄，包括巨
大的「傑克・霍金斯」（Jack Hawkins）、櫻桃大小的「金黃陽光」
（Sunshine Yellow）、「紅綠斑馬」（Red and Green Zebra，帶有橙、
紅、白、綠相間的條紋）、口齒留香的土產「麗島美人」（Island
Beauty），以及超級美味的「天使與短笛」（Angel and Piccolo）。
史碧勒非常喜愛一道義式番茄甜點，作法是將鮮紅色的番茄浸到熱
焦糖裡包裹起來，就像太妃糖蘋果一樣。為了兼顧美味與健康，並
為了業界的勞工和我們的地球著想，建議消費者最好購買當季生長
的小顆番茄（通常比較有味道），並且慎購便宜貨。這些便宜貨可
能致使遠在他方而且比我們貧窮的人，付出了超出我們所知的代價。

10
一粒一世界

米

「除了營養豐富之外，每顆播種在地裡的稻米種子所產出的穀粒數量，遠勝於任何其他穀物。稻米不但味道好、口感佳、耐存放、好運輸，而且烹調簡易：簡直就是完美的食物。對於半數人類來說，米不僅是日常食糧中的一大要角，更是生活中不可或缺的一部分。」

—— 斯瑞・歐文（Sri Owen）所著《稻米全書》(*The Rice Book*) 撰序人羅傑・歐文（Roger Owen），《食物面面觀》，2008 年

康普・普斯里（Khamphou Pholsri）是泰式餐廳Passorn Thai主廚。他已在這家餐廳掌廚10年，目前正忙著為第一批客人烹煮米飯。他將1.5公斤的頂級茉莉香米（khao hom mali）倒入一個大碗中，然後置於冷水龍頭下沖洗。隨著普斯里攪動粗短的白色米粒，洗米水溶出了一片乳白色的澱粉和雜質。他將水倒掉，再同樣淘洗一次。洗完第三次後，便可將米倒入電鍋。鍋裡加入了淹過米粒的冷水，剛好是超過米面一個半指節的高度。現年60歲的普斯里從小就開始洗米，至今已經洗了至少上萬次。他精確地知道煮香米需要加多少水，也知道煮這個特定品牌的米所需水量，一滴都不差。

精確掌握水量非常重要，因為煮米飯的水量絕對不能超過最低必要限量。英國人煮米飯有一套自認為正確的作法，而普斯里和眾多亞洲廚師一樣，對此感到十分驚訝。英國人煮米飯時不洗米，並且會在鍋裡邊煮邊攪拌。最糟的是，在米飯煮好後，還會將多餘的水分瀝乾。

他笑著說道：「這樣的煮法會讓米飯的味道流失，口感會不對，也不會散發宜人的香味！」米飯有香味？英國人認為米飯就和義大利麵一樣，是煮好後再用醬料提味增香的食物。對他們來說，米香是一個陌生的概念。然而在亞洲，對全世界最主要的食米族群而言，米粒的香味是彌足珍貴的：巴斯馬蒂香米（basmati）並不是

以地名命名，basmati實際上是指「穀物內部存在的香氣」。泰國的茉莉香米也是因為烹煮時會散發茉莉香氣而得名。

普斯里在泰國東北部的依善區（Isan）長大，小時候會在課餘時間到家裡的稻田幫忙種稻。他回憶起童年吃米食的習慣時，臉上露出了笑容。那時他和大多數泰國人一樣，一天三餐都是吃米飯。

> 「Gin khao ruk yang？」是一句常見的泰國問候語，語意類似「你好嗎？」。它的直譯是：「你吃過（米）飯了嗎？」

「我母親會在晚上睡覺前把khao niao（糯米）浸上，然後隔天一大早起來蒸煮浸泡好的米。她會把煮熟的白飯壓成飯糰，並刷上蛋汁烘烤，讓飯糰表面烤出一層金黃色澤。我們會吃這些烤飯糰當早餐，然後再帶一些飯糰到學校，中午配著辣魚片或som tam（泰國北部常吃的青木瓜沙拉，以青木瓜、番茄、辣椒涼拌而成）一起吃。到了晚上，我們會回家吃配了一些肉醬的khao suay香米蒸飯——直譯是「漂亮的飯」的意思。」

地球上大約有40億人每天都吃米飯，並仰賴這種穀物提供身體所需的大部分營養。在亞洲許多國家，表示「糧食」或「吃飯」、「米飯」的字詞都是一樣的。西歐國家每年每人的食米量只有5~7.5公斤，遠低於某些亞洲國家每人至少達250公斤的食米量。在亞洲各地，米長久以來一直是財富、豐饒和神性的象徵：佛陀生父之名Suddhodana即是「淨飯王」的意思。

因此，當稻作歉收或不足時，不僅會帶來經濟層面的打擊，人

民的身心也陷入岌岌可危之境。在本世紀（參見第253頁），東亞
的貧民已遭遇一場米荒，而未來似乎恐將有更多米荒來襲。由於稻
米離不開水的灌養，因此伴隨氣候危機而來的種種考驗，恐將影響
稻作收成；目前全世界共有10億多人投入稻米的生產，超越了投入
任何其他作物生產的人數。

　　北歐人會食用其他不同食物做為碳水化合物來源，而米飯直到
上世紀才成為英國人主食之一。目前英國人與義大利人的食米量比
其他歐洲人多，而兩國人之所以養成吃米飯的習慣，背後有一段有
趣的歷史文化淵源。當然，義大利北部有種植稻米，而且自中世紀
晚期就已經開始種稻了。英國人（尚）未種植稻米，但目前的食米
量卻超越了義大利，這全是因為來自亞洲的移民帶來食米的需求，
並引進米食料理的緣故。

神奇的稻籽

　　稻米是一種極為特別的穀物，原本與其他禾本科植物一樣屬於
旱地植物，並可如同這些植物般種植在只以少量水源灌溉的田地
裡。但在久遠之前，稻米發展出了另一種策略：強化耐淹能力，利
用梅雨季及隨之而來的大量雨水取得生存優勢；泡在水裡的稻株能
透過葉片表面將空氣貯存在氣泡裡，做為另一種氧氣供給來源。此
外，倘若嚴重淹水，致使稻株被剝離土壤，稻梗能漂浮在水面上，
直到可以落地扎下新根為止。最令人驚嘆的是，在這種危險介質中
生長的稻米，遠比在旱地生長者更有生產力，這也是水稻幾千年來
一直為人類所用的一項重大優勢。

　　因此，稻米的耕種方式不同於任何其他糧食作物，乃是利用溝
渠系統來淹地及加速稻作生長。這些溝渠系統可同時用來養魚，而

在旱季時，殘留的稻樁也可用來餵養牲畜。稻田可以一年2穫或3穫；待時機成熟，稻田裡的稻梗每天會抽高25公分之多，以讓稻株頂部維持露出水面的狀態。此種耕種方式效率驚人，土地一年十二個月都在使用，而且水裡的殘屑和旱季時放牧於稻田的牲畜，都可讓土壤保持肥沃。

大米與小麥的比拼——何者勝出？

在所有人類種植與收穫的禾本科植物中，以水稻最具生產力。一顆稻穀可以長成結出另外1,000~1,500顆稻粒的植株，產出相當於23~35克的稻米。一株小麥只能長出大約120顆麥粒，重量約5克。但是小麥的營養成分較為豐富。在相同克數下，麵粉的熱量幾乎是米飯（不論是糙米或白米飯）的3倍，而且含有較多的維生素和礦物質。

在歐洲緩慢扎根

稻米做為作物的主要特性是產量驚人，完勝任何其他穀物。15世紀時，米蘭公爵加萊阿佐·馬利耶·史佛薩（Duke of Milan Galeazzo Maria Sforza）將稻作推廣到義大利北部倫巴第區（Lombardy）水源充足的平原。他把一袋袋的稻米寄給其他地主，並向他們保證，不需費心照料，就可用一顆稻粒種出12倍的米粒。雖然史佛薩在歷史上是個腐敗殘酷的暴君，但多虧他積極推廣稻

作，義大利才能誕生出全世界數一數二的美味米食料理。及至史佛薩身亡時，稻米已廣植在波河流域的沼澤平原上，主要歸功於達文西參與設計的排水與灌溉水渠系統。

羅馬人在2,000年前就開始吃米粥了（所用的米可能是從中東進口），其在當時是用來撫慰腸胃的昂貴食品。而在2,000~3,000年前，居住在尼日河三角洲上游沖積平原的西非人，獨力馴化了非洲的「紅」色米種，不過在敘述食物如何促成文明傳播的書籍中，這段歷史往往會被忽略。稻米因此成為遍布該地區的重要糧食作物，種植在與亞洲相似的複雜稻田系統裡。

根據相傳已久的說法，13世紀的探險家馬可波羅將米線從中國帶回了義大利。這種米食令義大利人大為驚嘆（有誰不會驚嘆呢？），他們於是用麵粉仿製乾燥的細米線，對於因而能發明義大利麵始終滿懷感恩之心。（不過現今認為，馬可波羅的故事其實是源自1920年代為一家加拿大食品公司構思的廣告內容。當時該公司想透過這則廣告在當地推廣義大利細麵。）

雖然中國人率先馴化稻米，並發展出碾米技術，但水稻耕作法早在馬可波羅時代之前就傳到了西方。在史佛薩公爵將稻作引進義大利北部的800年前，來自北非的阿拉伯人已在摩爾人統治的西班牙地區（Moorish Spain）種植稻米。稻米最初是在中世紀經由威尼斯及其貿易路線傳入義大利北部。

幾個世紀以來，在中國和西非以外的地區，米飯都是一種昂貴的美食，通常會做為甜食食用。西元8世紀的阿拉伯語文學家艾斯瑪儀（al-Asma'i）曾寫道：「白米加上融化的羊油和白糖，是世間難得的美味。」在都鐸王朝時期的英格蘭（Tudor England），有錢人會吃用鮮奶油、蜂蜜、果乾、堅果，以及當時在倫敦可見的肉桂、丁香等異國香辛料烤製成的米食（可能使用從西班牙進口的

米）。這種米食就是米布丁，直到20世紀都維持相同樣貌，不過有時白米會用牛奶和糖熬煮或烘烤，然後幾乎不加其他配料食用。因此，好幾個世代的英國學童都對米布丁很反感：在凝結米漿上方的那一層皮，尤其令人作嘔。《小熊維尼》（*Winnie the Pooh*）的作者艾倫·亞歷山大·米恩（A.A. Milne）就曾寫了一首詩來表達孩童對米布丁的厭惡。

英式燻魚飯：帝國時期的融合美味

英國人有一道著名的美味米飯料理，自18世紀末以來即廣受歡迎。這道料理完美體現了帝國時代的影響及懷舊氛圍，但其實際起源也令人大感困惑。它的名稱是英式燻魚飯（kedgeree），現今是指用洋蔥、咖哩粉和奶油熬煮，再於上方鋪撒燻魚片（通常使用煙燻黑線鱈〔haddock〕）、水煮蛋切片、荷蘭芹葉、薑黃粉而製成的米飯。英式燻魚飯在維多利亞時代的餐桌上是深受歡迎的菜餚；據說它可以讓歸國的士兵和行政官員懷念起在印度生活的日子。

但這道料理的出處難以考究。印度沿海地區的居民會吃魚柳配飯，但最接近kedgeree一字的Gujarati kidgri，是用綠豆或扁豆、炒洋蔥、薑和米烹製成的米飯。儘管如此，這道首度融合英印特色的菜餚，是維多利亞時代人民的最愛，包括維多利亞女王與護士之母南丁格爾都非常喜歡，英式燻魚飯在今日值得受到更多關注。

珍‧葛瑞森（Jane Grigson）在她1975年的經典之作《英國食品》（*English Food*）中，唯一列出的米食就是米布丁。葛瑞森會用加了奶油的牛奶和糖來烹煮這道甜食，和艾斯瑪儀在1,200年前喜好的烹煮方式一樣。她坦言，煮得難吃的米布丁會令人反胃，她對自己以前在學校吃到的午餐記憶猶新。為避免這種情況發生，「米布丁必須用香草枝或肉桂棒調味，長時間慢慢熬煮，吃的時候再加入大量高脂奶油（double cream）。米布丁和許多英國料理一樣，其風味是因為未好好用心烹調才被破壞掉的。」

米一直到20世紀才成為北歐菜餚的主食之一。在中世紀晚期時，米在英國極為珍貴，因此會和香辛料一起存放在上鎖的櫥櫃裡，並用英文單數形來指稱，如這句食譜的摘錄：「Take rice and wash them clean.（取米洗淨）」就和眾多奢侈的食品一樣，有些人會基於道德理由反對吃米食。一位伊莉莎白一世時代的作家深信，經過熬煮調味的米飯「會激發欲求」，亦即激發情欲。當時另一些人則會將米飯當成處方，用來「促進泌乳」。18世紀的美食家薩瓦蘭認為，吃米的人個性較軟弱膽小，並舉他認為很容易征服的印度人為例。在步入現代之前，米除了製成供富有美食家享用的布丁外，主要是做為船上或軍中的糧食，因為米糧有便於攜帶和貯存的特性。

即便如此，早在米成為廚房櫥櫃的常備品之前，英國人就忙著做起稻米的生意了。被英國人從西非運往北美的奴工，將水稻的種子和耕作知識帶到了當地。美國南卡羅來納州的奴隸所種植的稻米，很快便成為奴工的重要糧食來源，而到了17世紀末，該州已是水稻種植的重鎮。

「一道賞心悅目的甜點」：卡羅來納米雪球

18世紀末的英國富人喜歡吃「卡羅來納米布丁」和「卡羅來納米雪球」。這兩道甜點所使用的卡羅來納米是鬆軟的長米，被譽為優質米種，遠勝於任何在歐洲生產的稻米。卡羅來納米雪球的作法如下：

「取半磅米洗淨，分成6等分；另取6顆蘋果削皮去核，再於去核處放入少許切得極細的檸檬皮；接著備好一些薄布用來綁米球；將米放到布裡，再將蘋果擺上去；將布包好綁緊，放到冷水中，等水滾後，再煮1小時15分鐘即可；將煮好的米球放到盤子裡時要非常小心，別讓米球碎掉，它們看起來會像雪一樣白皙，成為一道極為賞心悅目的甜點。

「依據上述食材的分量，醬汁的用量應為：1/4磅融化的新鮮濃稠奶油，一杯白葡萄酒，少許肉豆蔻，碎肉桂，加入適量的糖增添濃郁的甜味；將所有材料一起煮沸，倒入餐盤即可上桌。」

—— 食譜出處：漢娜·葛雷斯（Hannah Glasse）所著《烹飪的藝術》（*The Art of Cookery*，1796年出版）

與西非及亞洲各地一樣，該州的低窪田地被改造成設有排水渠道的稻田。及至18世紀中期，卡羅來納米（可能混合了非洲米種與

英屬東印度公司商船從亞洲帶來的稻種）已大量出口至加勒比海地區的奴隸殖民地及北歐國家。豆子飯、什錦飯，以及牙買加的椰汁豆飯（rice and peas，使用從英國出口的乾豌豆），今日仍是美國南部及加勒比海地區人民的特色菜餚──在剝削與苦難中誕生的療慰食物。

> 66 它是我生命中的一部分，就像我父親的菲拉·庫提（Fela Kuti）唱片，或是做為一個奈及利亞小男孩去參加婚禮派對的記憶……
> ──音樂家泰歐·珀普拉（Tayo Popoola）在 2018 年《食物面面觀》節目中品嘗加羅夫飯所感；加羅夫飯是世界各地許多具有文化象徵意義的米飯料理之一。 99

稻米種植園及加工廠的奴工必須進行的作業，在今日看來似乎是異常苛刻的要求。稻穀的脫粒和簸選（將穀粒脫殼）作業都是用手工完成。男工每天必須用杵臼搗碎 30 公斤的稻米，女工則必須搗碎 20 公斤。脫殼機和精米機（用來拋光稻米內面）直到 1860 年代才問世。

而在同一時期，西非河谷複雜的水稻耕作系統幾乎都消失了，可能是當地人民受到奴役，造成勞力短缺所致。在 17 世紀~19 世紀末之間，有超過 1,400 萬的西非人被強行押送到歐洲人在美洲的殖民地。

壽司的興起

若要探討哪個國家將米食料理推向了最高境界，相信可以引發

一番精彩的辯論。沒有自產稻米的英國人拜移民之賜，在過去70年來見到了一連串多不勝數又令人驚嘆的米食料理。由於除了那無所不在的布丁外，英國最複雜的米食料理方式就是讓米吸飽醬汁，這些料理更是讓他們嘖嘖稱奇。英國的食物繼而快速地吸納了各種調味米飯，包括抓飯（pilau）、西班牙海鮮飯（paella）、義式燉飯（risotto）等，英國人也學會區別其中的不同。接著到來的，是有史以來最具異國風情，也是最昂貴的米飯料理：壽司（在古時原本是路邊的小吃）。英國企業家西蒙·伍德洛夫（Simon Woodroffe）將日本原於1958年發明的迴轉壽司引進英國城市，只不過是20年前的事。當時，迴轉壽司連鎖店Yo! Sushi的一位行銷主管告訴我，她認為她出身於英格蘭東北部勞工階級的父母，絕不會坐下來拿竹筷吃一盤生魚片和醋飯；不過到了2010年，英國超市所有的冷藏櫃都賣起了各種預先做好的壽司。她的父母也轉而接受了這種食物。

　　我們現今所知的壽司，也就是上方附有生魚片的錠狀飯團，原是19世紀中期東京街頭的小吃：供忙碌的百姓食用的輕食。米飯裡的醋味反映了早前的歷史。在未有冷藏技術的時期，人們會利用米發酵時產生的乳酸抑制細菌生長。當年用來搭配醋飯的魚應全都來自東京灣。由於壽司令人大感驚奇，該時代的外國遊客也記述了這種食物。1893年的一本書即描述壽司是：「一種加入魚片、海苔或一些其他調味料的冷飯卷。」

　　今日各種複雜的壽司展現了大幅進化的樣貌。在這當中，以加州卷（California roll）的歷史較為悠久，是一位加拿大日裔廚師在1970年代所發明，靈感來自以醋飯包覆配料的「卷壽司」。若19世紀的日本人身處現代，讓他們最為驚訝的應該是處處可見的生鮭魚片。生鮭魚並非日本人喜愛的食材，因為野生鮭魚極可能含有大量寄生蟲。（我們現今在壽司中吃到的鮭魚，都是使用殺蟲劑養殖的

鮭魚。）他們可能也會對英國超市冷藏櫃裡的壽司有意見：使用了
煮熟的魚肉、添加了美乃滋，而且根本就不新鮮。另外，也不是任
何米飯都可以用來做壽司：使用以短米烹煮得剛剛好，並帶有黏性
的醋飯，是製作壽司的要訣。在薈萃各式料理的泰國，有美式披薩
餐廳推出壽司披薩，在鋪著起司和番茄的餅皮放上魚肉和壽司卷。

豐富多樣的米食

　　米是100個不同國家的主食，可以製成各式各樣不同
的食品與料理。米可以烹製成主菜、釀成米酒，可以做成
米紙包裹成輕薄透明、清淡可口的越南春卷，還可煮成黑
眼豆飯（Hoppin' John，美國南方傳承自奴隸種植園時代
的傳統菜餚，用黑眼豆、米、羽衣甘藍烹煮而成）。

　　歐文所著的《稻米全書》是一本備受喜愛的料理聖
經，於1993年首次出版，內容講述了米的知識、歷史和烹
調方式。她在當中列出了數百種各異其趣的米食。她自己
的一道家傳料理（她是印尼人）是用黑糯米泥、椰漿、肉
桂、鹽巴調製成的黑米冰淇淋，嘗起來非常美味。

　　日本人用餐時講求姿態優雅，並有一套餐桌禮儀，我們可能永
遠無法做到同等程度。但是到壽司店用餐時，有一些簡單的規則可
供參考，無論是迴轉壽司或其他類型的壽司店皆適用：

- 握壽司是米飯上方壓有一片魚或肉，握成手指狀的壽司，以2

個為一組，因為只上一個不吉利。

- 吃握壽司時用手指拿取是完全可以接受的：握壽司原本就是為匆忙的都市人製作的輕食。吃沒有搭配米飯的生魚片時應該使用筷子。

- 吃握壽司時，有生魚片的那一面應該朝下，並只用生魚片沾醬油。握壽司裡已經加了山葵：吃卷壽司和太卷壽司時才需要再加山葵。

- 醃薑片是用來清潔味蕾，消除上一個壽司料的餘味用的，請勿和壽司搭在一起吃。

- 清酒是以米釀成的酒，所以日本人認為不適合搭配米食飲用。可以試著用綠茶來代替。

- 用完餐要將餐巾折收好以示禮貌。

2008年的米糧危機

如19世紀時遭逢北歐馬鈴薯飢荒的人民所發現，僅依賴一種糧食作物維生顯然是十分危險的。但是有些人沒有太多選擇。依賴稻米的國家越貧窮，其人民每人的平均食米量就越多。前十大食米國涵蓋了一些全世界最貧困，而且飽經紛亂的國家，其中以柬埔寨、孟加拉、寮國為首。這三國的人民，每年每人平均食米量都達到220公斤以上，獅子山、幾內亞、馬達加斯加等國緊跟在後。著名的食米民族如中國、泰國人等，反而平均食米量較少，分別是125公斤、175公斤。

21世紀的第一場重大糧食危機值得我們好好關切，因為其看來似乎並非如大部分類似的危機一樣，是由氣候問題、疾病或戰爭

造成，而是經濟學家及新自由主義意識形態強加的死板規定所引發（貿易專家仍對此有所爭論）。這場危機來勢洶洶。在截至2008年6月的12個月裡，米價上漲了170%。小麥價格也上揚了1倍多，但是食麥族群不同於食米族群，大多較有能力取得替代糧食。根據迪倫2008年末在《食物面面觀》節目中的報導，英國的米商抱怨當時各類米糧都處於缺貨狀態，並預測英國超市的貨架將變得一片空蕩。

英國可以忍受這種狀況，但在世界上半數的國家，米是主要熱量來源，也與生活息息相關。對它們而言，米價飆漲會帶來災難性的後果。自2000年代初期以來，米價一直偏低，意謂著米糧存量也偏低，這是因為較貧窮的產米國廉價出售緊急存糧，以期維持高出口收益，而且幾乎沒有為米糧消費者預留緩衝餘地。到了2008年中期，世界幾個最大產米國，包括泰國、越南、印度在內，在恐慌中禁止任何稻米出口，以保護本國消費者。在人均食米量居全球之冠的柬埔寨和孟加拉，米價驟然攀升，6個月內上揚了5成之多。

這場糧災對當地人民來說是個天大的諷刺，因為近來稻作都是豐收的情況。這兩國在前兩年生產的稻米都過剩，並在國際金融援助機構的要求下，將過剩的稻米出口至較富裕的鄰國，如越南、印度、泰國等。我在2008年拜訪了柬埔寨農村的兩戶人家，想要瞭解糧災對他們的生活有何影響。他們很明顯處於飢餓狀態：我拜訪了52歲的萊豐（Lai Phon）一家，而在拜訪當晚，她家裡所有的大人又因為米飯不夠而餓肚子。在柬埔寨，米飯提供了一般民眾6成的營養，一旦米糧短缺，數以百萬計的人就會挨餓。

萊豐邊和我聊天，邊煮著能給一家九口吃的米飯。她和鄰居都讓家裡的小孩輟學了，因為他們必須出來工作幫忙家計。她想著，為何近期稻作大豐收，米價卻漲得這麼厲害？她沒什麼頭緒。是受到石油價格的影響？當然，她知道肥料已經變得更貴了。

當時正值插秧季節，孩子們會跟著父母一起下田工作，插植秧苗。平時在田裡工作一天，可以賺到大約3,000里爾（40便士）。村長韓蘇凡（Han Sophan）告訴我：「一個六口之家一天需要吃至少2公斤的米。在2年前，工作一天就可以買到2公斤的米，還會剩一些錢。現在3,000里爾只能買到一個普通家庭所需米量的一半。所以老百姓能怎麼辦？只能讓大人挨餓，好讓小孩子有飯吃。」

可悲的是，柬埔寨原本可以靠自產的稻米養活本國的人民。但是國際金融機構強迫政府進行經濟改革，導致國營稻米貯藏及加工設施關閉，這一切都是以自由貿易之名推行的。樂施會（Oxfam）的貿易政策分析員蘇美‧阿里瑪（Sumie Arima）告訴我：「柬埔寨自產的稻米（未經碾磨的生米）的確足以養活全國人民。但它卻欠缺貯藏或加工這些稻米的能力。」

柬埔寨的問題之一是，該國的稻米種植技術與鄰國相比，還停留在中古時代。在泰國，機械化作業、灌溉設施及現代化的種植技術，使其稻田生產力達到柬埔寨的5倍之多；而在越南，稻米一年通常可以2穫或3穫，但柬埔寨只有1穫。

一位楊先生抱怨道，儘管世界銀行及其他國際機構在柬埔寨投注大量心力，試圖讓這個國家走向現代化，但沒有一個機構想到要幫柬埔寨發展稻米加工業，或甚至強化其稻米貯存能力。「我不明白，為什麼我們不能投建這些設施；它們不但可以為農民、為這個國家帶來收益，也能提供工作機會。」

意識形態大旗下的糧食問題

當然，事實的真相是，學有專精的西方經濟學家在其意識形態的驅使下，阻止柬埔寨政府進行此類公共投資：這些事務理應交由

私部門及自由市場來處理運作。但問題是,這個處方似乎讓柬埔寨政府陷入困境,因而無力肩負民生重責,即確保其人民能獲得足夠且負擔得起的糧食。

隨著芝加哥、倫敦大宗商品市場的價格暴漲暴跌,有投資人靠著買賣柬埔寨的稻米大發橫財。不過發財的並不是柬埔寨。當價格終於在隔年回穩時,人們開始意識到,造成價格上漲的關鍵因素是市場本身。這些市場並不怎麼關心稻米的實際供給量或供給不足問題,對其而言,如何操縱價格才是更值得關注的事項。

2000年代初期的貿易「自由化」,撤除了舊有的國家及跨國稻米基金會;這些基金會原本可以在價格震盪不定時介入市場,賣出或買進稻米。投機者於是發現,此種重要糧食作物就像豬腩、沙拉油或任何其他商品一樣,是可以脫手出售的。自由市場是有風險的市場;如萊豐這樣的百姓,以及數百萬其他的稻米消費者和生產商卻對其無計可施。

全世界都很清楚,在極度依賴米食的國家,稻米供給問題可釀成重大的社會與政治問題。20世紀已經因為政治操作而發生了2起可怕的飢荒。1974年,孟加拉的米糧出現短缺,有300萬人因此在飢荒中餓死,當時該國才剛獲獨立不久。一般認為,孟加拉身為貧窮的新國家,並經歷了一場可怕的戰爭和大洪水,才會出現缺米情形,繼而造成米價上揚,引發飢荒。但歸根究柢,這場飢荒並非肇因於米糧短缺,政府對存糧的管理不當,以及孟加拉藉由出口稻米償還外債才是主因所在。

距此次飢荒僅30年前,孟加拉地區的人民才遭受過一場飢荒,當時至少有200萬人因而喪生。這場飢荒是殖民該地的英國政府管理不善所致,因為當時英國政府更關心的是如何不讓米糧落入日本人手中[1]。日本是英國在第二次世界大戰的敵國,在占領了與孟加拉

相臨的緬甸後，又將其領土割讓予並肩作戰的盟友。

雜交水稻之父：袁隆平

　　1973年，中國科學家袁隆平博士成功培育出第一株高產量的雜交水稻。他將既有水稻品種與野生種結合起來，研發出「超級水稻」，目前中國6成稻作都是使用該品種。中國在1950年代末發生了一場大飢荒，當時他身為年輕的農業科學家，卻無力幫助同胞對抗飢荒。這種挫敗感促使他走上研發水稻品種之路。

　　他研發的雜交水稻會抑制植株的繁殖系統，增加3成產量，據信所增加的產量，每年可以養活中國7,000萬人。透過他的技術所培育出的雜交水稻，目前已廣植於世界各地。2004年，袁博士獲頒世界糧食獎（World Food Award），該獎係用於獎勵對提升糧食品質或數量有傑出貢獻的人士。

　　袁博士在2018年寫道：「如果全世界有一半稻田改種每公頃可增產2噸糧食的雜交稻，估計全球稻米總產量每年可增加1.5億噸，每年可多養活4~5億人口。如此將可真正為確保世界糧食安全與和平做出重大貢獻。」

　　現今在世界各地，每公頃稻田產出2~6噸稻米是很平常的事。但袁博士在以九旬高齡辭世前不久，還與他的團隊研究第三代雜交水稻，而測產結果顯示，該種水稻每公頃可產出達13.6噸的稻米。

　　米糧的問題該如何解決？稻米是極其重要的全球物資，但現今各國政府的力量並不足以管控其價格，而米價仍受到與實際米糧供應狀況關係不大的市場力量支配。儘管米價在過去10年來已略微回穩，但在2020年5月又出現一次可怕的飆升，主要是因為全球市場擔憂新冠肺炎疫情恐造成更廣泛的影響。事實上，近年來整體而言，稻米產量一直以1%或2%的速度穩定成長。

解決米糧問題之道

　　由於政府似乎無法約束大宗商品市場的投機客，許多人想知道，未來是否可將希望寄託在技術解決方案上。20世紀末，在亞洲所謂的「綠色革命」（Green Revolution）中，許多國家的稻產都翻升了1倍。人造肥料的使用及新商用雜交水稻品種的問世，是促成產量翻倍的關鍵所在。

　　類似的技術改革仍持續進行。國際稻米研究所（International Rice Research Institute）便經常宣揚新的灌溉種植技術和基因研究成果。因此，稻田每公頃的整體產量與產率日漸上升。基因改造可望帶來龐大效益：經過改造的黃金米（Golden Rice）可讓需要維生素A的貧困人口攝取到此種營養素，目前正在非洲大部分地區推廣種植，將可造福1.2億名因缺乏維生素A而有失明之虞的兒童。當前研究人員正在開發能讓稻株耐受深水環境或乾旱土壤的基改技術，以對抗氣候變遷在水稻產區造成的主要影響，如引發旱災或水患等。批評高科技解決方案的人士指出，貧窮是人們無法獲取其所需營養的主要原因：我們為何不先解決這個問題？

　　農業科學家暨貿易倫理專家傑夫‧譚西（Geoff Tansey）是對技術解決方案存疑的眾多人士之一。他在《食物面面觀》節目中

表示：「沒有任何技術上的靈丹妙藥能讓（米糧不足）問題迎刃而解——這些問題不是靠簡單的技術革新就能解決的。各個機構、社會的制度，以及對米糧貿易方式、貯存量、貯備量的規範，都需要更全面的革新。」

譚西指出，技術革新往往只有利於「大型實驗室」，這些實驗室對新品種的商業開發很感興趣，並為其申請專利，而且新品種通常需要施用昂貴的專利肥料及殺蟲劑才能妥善培植。

稻米與氣候的關係

在養殖肉用牲畜及作物時，往往產量最高的養殖方式，也是對地球最不友善的方式。水稻的問題尤其嚴重。季節性淹水灌溉法，以及種植水稻時使用的大量肥料，導致了氧化亞氮和甲烷的釋放（後者來自土壤裡受到淹灌刺激的細菌）。因此，據說在所有影響氣候的溫室氣體排放量中，有2.5%是來自種植水稻，遠高於種植小麥或大豆的排放占比。肉牛養殖及酪農業的排放占比是3.4%。在淹灌的田地種稻會促使細菌滋生，而細菌會製造甲烷，即對氣候的破壞力遠大於二氧化碳的氣體。

和其他穀物遭逢的情形一樣，氣候變遷已影響稻米的生產，目前用來種稻的土地，大約6成在未來可能難以繼續耕種。沙漠化問題也影響了西非、中國、印度等地稻農的收成。而孟加拉越漸頻仍的水患，恐在海平面上升的情況下，在一個世紀內將這個赤貧國家的陸地面積縮減7成之多。

---

1 譯注：例如下令銷毀孟加拉沿岸存糧以防日本人奪取。

吃米飯所產生的溫室氣體遠多於吃麵包

印度咖哩雞飯

米飯（479）

印度咖哩雞
（1,889）

總計 2,368 克 CO₂e

印度咖哩鷹嘴豆飯

米飯（479）

印度咖哩鷹嘴豆
（604）

總計 1,083 克 CO₂e

印度咖哩鷹嘴豆配麵包

印度烤餅（120）

印度咖哩鷹嘴豆
（604）

總計 724 克 CO₂e

一份咖哩晚餐：

印度咖哩雞飯 2,368 克 CO₂e

印度咖哩鷹嘴豆飯 1,083 克 CO₂e

印度咖哩鷹嘴豆配印度烤餅 724 克 CO₂e

如果你不想吃麵包，可以選擇同樣用小麥製成的「庫斯庫斯」（cous cous）。另外也可改吃「低環境衝擊米」，亦即種植在旱田，沒有水稻種植相關問題，肥料使用也較謹慎的稻米。然而，這些選項目前同樣只適用於最富裕的族群，而且正如我們所見，米飯是世界上最貧窮族群最重要的糧食。

資料來源：S.J. Bridle, *Food and Climate Change Without the Hot Air* (UIT Cambridge, 2020), based on European farming systems.

糙米與白米的比較

主廚普斯里小時候在泰國從未吃過的一種米是糙米，即未經碾磨或經過部分碾磨的稻米。同樣地，在中國、日本或印度，糙米也並非一般人常吃的米類。普斯里說明道：「只有最窮的人才會吃未經碾磨的米，它是處於社會底層的標記，是一種恥辱。」不過現在普斯里的伴侶，同樣也是泰國人，卻想說服他吃糙米。「她說吃糙米可以降低我的膽固醇。我同意糙米的味道是很特別，但它不是「香米」：漂亮的白米飯。」

幾個世紀以來，人們對麵包的態度也經歷了類似的顏色2階級爭論。如第一章所述，白麵包以往一直是富人吃的麵包，但現今則處於不上不下的地位：成為窮人或自我放縱的人吃的麵包。當然，如果你吃的是法式長棍麵包就不在此限。糙米或「全」米由於保留了稻殼中的米糠，的確像半研磨的麵粉一樣，含有更多營養物質。在第二次世界大戰期間，美國便因為擔心營養流失問題，下令業者必須添加各種維生素和鐵質來「強化」白米（以及白麵粉）的營養。

糙米的礦物質含量，包括鐵、錳等，大約是白米的2倍，而如菸鹼酸、維生素B6等維生素的含量也較高。但是已攝取健康多樣飲食的人，就不太需要擔心缺乏這些營養成分。兩者間值得關注的主要差異，在於纖維質的含量：100克煮熟的白米飯，僅含0.4克有助消化的纖維質；同量糙米飯的纖維質含量則是白米飯的3倍之多，而攝取纖維質應可降低壞膽固醇的濃度。然而，只要吃一顆蘋果就可彌補白米飯纖維質的不足了。

---

2 譯注：英文稱糙米為brown rice（棕米）。

稻米用語大揭秘

不知為何，稻農、行銷人員、廚師在講到米時，都會使用一套令人難以理解的詞語。以下是一些可供參考的詞彙：

阿勃瑞歐米（Arborio）及其他義大利燉飯米（risotto rice）：阿勃瑞歐米是以義大利皮埃蒙特區（Piedmont）的一座城鎮為名，但世界各地都種有此種稻米。它是在易於吸水的燉飯米中顆粒最大的米種。這種米包裝上的「Superfino」（上好）字樣，並非表示其品質比較好，只是用來標示其米粒長度超過6.4公釐：卡納羅利米（Carnaroli）與維亞諾內·納諾米（Vialone Nano）的長度較短，是許多主廚愛用的米種。

巴斯馬蒂香米：原文Basmati在北印度語是芳香的意思。這是一種廣泛種植在印度北部與巴基斯坦的長米，與帕特納米（Patna）相似。

糙米：尚保有部分種皮的米；因為仍留有米糠、胚芽、糊粉層（aleurone layer），所以含有較多礦物質及其他營養成分。糙米不像白米般容易吸水，因此需要烹煮較久的時間。另外也有部分拋光米，在義大利稱為semi-lavorato。

營養強化米：每20顆米粒中，會有一顆黏附了一層可溶性薄膜，當中含有維生素，通常是菸鹼酸、核黃素、硫胺素，以及鐵質。

蒸穀米：這是一種古老的稻米加工法，仍使用於一些現代的稻

米品牌，如Uncle Ben's等。蒸穀米由於在碾磨前已經過預煮處理，可以保留更多營養成分和味道，而且再次炊煮時，米粒會較易維持粒粒分明，或「蓬鬆」的狀態。

快煮米及連袋煮米（boil in the bag）：這些經過碾磨的米粒已先預煮過，使細胞壁受到破壞，讓最後一道炊煮過程能快速完成。不過米粒可能因此失去味道和口感。

紅米：產自法國西南部卡馬夸區（Camargue）沼澤地的紅米舉世聞名，但此種米在世界各地都有栽種，包括馬來西亞、巴西等地。紅米的紅色來自其稻殼的顏色。紅米的稻殼由於和糙米一樣，未經由一般碾製白米的碾米、拋光作業去除，因此仍保有健康的營養成分。

短米：短米在東亞較為常見，因為當地人偏愛短米易於黏結在一起的特性。壽司飯即是使用短米製作。

糯米：糯米是支鏈澱粉（amylopectin）含量極高的米，此種澱粉可以讓米粒相互黏附在一起；糯米通常採蒸煮方式烹調，因為水分過多會導致米粒分解。糯米軟黏的口感，深受泰國北部和越南地區喜愛。這些地區也會用糯米做成軟黏的糕餅和布丁。據說北越是憑藉填有豆沙或肉餡的糯米糕（用葉子包裹，運輸方便又耐放）打贏越戰的。

白米：白米是經過完全碾磨的米，因此所有保護層都已被去除，米粒也經過細鋼絲刷拋光。白米可以比其他類型的米保存得更

久、更好，但缺乏礦物質、維生素和纖維質。

　　野米：據植物學家指出，野米實際上是一種菰屬（*Zizania*）溼地禾草的種子，因此根本不是真正的稻米。野米通常會混入白米中販售，以增添味道和賣點。美洲原住民族如奧吉布瓦族（Ojibwe）等，以往會乘獨木舟收割野米。

11
德文郡公爵的奇珍異果

香蕉

「總有一天，有人會決定冒險，弄清楚如何進口這些更好吃的香蕉……美味無比的香蕉！我保證，只要咬一口「冰淇淋」香蕉或斐濟的 fehi 香蕉或剛果的 ibota ibota，你就會掏錢再買一次。」

——香蕉歷史學家丹恩．凱波（Dan Koeppel），

《食物面面觀》，2013 年

香蕉是多麼美妙的東西，堪稱完美的水果：美味，整齊地裝在可生物分解的包裝中，富含鉀、維生素、纖維質及大量的健康碳水化合物。香蕉也可在地緣經濟中發揮重要作用。香蕉樹必須種植在熱帶地區；需要至少連續 14 個月的無霜期，才能成長到產果的階段。此種生長條件，可以推動財富從想要香蕉的較富裕、寒冷國家，轉移到可以種植香蕉的較貧窮、溫暖國家。這中間能出什麼差錯呢？

香蕉稱王的世界

我們對香蕉的喜愛勝過所有其他水果。英國人，無論是成人或孩童，每週平均都會吃 2 根香蕉，大部分是自南美進口而來，而且都是同一個品種，那就是香芽蕉（Cavendish）。這些香蕉非常便宜，或許正因為如此，我們一天會可恥地扔掉 140 萬根香蕉。如以重量計算，香蕉是迄今全世界產量最大的水果作物（西瓜居次，其後是蘋果、柳橙）。世界各地的人都吃香蕉，北方的國家通常會生吃，熱帶國家則是會煮來吃。西印度群島的炸大蕉（plantain）是一道有名料理，而大蕉只是芭蕉屬的另一個成員，不過其含糖量約是成熟鮮食蕉（dessert banana，歐洲最常吃的蕉種）的 1/3。

在 130 年前，英國幾乎沒人見過香蕉。當時香蕉是一種珍奇的

植物。遺留自19世紀中期的少數幾份食譜中，建議將香蕉切片或切碎食用（維多利亞時代的人非常在意香蕉的形狀）。即使到了1872年，儒勒·凡爾納（Jules Verne）在他的小說《環遊世界八十天》（*Around the World in Eighty Days*）中，還是得向讀者說明香蕉為何物：「和麵包一樣有益健康，和鮮奶油一樣美味多汁」的水果。直到1901年，英國首家香蕉進口商艾爾德斯與法伊夫斯公司（Elders & Fyffes）才開始定期用冷卻的貨船，從牙買加及加那利群島將香蕉運回英國。

在20世紀初，拜現代航運和工業化農業之賜，香蕉迅速成為家家戶戶必備的水果。不過第二次世界大戰開打後，此種盛況便戛然而止，這是因為大西洋航線已變得太危險也太重要，不能讓受到德軍潛艇威脅的船隻用來載運奢侈品。1945年12月，在仍實施戰爭配給制的情況下，英國政府頒令，每個孩童都應得到一份慶祝和平的美食：每個孩童都有一根香蕉可吃。當時10歲以下的人想必都不記得香蕉是什麼味道了。於是在該年的最後一天，1,000萬根香蕉從西印度群島乘著艾爾德斯與法伊夫斯公司的提拉皮亞號（SS Tilapia）貨船抵達了英國。

當三根香蕉送抵小說家伊夫林·沃（Evelyn Waugh）在薩默塞特郡的住家時，他把自己三個都不到9歲的小孩叫來，然後把香蕉切成一片片，還加了糖和鮮奶油。伊夫林喜歡向友人抱怨，他討厭他的子女看起來一副「無趣」的樣子。或許是為了刺激他們變得更有趣，他就在三個小孩的注目下，把所有的香蕉都吃掉了。他的兒子奧柏隆·沃（Auberon Waugh）後來寫道：「如果說我從未原諒他就太荒謬了，但從那一刻起，他在我心目中的評價就永遠打了折扣。」

香蕉帝國

　　將香蕉送抵伊夫林・沃家門的貿易體系在60年前才開始運作，而其創始人是企業家安德魯・普雷斯頓（Andrew Preston）：他之於香蕉，就如同哥倫布之於辣椒，或華特・雷利爵士（Sir Walter Raleigh）之於菸草一樣。普雷斯頓在1870年於波士頓從事蔬果買賣時，結識了商船船長羅倫佐・道・貝克（Lorenzo Dow Baker）。當時他剛從牙買加來到波士頓，並帶來一串普雷斯頓從未見過的奇特黃色水果。普雷斯頓深深為之著迷。兩人於是達成一項協議：倘若貝克船長可以在常規貨物中騰出載運香蕉的空間，普雷斯頓可以在美國幫忙爭取香蕉的顧客。

　　出書講述香蕉歷史的凱波說明了當時的情形：「他異想天開地認為人們會想吃香蕉。當時沒人真的知道香蕉是什麼東西，而且吃一整根香蕉是個忌諱，因為它的形狀有著性暗示。他是個行銷天才。他所採取的推銷手法之一，是製作一系列的明信片，上面印有穿著優雅的女士坐在花園和客廳裡，手裡拿著香蕉，準備送到嘴邊享用的照片，結果大為奏效。」

　　慢慢地，美國人開始喜歡吃香蕉，同時，普雷斯頓與貝克也學會如何透過複雜的作業，將新鮮香蕉從近2,000英里外運送到市場。兩人在1880年代成立了波士頓水果公司（Boston Fruit Company）。他們的策略是「讓香蕉能用蘋果的半價來販售」，也為此建立了世界上第一條跨大陸的新鮮蔬果供應鏈。

　　在拉丁美洲和加勒比海地區設立廉價生產基地（「將叢林變成工廠」）是致勝的關鍵之一。但是普雷斯頓也需要從當時可取得的約1,000個品種中，選出一種品質可靠、一致的香蕉。如薩拉蒂諾在《食物面面觀》節目中所說：「這種香蕉必須多產、味甜、賣相

好、耐運輸、成熟後耐放，並且可以在大型種植園栽種。」

對加勒比海周邊的國家而言，新興的香蕉貿易事業最初看似是一大利多。自1833年廢奴後，製糖產業瓦解以來，這當中有許多國家一直處於赤貧狀態。英國政府在1901年開始關心其加勒比海殖民地人民的生活狀況，為新的貿易事業提供補貼。然而，普雷斯頓與貝克的公司很快併吞了其他業者，成為聯合果品公司（United Fruit Company）。他們剝削勞工、在拉丁美洲買下大片土地，並開始在變得依賴香蕉收益的國家干預政治。及至1924年普雷斯頓去世時，該公司幾已成為壟斷事業（當時已收購英國的Elders & Fyffes公司），雇員達6.7萬人，並擁有80艘輪船和數百萬英畝土地。

香蕉進口商透過賄賂控制了這些國家，因而誕生了「香蕉共和國」（banana republic）一詞。該詞最早出現在1904年，用來影射基本上已受到聯合果品公司控制的宏都拉斯。對種植園工人的暴力鎮壓（其要求提高工資及改善工作條件），成為香蕉史上反覆重演的情境，而1928年發生在哥倫比亞的鎮壓事件尤為駭人。1954年，在民粹主義政府要求聯合果品公司繳納更多稅款後，美國中情局即與該公司暗中策動瓜地馬拉一場右翼政變。

香蕉共和國症候群顯示出，貧弱國家依賴單一作物出口是多麼危險的事，特別是當其面對了貪婪的企業及這些企業在政府中的受賄盟友時。在該世紀後期，南美另一種深為較富裕國家渴求的產品「古柯鹼」創造了滾滾金流，繼而對該地區人民的生活和民主運作造成進一步破壞。

和其他原物料受到富裕國家渴求的貧窮國家一樣，香蕉消費量大幅成長所創造的收益，幾乎沒有回饋到香蕉生產國的平民百姓身上。這些國家依然是較貧窮的國家，而其中一些國家的香蕉種植園勞動條件也依然令人擔憂：2002年，人權觀察組織（Human

Rights Watch）發現厄瓜多的種植園裡有 8 歲的童工在工作。該國是全世界最大的香蕉出口國，英國食用的許多香蕉也是產自當地。2019年，在全球香蕉業2,100萬噸的貿易量中，經過認證的「公平交易」香蕉占比不到4%。

> 看看我們給自己惹了多少麻煩，就只因為我們招待一個外國佬吃了些香蕉。
> —— 出自馬奎斯（Gabriel García Márquez）描繪哥倫比亞歷史的小說《百年孤寂》（*One Hundred Years of Solitude*）

　　即使在今日，香蕉仍被認為是英國超市最賺錢的品項。目前香蕉國際貿易市場有8成掌握在僅5家公司手中，亦即美商都樂（Dole）、台爾蒙（Del Monte）、金吉達（Chiquita）、法伊夫斯和諾布亞（Noboa）。金吉達的前身即是普雷斯頓與貝克船長所創立的聯合果品公司。

香蕉料理

　　英國人除了偶爾會烤製香蕉麵包外，一般不會用香蕉來烹煮料理。這或許是個錯誤的想法，主要是因為香蕉在過了原本帶黃綠色的階段，是可以利用烹煮方式來食用的。炸香蕉（banana fritter）是在亞洲各地深受喜愛的料理，不過看起來不同於我們一般認知的溼軟模樣。在盛產香蕉的泰國，有道稱為kao mao tort的炸香蕉，其烹調

方式遠比英國的複雜和有趣得多。它們鬆脆的炸衣是以萊姆、碎烤脆米、椰絲調製而成。泰國人烹煮香蕉的手法比英國人來得大膽。他們會利用鹽巴帶出香蕉潛在的味道：有一道討喜的泰式甜點makaam guan，是將香蕉泥與椰子肉、萊姆及大量鹽巴混合而製成。

一蕉獨大

美國公司最初選中的香蕉是大米七香蕉（Gros Michel，又稱為「大麥克香蕉」〔Big Mike〕）。這種香蕉從各方面來說，都比現今主要食用的香芽蕉更美味、健壯，其種子在奴隸時代從東南亞傳播到加勒比海地區。然而，大米七香蕉無法抵抗一種破壞性極大的黴病。因此，在1950年代中期，加勒比海、拉丁美洲地區所有為北美、歐洲國家種植的香蕉，都改為一種不受黴病影響的蕉種，儘管其需要使用大量的殺蟲劑來種植。雖然其他熱帶國家仍栽種許多不同蕉種供本國食用，但取代大米七香蕉的香芽蕉仍獨霸全球貿易市場，占全世界香蕉總產量將近一半。

香芽蕉經歷了一段不平凡的旅程才傳播到全世界。香芽蕉原產自中國，其英文名Cavendish係源自德文郡公爵的姓氏。德文郡公爵將香芽蕉從模里西斯帶回英國，自1830年代開始栽種在查茨沃斯莊園（Chatsworth House）的溫室裡。歷代的德文郡公爵會將香芽蕉做為外國的奇珍異果，在晚宴招待賓客享用。有位傳教士將查茨沃斯莊園的一些香蕉植株帶到太平洋的薩摩亞（Samoa）群島。之

後，香芽蕉傳播到千里達島（Trinidad），當地政府的植物學家遂將其引入種植園中。香芽蕉在千里達成功栽培後，又再度傳回東亞和太平洋地區。

凱波指出：「每根香芽蕉基本上都是其他每根香蕉的基因複製品1，因此可以提供我們想要的一致性。雖然香蕉品質極為穩定，但由於每根香蕉都是一模一樣的雙胞胎，所以也會對相同疾病無招架之力。這些疾病來勢凶猛，摧毀了世界各地的香蕉種植園。」

香蕉的豐富面貌

我們在英國只吃一種香蕉，但香蕉的種類超過1,000種：它們並非全都是黃色的，也並非都有典型的香蕉味。種植在西非和東亞的呂宋蕉（Silk banana 或 Tundan banana）有一種濃烈的蘋果味。香蕉有紫色、紅色（帶有淡淡覆盆子味）、橙色、金黃色和粉紅色的品種，當然還有珍貴的藍爪哇香蕉（Blue Java banana），它的顏色就像黎明時的晴空，吃起來有香草冰淇淋的味道。有些香蕉具有無與倫比的香味。中國有一種香蕉稱為「過山香」，香氣遠從一個山頭外就能聞到。

香蕉的滅頂之災

1990年代出現了一種有害真菌，與摧毀大米七香蕉的真菌有

親緣關係。這種真菌如今已重創非洲、澳洲部分地區，以及東亞大多數地區的香芽蕉種植業。香蕉園訪客的鞋上只要沾有一點點真菌，就會感染香蕉的葉子和莖幹，使原本應是綠色的香蕉轉變成黃色，然後再變成黑色並生出黏液。這種真菌稱為熱帶第四型黃葉病（Tropical Race 4，簡稱TR4；摧毀大米七香蕉的真菌為熱帶第一型黃葉病），會快速毀滅整座種植園；即使有植株能短暫地復原，也依然具有傳染性。香蕉植株為「單一作物」的現象（所有植株的基因皆相同），意謂著它們都會以相同方式、相同速度枯萎死亡。原來的土地不能再用來種香蕉，或至少不能再栽種香芽蕉。在不到10年的時間內，熱帶第四型黃葉病即已將馬來西亞幾乎所有的種植園摧毀殆盡。

到了2021年，熱帶第四型黃葉病已經在18個國家現蹤，包括印度在內。在世人長期的擔憂下，熱帶第四型黃葉病傳播到了拉丁美洲，2019年在哥倫比亞爆發疫情。截至目前為止，當地疫情似乎已受到控制，但拉丁美洲大陸的蕉農仍生活在恐懼之中。顯而易見的解決之道，是栽種香芽蕉（在所有出口至世界各地的香蕉中占99%）以外的多樣蕉種，但這似乎是不切實際的作法，主要問題在於消費者的抗拒。我們想要的是便宜且規格一致的香蕉，而香芽蕉正可滿足這些要求。

科學家在多年前即開始競相尋找對抗熱帶第四型黃葉病的解方，其目前的焦點在於培育對熱帶第四型黃葉病具有抗性的品種，首先鎖定的是不易感染熱帶第四型黃葉病的野生蕉種。這是一項十分緊迫的工作，因為許多拉丁美洲國家仍極度依賴香蕉的出口，而

---

1 譯注：香芽蕉沒有種子，為無性繁殖。

在一些其他國家，香蕉是至關重要的營養來源。不過透過傳統育種方法來變更基因是相當緩慢的過程，可能需要20年的時間才能培育出適當的品種。

香蕉的基因改造

在澳洲的昆士蘭州，這場病害已對香蕉業造成重大打擊。當地對熱帶第四型黃葉病解方的研究較歐洲快速，這是因為澳洲不像歐洲般受到嚴格的基改及基因編輯法規約束。科學家們正將取自其他蕉種及其他植物或細菌的DNA植入香芽蕉的基因體，盼能培養出更優良的蕉種。主持這項研究的詹姆斯・戴爾（James Dale）教授在2019年的《食物面面觀》節目中表示：「未來20年內，如果你要吃香芽蕉，吃到的可能會是基因經過改造的香蕉。」他已經使用了取自稻米、阿拉伯芥（thale cress），甚至是一種蠕蟲的基因來做實驗。

戴爾的研究受到澳洲政府的贊助。他堅信基改是解決問題的唯一途徑：「從基因改造的角度來看，香蕉或許是你能想到最安全的作物。香蕉基本上是不育的，所以沒有透過花粉產生轉殖基因流動（transgene flow）（從而汙染其他植物）的問題。」

在比爾暨梅琳達・蓋茲基金會（Bill and Melinda Gates Foundation）的支持下，戴爾教授也利用基因改造技術來幫助因為香蕉缺乏維生素A而產生重大問題的非洲國家。烏干達人每天會吃掉半公斤煮熟的香蕉，但最常見的matoki蕉種卻缺乏維生素。目前改良蕉種的田間試驗已在東非各地展開。

但是非洲人會想要蓋茲基金會的基改香蕉嗎？（首先得接受的一點是，這種香蕉的果肉會是橙色的。）愛德華・穆基比（Edward

Mukiibi）是烏干達的農民，也是一位農學家。他指出，自己和其他農民擁有52種土生蕉種，每種各有不同特色。他們知道如何利用不同種類來因應不同難題。同時也擔任國際慢食協會（Slow Food International）副會長的穆基比表示：「培育轉基因香蕉根本是多此一舉。」他說明道：「農民是第一批科學家，他們經由世世代代的努力培植出了這些蕉種。他們不會穿著白袍在實驗室裡進行試驗──他們會靠自己的工具和知識來解決問題。這並不是反對科學，而是反對偽科學，反對恐危害非洲大陸未來糧食的科學作法。」

香蕉的營養成分

香蕉富含驚人的膳食營養，可提供纖維質、礦物質、維生素，以及各種抗氧化劑和植物營養素（phytonutrient）。一根100克的香蕉，能夠提供約10%鉀、維生素C、鎂、銅、錳等營養素每日建議攝取量，以及約33%維生素B6每日建議攝取量。（但是吸食焚燒香蕉皮所產生的煙氣並不會帶來迷幻的快感，儘管鍾愛唐納文〔Donovan〕名曲〈Mellow Yellow〉的歌迷是如此認為。2）這根100克的香蕉視成熟度而定，可提供大約90大卡的熱量。若排除所含水分，一根綠色的香蕉大概8成都是澱粉，但是在成熟過程中，幾乎所有的澱粉都會轉化成糖。

---

2 譯注：曲名暗示在歌曲發行年代抽香蕉皮卷菸的行為。

凱波表示：「問題真的不是光用基改香蕉就可以解決的，讓超
市販售多樣的品種才是治本之道。這世上還有各種極其美味的香
蕉。香芽蕉只不過是次品，印度人稱它為飯店香蕉，是專門給觀光
客吃的。正如我們先前解決柑橘、蘋果相關問題時的作法一樣，我
們應該增加市售香蕉的多樣性，防止任何一種香蕉遭逢滅頂之災。」

香蕉所形塑的未來

在我們進口的水果之中，香蕉絕不是破壞氣候的罪魁禍首。就
溫室氣體成本而言，用冷藏船運輸的成本遠低於空運成本；冬季的
草莓尤其會採用空運方式進口。儘管香蕉是成串生長，而且自帶方
便又可有效進行生物分解的保護包裝，但我們卻又將之分裝到紙箱
或塑膠袋裡再供零售。根據布萊德爾教授在她所著的《食物與氣候
變遷》一書中所述，以環境成本來說，沉重的紙箱造成的問題，要
比超市使用的塑膠包裝來得大。話雖如此，即使一根進口香蕉產生
的溫室氣體排放量，是一顆英國本地種植蘋果的2倍，但其仍然只
占布萊德爾建議的每日溫室氣體預算的2%。

就如本書提及的許多食物一樣，要解決香蕉業界的各種問題，
看來似乎得正本清源。沒人會提議就讓香蕉留在熱帶國家，也就是
其生長之地：在世界上一些較貧窮的國家，出口香蕉是一項重要的
收入來源。然而只種植一種香蕉顯然是相當危險的舉措，無論對這
些國家或地球來說都是如此。除了為壓低價格、提高利潤外，是沒
有任何理由這樣做的。我們能否多付一點錢，零售商能否少賺一點
錢，以確保香蕉業有健全的運作機制，讓我們消費者與蕉農都能同
樣受益？

一顆柳橙，運輸距離跨越一個大陸
（3,000公里）

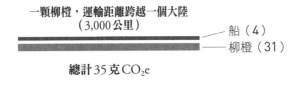

—— 船（4）

—— 柳橙（31）

總計35克 CO_2e

一根香蕉，運輸至世界各地
（20,000公里）

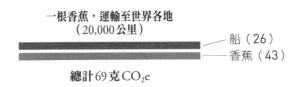

—— 船（26）

—— 香蕉（43）

總計69克 CO_2e

草莓（空運）

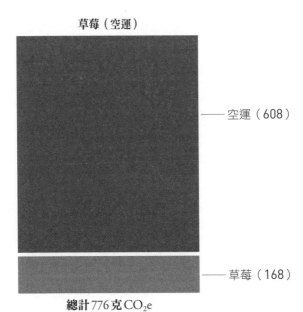

—— 空運（608）

—— 草莓（168）

總計776克 CO_2e

資料來源：S.J. Bridle's *Food and Climate Change Without the Hot Air* (UIT Cambridge, 2020)

12
無所不在的豆子

大豆

「過去50年來，這顆黃棕色的小豆子改變了我們的飲食方式。這個眾所周知又具爭議的食材是奠定現代工業化食品系統的基礎，卻也是傳統亞洲飲食文化高度重視的古老作物。因此這是一顆極端又充滿驚奇的豆子……」

——《食物面面觀》，2021年

沒有一種食材如此深植於我們的飲食與烹飪生活中，而我們對它卻又如此無知。有多少歐洲人知道大豆的模樣，以及大豆植株的生長方式？然而大豆卻無所不在：我們從大豆榨取出最常用的食用油以及最重要的蛋白質填料，用途之廣從動物飼料到我們（尤其是英國人）如今高度依賴的即食餐和點心都包括在內。

英文單字soy及soya都源自shoyu（醬油）這個詞，也就是大豆製成的日式鹹醬汁，它也是西方人最早接觸到的大豆製品。這個醬汁其實是更重要的味噌製程所產生的副產品；味噌是由大豆製成的發酵膏狀物，是東亞人用於燉煮、湯品和香煎料理的基本食材。

英國哲學家約翰·洛克（John Lock）在1679年於日誌中首次提及shoyu，並將該詞英語化為saio。他在文中描述東印度公司船隻從亞洲旅程帶回家鄉的這種美妙又新奇的食材。洛克也提到一種用芒果做成的醬汁。其他作家則是提到一種來自東印度群島的catch-up1，可能是一種主要由大豆製成的醬汁。這種醬汁的價格不菲，在17世紀後期的倫敦一瓶要價1基尼（也就是1.5英鎊），相當於如今的174英鎊。

大豆在亞洲料理中是地位崇高的古老食材，可以製成豆腐、天貝和鮮味滿滿的醬汁。但這與大豆在20世紀末特別晉升為全球糧食作物並無關聯。自從進入工業化食品時代後，亞洲唯一的食品發明就是速食麵（主要包含麵粉、大豆油和調味料），這個產品在1940

年代於日本問世。我們的飲食中幾乎看不到原型大豆，大多數的大豆都已製成油品、「肉增量劑」及其他填料產品。但是每個英國人平均一週消費超過1公斤大豆。

這種稱霸全球工業化農業的豆子外表看來平凡無奇：淺棕色的小圓豆子處於穩定乾燥的狀態。最近我們也習慣了在日式餐廳吃到毛豆，一種新鮮、未成熟、外表青綠、口感爽脆的豆子。在西方菜農的眼中，這種植物看起來跟豆角或紅花菜豆沒兩樣，同樣都有長著絨毛的豆莢成串掛在類似的堅硬黃綠色枝頭上。大豆採收之後的加工流程，才是讓它如此特別的原因。

萬用的大豆

大豆之所以在20世紀後期躍升為全球主要糧食作物，主要應歸因於巴西的貧窮、富裕國家對更便宜的肉類及蛋類的需求增加，以及牛海綿狀腦病（俗稱狂牛病）等可怕疾病。

首先來探討最後一項因素，狂牛病是讓農場牲口吃葷食的圖利作法所造成的直接後果，也就是將宰殺動物的廢棄部位，包括脊髓、腦及其他部位當成飼料餵食牲口。甚至連籠飼養蛋雞的糞便都會加工處理當成動物飼料。這種葷食餵食法於1970年代問世，因為當時透過選育培養出了超級乳牛。這種乳牛的泌乳量是過去乳牛的3倍，但草飼料已不足以供應牠們足夠的熱量。因此飼主用鯷魚做成的魚油塊做為乳牛日常飼料外的補充劑。在美國逐漸興起的飼養

---

1 譯注：這裡的catch-up源自17世紀荷屬東印度群島（也就是現今的印尼）當地名為ketjap或kecap的大豆製醬汁。

場中,「生產效率較高」的牲口終其一生都被關在畜欄裡,牠們大多或甚至完全以鯷魚油塊為食。然而在南美洲的鯷魚數量驟減後,下一個聰明的好點子就是用屠宰場富含蛋白質的廢棄物來當做飼料。飼料業者將這些材料的來源保密,說服政府允許飼料包裝袋上只需將屠宰廢棄物標示為「蛋白質」。結果造成了一場災難。

1980 年代獸醫師開始討論這種便宜的新創飼料與牛隻越來越常見的「蹣跚」病的關聯,《食物面面觀》記者率先深入探討這件事並向大眾報導。到了 1988 年,公衛專家開始擔憂,但過了 10 年政府才果斷對屠宰場、飼料及人類面臨的風險採取行動。

狂牛病從牛隻擴大至羊群,也就是羊搔癢症,不久後人類發現其他動物也有感染風險,包括人類。被感染的組織不僅會導致動物腦部變成一團糨糊,也會經由消化系統進入我們的腦部,也就是庫賈氏病(Creutzfeldt-Jacob Disease,簡稱 CJD),因此對人類也有相同影響。1990 年代,人類撲殺了英國數十萬牛隻以及歐洲北部的部分牛隻,以根絕這個疾病。此外,我們也必須找到新的便宜蛋白質來源。

巴西是第一個出手的國家。經歷了一連串飢荒後,這個國家在 1960 年代開始設法開拓喜拉朵(cerrado),意指「封閉之地」,也就是位於其中部平原的廣大乾燥熱帶草原。國家農業機構決定開發一種能耐受這些環境的大豆植株(在當時仍屬熱帶物種)。大豆的優點之一,是它和苜蓿與紫花苜蓿一樣具有固氮特性,在生長過程中可以實際增加土壤中的氮含量。將大豆當成二期作物有助於農民種植小麥,也就是當時巴西最重要的作物。

在努力不懈之下,巴西終於將數百萬公頃的古老草原轉變為廣大的機械化耕作農田。大量栽種的便宜新大豆作物已經有現成的市場,就是中國及歐洲的畜產業者。由於需求龐大,因此對進口基改

作物訂有嚴格規定的歐盟允許以基改大豆做為動物飼料。到了2000年代初期，巴西已經取代美國成為全球最大的大豆出口國，而它的南美洲鄰居阿根廷則緊追在後。當時的大豆產量有3/4都成為便宜的動物飼料，這個情況至今仍未改變。

傳統豆製食品

如今有企業著眼於日漸興盛的純素食市場而用大豆製作漢堡及香腸，但這並非全新創舉。在亞洲，將大豆加工製成固體食物是一項備受重視的古老技術。

有許多方法可以將難以消化或平淡無味的乾豆子變成美味珍饈。2,000年前，中國人開始將煮熟的大豆研磨成泥、瀝出水分，做成類似牛奶的豆汁，接著再加入海鹽讓豆汁凝固。這種口感軟嫩的塊狀物就是豆腐，也就是味噌湯裡淡而無味的白色小方塊，或是翻炒料理中類似炒蛋的物質。如今在北亞洲，豆腐仍是人們偏好的豆製固體食品。

豆腐有各種外型。亞洲超市販售的工廠製高溫滅菌豆腐塊，與東亞國家常當成點心享用、現做的口感細緻豆花截然不同。「臭豆腐」和起司一樣經過菌叢發酵熟成，散發出強烈的臭腳丫味，通常以油炸的方式料理食用。在韓國鄉鎮，豆腐小販會像冰淇淋車一樣搖著鈴，載著一塊塊豆腐穿梭在大街小巷販賣。

豆「奶」已融入21世紀西方人的飲食習慣中，其歷史源遠流長。早在18世紀就有中國攤商販賣這項飲品，二次大戰後豆漿首先被引進西方的法國及美國做為比乳品更健康的飲料。由於酪農業抗議豆漿冠上「奶」（milk）這個字，因此美國版的豆奶稱為Soy-Lac。豆漿在亞洲各地的許多料理中都是重要成分，例如在主廚喬

丹・布爾克（Jordan Bourke）和蕾吉娜・朴（Rejina Pyo）合著的暢銷書《我們的韓國廚房》（*Our Korean Kitchen*）中，豆漿冰、甜紅豆和冰淇淋組成的甜點，就是韓國人最愛的點心之一。

> 全中國最普通、常見又便宜，而且整個大清帝國上至天子下至貧民都會吃的食物……就叫做豆腐，是用腰豆泥做成的（閔明我搞錯了，其實是大豆）。他們將腰豆研磨成汁，攪拌後做成類似起司的大塊狀物，最大可與大篩相當，且厚達五、六根手指。這些豆腐塊純白如雪……單吃淡而無味，但加上醬料便十分美味，以奶油香煎更是極品。
>
> —— 閔明我（Domingo Fernandez Navarrete），
> 1650 年代在中國的西班牙傳教士

發酵大豆

再往亞洲更南邊，另一個傳統是使用快速發酵的製程。在爪哇島，人們學會製作一種稱為天貝的固體大豆食品的時間，也許比中國豆腐傳入的時間更早，不過愛國的食物歷史研究者對於相關史實仍有激烈爭論。天貝的製作過程包括浸泡乾大豆，再將大豆煮熟，接著在大豆泥中「種」上酵母菌，就像製作麵包或起司。酵母菌會在溫暖潮溼的豆泥中生長，將豆泥分解，並與豆泥混合成蓬鬆有嚼勁的白色物質。

香煎是料理天貝的最佳方式，吃起來帶有堅果香，口感與肉類相當，類似其他未刻意調味模仿牛肉漢堡的食材。天貝是許多美味印尼拌炒料理與醬汁的基底。印尼人十分重視天貝，可說是國家的

代表料理，地位相當於英國的約克夏布丁。但從歷史的角度來說，不同於北亞洲的豆腐，天貝可說是貧民的食物，殖民時代末期的某些現代化主義者甚至將天貝視為恥辱。印尼獨立後首任總統蘇卡諾（President Sukarno）曾說：「不要當個天貝社會，你們應該超越大豆。」

在亞洲超市裡可以買到天貝塊，但其實也可以在家自製。製作過程需時3天，只需要準備好大豆、一個溫暖的地方和幾個袋子，讓天貝在發酵菌裡熟成就好。天貝發酵菌為少孢根黴（*Rhizopus oligosporus*），在網路商店就可以買到。由於天貝成品使用的是整顆大豆，與豆腐不同，因此天貝具有多種營養價值。

醬油：濃淡之外

醬油是全球最著名的大豆發酵產品，可立即賦予料理鮮味和強烈鹹味，400年來備受人類珍視。如今多數英國人都直接用soy一字代表醬油。醬油漫長的釀造過程始於一種黴菌。這種黴菌屬於麴菌屬（*Aspergillus*），也可用於釀酒及製作麵包。大豆（以及添加的小麥）在分解過程中會產生菌叢、糖分及酵素。這些元素間的複雜反應會產生許多不同的風味：在醬油中已經發現數百種不同的香味分子。某些上等醬油就像威士忌一樣，在古老的木桶經過數年熟成。

美食作家貴美子‧巴伯（Kimiko Barber）在2007年某集《食物面面觀》節目中討論熟成與發酵時說：「我們追求的是三樣東西：色澤、香氣與味道。」色澤尤其重要：「大家都以為醬油應該是褐色或黑色的，但日文裡醬油的別稱是murasaki，意思是紫色。醬油應該帶一點紅色、一點琥珀色。便宜醬油的顏色通常是人工添加的。」

醬油的世界

東亞料理中，不同醬油會用於不同食材的料理與調味：

醬油：也就是中國的生抽、日本的醬油，是常規中式醬油，呈現濃厚的透明金黃色澤。生抽就是一般烹飪及食譜中未特別指明類別的「醬油」。

老抽：例如最常見的品牌龜甲萬醬油，味道更濃郁、甜味也較明顯，呈深棕色；使用老抽時一定要試味道，否則請用常規醬油。可能有加焦糖。

溜醬油（Tamari）：味道較濃郁，是古法製作的日式醬油，也是製作味噌過程產生的副產品，製程中並未加入小麥。

甜醬油（Kecap manis）：是印尼生活必需品，可以添加棕櫚糖增加甜味，也可以用南薑、椰子、萊姆和大蒜調味（取決於使用的是眾多珍藏食譜中的哪一道）。

二次釀造醬油（Saishikomi）：是一種特殊日式醬油，將初次釀造醬油再次發酵釀製而成，具有濃郁、複雜、醇厚的風味。

白醬油（Shiro）：主要由小麥釀造而成，風味細緻，適合用於清湯料理或沾醬。

鶴醬（Tsuru Bishio）：是一種四年醬油，由日本小豆島的匠人製作，因主廚納斯瑞特在她的網飛節目《鹽、

油、酸、熱》中提及而出名。這種醬油價格不菲，半公升
便要價40英鎊，但根據納斯瑞特表示的確物有所值，因為
少量鶴醬就能帶來絕妙滋味。

　　釀造醬油的過程中最重要的效果是產生麩胺酸（也就是美味因
子），同時也會產生鹽，包括增強風味的麩胺酸鈉（俗稱味精）。味
精在亞洲十分常見，但在其他文化中卻是人人害怕和譴責的物質。

　　在西方，我們如今也開始明白醬油不是只有一種，而是有各種
濃度和味道。亞洲廚師早已熟知這點，也會慎選用於料理的醬油種
類。但我們的超市貨架上有速成的廉價醬油，這些商品並非採用傳
統緩慢的釀造製程生產，而是以榨過油的大豆渣與其他植物的水解
蛋白混合，在高溫高壓下經過鹽酸加工處理製成。請留意和避開瓶
身成分標示中有玉米糖漿、焦糖和鹽等添加物的醬油。比較好的醬
油品牌可能會標明產品為「天然釀造」。有些醬油也會合法添加小
麥發酵釀造，這表示產品會含有麩質。

　　「相較於1970年代初期我剛到這個國家的情況，目前的標準已
經大幅提升，」巴伯表示。「當時在超市貨架上只找得到一瓶龜甲
萬醬油。」這個大眾品牌在日本深受消費者喜愛，如今該品牌在歐
洲市場的商品都是由荷蘭的工廠生產，不過該品牌保證這種濃郁的
龜甲萬醬油都是耗時數月「天然釀造」而成。

21世紀的大豆

　　未經加工的大豆在其發源地亞洲不太受重視，只有在飢荒時才

會被當成緊急糧食。成熟的大豆即使經過浸泡和烹煮依舊難以消化。多數人只有無米可吃時才會改吃大豆。如今加工大豆的價值是在工廠裡顯現，其主要優點包括無味道、富含蛋白質以及價格低廉。

　　如今我們的食物中都看不太出大豆的原型。以下食品都含有大豆，只不過是以油品或固體的形式呈現：

- 冰淇淋（作為穩定劑的卵磷脂）
- 餐廳裡的油炸食物
- 鮭魚、豬、雞、牛的高蛋白飼料
- 早餐穀片
- 蛋糕、糕餅和馬芬鬆糕
- 麵包和其他烘焙食品
- 人造奶油
- 速食麵
- 食品加工過程中使用的穩定劑
- 用以增加廉價肉品分量的「增量劑」
- 「仿真肉」純素食品
- 純素「奶」和嬰兒奶粉
- 沙拉油
- 亮光劑，包括新鮮水果表皮上的蠟
- 美奶滋及其他醬料
- 藥品外殼及外膜
- （以及比較不能吃的產品：肥皂、蠟燭、膠水、工業潤滑劑、生物柴油，以及絕緣泡棉）

　　就像必須加工才能食用的橄欖，大豆也富含油脂，脂肪含量是

蠶豆的20倍。1公斤的橄欖或大豆，最多可榨出190克的油。但這兩種油品的營養成分不同：大豆沙拉油的缺點之一，就是其包含大量科學界才剛開始瞭解的Omega-6脂肪酸，這是本書在第三章〈錦衣玉食〉中探討過的問題。將大豆以機械式高壓處理可以像橄欖一樣榨出油。但如果以高溫和石油基質溶劑（現代美國的一項發明）加工處理可以榨出更多油：這道工法禁止用於榨取純正橄欖油，但可以用來處理榨完油的橄欖「油渣」。不過這道工法會導致油品中出現化學殘留物。

　　不過大豆與橄欖的最大差異在於大豆具有蛋白質。薩拉蒂諾為了《食物面面觀》節目走訪嘉吉公司（Cargill）[2]位於利物浦碼頭的大型工廠，目睹廠內剛磨好的大豆渣堆積而成的「大豆粉之丘」。每個月都有一艘船載著6萬噸的大豆從南美洲抵達利物浦碼頭。嘉吉在錫福斯（Seaforth）廠有全英國唯一一座大豆輾壓機。大豆經過輾磨及高溫處理後會產生豆渣、大豆沙拉油、卵磷脂（一種用於食品加工及藥品中的乳化劑）及生育酚（tocipherol，也就是維生素E），可以販售給供應動物及人類相關產品的食品業者。嘉吉每年在錫福斯廠加工75萬噸大豆，相當於每天加工2.5平方英里面積的作物量。

　　美國在1930年代開始工業化榨取大豆油，當時主要用於工業塗料及燃料。但大豆當成人類及動物食糧顯然價值更高。將大豆渣堆高以己烷（從原油提煉出的物質）沖洗可以萃取出大豆粗油，之後再以高壓精煉。「最後會得到幾乎透明只帶著一點顏色的大豆油，就像你在雜貨店看到的商品，這就是美奶滋、芥末醬、沙拉醬或食

2 譯注：嘉吉是美國大型跨國企業，業務範圍包含食品加工等項目。

用油的成分之一，」嘉吉的技術人員說明。

十年後的光景

　　薩拉蒂諾於2012年走訪嘉吉工廠時，曾提到全球大豆產量在短短15年間已成長1倍，於當年度達到了2.4億噸。阿根廷自2002年以來的大豆年產量也成長1倍，在當年度達到4,000萬噸。此後10年間大豆產量持續以驚人的幅度增加，絲毫沒有放緩。到了2020年及2021年，全球大豆產量又增加了50%來到3.6億噸，而美國與巴西的產量就佔了2/3。阿根廷的大豆產量也增加，於2019點達到年產5,800萬噸的峰值，7年內增幅達45%。過去10年來，有好幾個年度巴西的大豆總產量都與中國的大豆消費量相當；中國就是最大的大豆進口國。

　　唐諾‧川普（Donald Trump）擔任美國總統期間基於政治考量而限制美中貿易，這個決定加速了前述的轉變。中美貿易戰限制了美國供應商，導致全球大豆價格上漲，也意外促使巴西提高大豆產量及出口量。這表示巴西境內有更多土地被開墾來種植大豆。需求持續增溫下，到了2021年中，儘管大豆產量大增，但全球大豆價格仍回到10年前的歷史高點。

　　巴西砍伐樹木破壞亞馬遜雨林的舉動登上了新聞頭條；這場全球公認的生態浩劫很不幸地在巴西總統雅伊爾‧波索納洛（Jair Bolsonaro）任內進一步惡化。但其實有更多森林和牧地被開墾來種植大豆。2020年巴西透過大豆出口獲利280億美元，可能是木材出口獲利的10倍。目前巴西的大豆種植面積達3,800萬公頃，比英國及愛爾蘭的面積總和還大，主要都銷往歐洲及中國。

是問題還是解方？

人類如今對大豆的依賴度高得驚人，近8成的大豆都做成動物飼料，其餘則是成為我們的食物。要將全球糧食供給系統重塑為沒有大豆也能運作的狀態難度逐年提高，因為仰賴大豆生活的人口，包括以大豆為食或以大豆為食用牲口飼料的人數，已經隨著地球人口成長而增加。

大豆產量大增對生態造成的代價是什麼？這很難衡量。在既有農耕用地上耕種幾乎不會產生溫室氣體，不過巴西和阿根廷的乾燥平原對水資源的耗用則是一大疑慮。將大豆運送到全球各地對於溫室氣體排放可能造成更大問題。但如果大豆用量持續成長（我們也沒理由相信大豆用量在2022年就已觸頂，全球人口成長也一樣），就會有越來越多荒地被開墾為農地。開墾土地與林地初期會將貯存在荒地的二氧化碳大量釋放至大氣層，直到森林恢復才會再度捕捉固存二氧化碳。

2000年代初期，環保人士揭露了大豆持續增產對亞馬遜盆地所造成的傷害。此舉獲得極大回響：在消費者施壓下，亞馬遜盆地無限期禁止開墾新農地，即使2019年右翼總統放寬控管，這道禁令依舊有效。

不過，亞馬遜盆地開墾禁令只是讓企業將注意力轉向更南邊，也就是巴西獨特的喜拉朵大草原和森林，而全球有5%的物種以該地區為家。在波索納洛執政前，就已經有80%的喜拉朵大草原未受到保護。另一個同樣有嚴重疑慮的地區，就是位於阿根廷與巴拉圭的乾燥沖積平原大廈谷（Gran Chaco），該地區也同樣被開墾來種植大豆。英國永續大豆計畫（UK Sustainable Soy Initiative）獲得產業支持，參與該計畫的強納森・戈爾曼（Jonathan Gorman）在

每公斤糧食的溫室氣體排放量

　　一塊 8 盎司（225 克）牛排的溫室氣體排放量約為 10 公斤：一週吃一次這種牛排餐，一年下來的溫室氣體排放量相當於英國家戶暖氣與電力年排放量的 1/3。一塊 200 克豆腐排的溫室氣體排放量約 570 克[3]。這些數字會因食材來源與養殖耕作方法等因素影響而有不同。以歐洲農法產出的一塊 8 盎司牛排，會產生約 10 公斤的溫室氣體（視肉牛的養殖方法而有不同[4]）。豆腐的溫室氣體排放量約為牛排的 1/15，不過如果製作豆腐的大豆產自雨林開墾而成的新農地，則成本可能約為 2 倍高。

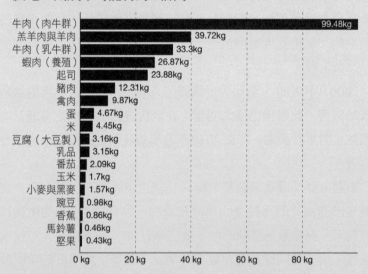

本表資料已取得作者同意，摘自普爾（J. Poore）與尼梅塞克（T. Nemecek）於 2018 年發表的論文〈透過生產者與消費者降低糧食對環境的衝擊〉（Reducing food's environmental impacts through producers and consumers）。

BBC的採訪中表示：「這些地方是無可取代的。這些複雜的生態系統都有數千年的歷史。」

　　隨著全球肉類消費量增加，似乎有更多土地注定會被開墾來種植大豆。目前土地開墾仍無趨緩跡象，尤其在人民日漸富裕的非洲、印度和全球其他地區更是如此。幾乎所有社會都有這個現象：收入越高，肉品消費量就越高。

　　而諷刺的是，大豆可能是解決溫室氣體排放及氣候變遷問題的方法之一。如果我們不吃動物而改吃原本要當飼料的大豆，整個情況或許就會改變。首先，我們需要的大豆量會大幅降低。

　　如同歐洲創新與技術研究院（European Institute of Innovation and Technology）的分析師所言：「以相同分量的蛋白質而言，雞肉需要的土地面積是大豆的3倍，豬肉是9倍，而牛肉則是32倍。事實上，就蛋白質攝取來說，如果全球能夠將動物性蛋白質換成大豆蛋白質，因農業開墾而砍伐的森林面積會減少94%。」（當然，直接用大豆取代牛肉會無法攝取到其他來自動物性蛋白質的營養素。）常有人指出，近數十年來全球肉類需求大幅增加主要是由中國及印度的需求所推升：隨著人民日漸富裕，肉品消費量自然也上升。但在歐洲，本土的農地和海洋只能滿足全歐3成的蛋白質需求。

改變作法

　　已經有許多人嘗試說服跨國企業購買並加工全球多數大豆，以

---

3 S.J. Bridle, *Food and Climate Change without the Hot Air* (UIT Cambridge, 2020).
4 出處同注3。

努力實現阻止森林砍伐及促進永續農耕的基本標準及驗證計畫。但這些行動的效果都很有限。2012年，嘉吉公司一名高層向薩拉蒂諾表示，公司「承認我們對永續性具有責任」。該公司致力於與農民合作「改善農耕方法」。嘉吉已經加入「良心大豆圓桌會議協會」（Round Table on Responsible Soy Association），該協會也是唯一努力設法規範大豆種植產業的全球性組織。

民營企業嘉吉自過去至今都是全球兩大大豆貿易及加工企業之一，也是全球三大肉品加工廠之一，其雞肉產量占全英國產量的1/4。在嘉吉與艾瓦拉食品公司於亞伯格芬尼（Abergavenny）合資設立的大型廠房內，嘉吉以其利物浦工廠直送的大豆餵食雞隻，而這些雞隻將來注定會被送進麥當勞、南多斯（Nando's）等速食連鎖店及特易購和阿斯達等連鎖超市。

跨國企業雖然可以輕易做出承諾，但實踐起來卻困難得多。嘉吉的經濟規模與政治影響力都比許多國家來得大，但由於其為民營企業，因此不容易瞭解也難以監督。該公司是否實踐承諾？嘉吉在2012年曾因國際壓力而承諾將在2020年前停止砍伐森林闢地種植大豆。但到了2019年，這項承諾顯然並未實現。

大型食品集團雀巢公司也同樣感受到氣候危機的熱度，因此基於永續性疑慮而在2020年停止向嘉吉購買巴西產的大豆。嘉吉的永續長針對砍伐森林及相關解決辦法衍生的問題，提出了在巴西等地停止生產大豆將引發的疑慮：「我們認為這種作法會衍生出其他問題，讓只想改善生計的農民轉而與其他買家合作，因此同樣的耕作方式仍會延續下去。」到了2022年，嘉吉仍宣告其承諾「停止砍伐森林」，但實踐承諾期限已經延至2030年。

大豆煉金術

美國最常見的純素漢堡是由「不可能食品公司」（Impossible Foods）製造。該漢堡的銷售宣傳標語是「為了人類與地球的健康著想」，並附有一項警語「本食品包含大豆」。這句警語其實說得太含蓄了。這個全美銷售最成功的純素漢堡，成分表上列了至少4種大豆製品。其中某些大豆製成分的功用很明顯，例如「濃縮大豆蛋白」就是漢堡裡人造肉的主要成分。而其他成分的功用則沒這麼清楚。「豆科血紅素」（Leghemoglobin）是植物汁液中的成分。該食品公司運用其專利製程，從豆科血紅素中取得他們稱為「血紅素」的物質來取代肉類中的血紅蛋白，也就是動物血液中的一種成分，讓人造漢堡肉看起來彷彿真的會滲出血水。

「不可能漢堡」成分表

　　水、濃縮大豆蛋白、椰子油、葵花油、天然調味料、馬鈴薯蛋白、甲基纖維素、酵母萃取物、培養基葡萄糖、修飾澱粉、大豆血紅素、鹽、混合生育醇（抗氧化劑）、大豆分離蛋白、葡萄糖酸鋅、鹽酸硫胺明（維生素B1）、菸鹼酸、鹽酸吡多辛（維生素B6）、核黃素（維生素B2）、維生素B12。

資料來源：不可能漢堡

　　食品科學家哈洛德・馬基（Harold McGee）於2018年在《食物面面觀》節目中對薩拉蒂諾表示：「不可能食品公司最初的想法，是到大豆田裡採收大豆根部，用這個從來沒人用過的植物部位來仿製出肉的風味。」如果可以廢除英國仍是歐盟成員時期所遺留的基改食品（美國種植的大多都是基改大豆）相關規定，不可能公司的「肉」很快便能在英國上市。

　　甲基纖維素也是不可能漢堡的主要成分，由大豆莢或玉米苞葉製成，是加工食品中常見的黏結劑。將植物原料在高溫中以氫氧化鈉處理，便可產生甲基纖維素。該物質不易消化，也可用於化妝品中，或做為緩解便秘的藥物、用於電子產品組裝的超強力黏著劑，或是混凝土的強化劑。這項物質對人體無害，但在2020年，美國的消費者運動人士透過一則廣告警告，大家人造肉使用了甲基纖維素。不可能食品公司反擊這則廣告是由「大型肉品業者」出資，並且以一則諷刺廣告做為回應：「我們用牛做成的牛絞肉中含有糞便。」

　　「這張成分表老奶奶根本看不懂，更別說信任了，」史提爾在她的著作《食托邦》（Sitopia）中評論。但更重要的或許是人造肉的承諾是否屬實。素肉漢堡是否真的對健康較好？對地球較有益？

　　如今超市販售的植物製仿真肉產品飽和脂肪含量，是一般超市販售瘦牛肉漢堡肉的2~3倍（約為官方建議每日攝取量的4成），鹽分含量則約為牛肉漢堡肉的一半。人造肉的纖維含量約3公克，而牛肉漢堡肉的纖維含量則是微乎其微。超越肉品公司（Beyond Meat）是不可能食品公司在美國的主要競爭對手，其純素漢堡肉和其他產品也都已經在英國上市，麥當勞就是該公司的客戶之一。超越肉品公司比不可能食品公司率先使用豌豆植物為材料，製作其產品的蛋白基質。（該公司的漢堡肉也會在盤子內「滲出血水」，主要

歸功於甜菜汁。）

許多人一定想問，這麼多高度加工的食品成分是否符合我們對健康飲食的概念。至於地球的健康，關鍵仍在於植物性蛋白質的來源。消費者對大豆來源的印象並不好，而超越肉品公司也特別利用這點。不過，現今要實行純素飲食生活，很難不碰到大豆製食品。

不可能食品公司的行銷手法針對大豆提出了幾項令人拍案的論點。該公司表示吃他們的「牛肉」和香腸產品可以對抗氣候變遷。其宣稱相較於一般肉漢堡，不可能漢堡的土地使用面積少了86%，耗水量減少87%，溫室氣體排放量也降低了89%。

「沒有人為了讓我們製作豆腐或植物漢堡肉而砍伐雨林，」不可能食品公司的影響力部門主管蕾貝卡・摩西斯（Rebekah Moses）表示。該公司使用的是美國中西部所產的大豆，而在本書付梓之際，英國食品標準署也正在審查該公司於英國販售其漢堡肉的許可申請（歐盟已經駁回不可能食品公司的申請）。

在漢堡王大膽推出素食漢堡後，英國的麥當勞也在2021年9月跟進推出了由超越肉品公司所研發的McPlant植物系漢堡。植物系漢堡肉是以豌豆及米蛋白和馬鈴薯澱粉製成，此外也添加了甲基纖維素（作為穩定劑）和甜菜（上色）。《泰晤士報》（*The Times*）的美食評論家尼克・柯提斯（Nick Curtis）表示：「吃起來就像肉味滿滿的正常漢堡，相較於多數的純素漢堡肉，滋味更鮮美豐富，口感也更好。」至於漢堡王的素漢堡，他說：「口感軟爛，除了番茄醬之外幾乎沒有味道：我刮掉所有配料檢查，發現幾乎什麼都沒有。」漢堡王和麥當勞的素漢堡定價都只比肉漢堡貴30便士，遠比超市賣的素漢堡便宜。

放棄吃肉

　　根據 2021 年 10 月號《柳葉刀》期刊，英國人的肉品消費量較 10 年前減少了 17%，相當於平均每位葷食者一週少吃了 2.5 根豬肉香腸。（雖然紅肉的消費量下滑，但英國人的雞肉消費量卻微幅增加。）但要達到阻止氣候變遷的目標，我們必須進一步降低肉品消費量。英國政府的國家糧食策略計畫目標為全國肉品消費量降低 30% 以上。

大豆滿滿而無肉的未來？

　　幾年前，有分析師預測至 2030 年會有 3 成的即食「肉」品是以植物製成，或以非動物性蛋白在培養槽中製造，這項技術名為「分子農業」。而由於新冠肺炎疫情造成經濟情勢動盪，上述預期如今似乎更難實現。不過，人們已經投入數十億美元開發非活體動物製成的肉品，其中不乏谷歌與特斯拉等科技公司注資支持。當然，他們是期望藉此取得某個全球仰賴的產品專利權。但目前仍無公司進展到能夠生產經濟上可行的新型肉品。

　　比較具發展前景的是以昆蟲蛋白質製成的食品（如果這是你渴望的食品種類）：在 2021 年末，英國已經有 10 家公司準備好生產蟋蟀、麵包蟲及水牛蠕蟲做為動物飼料，甚至最終當成人類糧食。但主管機關尚未對此有所規範。昆蟲可以用糧食及大豆的植物莖等農業廢棄物飼養。一磅的油炸蚱蜢，大約比一磅牛肉還營養 3 倍。

　　目前以植物製成的「仿真肉」，是店鋪中唯一可得的「後肉時代」產品。但這類產品卻價格不菲：2021年秋季，特易購一盒兩片裝瘦漢堡牛肉的標價為1.5英鎊，而等重的超越肉品公司兩片裝豌豆製漢堡肉卻要價4.99英鎊。時至今日，不可能食品公司與超越肉品公司都已經從投機性新創公司發展為成熟企業。這兩家美國企業如今已成立超過10年。在2020年新冠肺炎疫情期間，兩家公司均募得數億美元的新投資資金。超越肉品公司天天都在獲利，單季獲利可達5,000萬美元，而生產成本已降低25%。該公司正與必勝客試驗植物製義式臘腸，也在肯德基銷售植物製雞肉，其營運觸角遍及全球88個國家，包括中國。超越肉品公司已訂下目標，要在2024年生產出與等量真肉等價的仿真肉產品。

　　截至2020年已有將近1,000萬美國人吃素，相較於2004年素食者只有29萬人。5在美國，這類企業的未來不僅取決於其能否擴大客群，也在於其能否戰勝國內的傳統畜牧業者。而這場仗的規模想必很可觀。

　　政治人物對農村地區特別緊張。在已開發國家，為了贏得農民的選票，必須給予工業化農業龐大補貼。因此以一磅重的肉品而言，英國的肉品價格比其他富裕國家的肉品低廉。（當然，也因此農民仰賴大豆做為豬隻、牛隻和雞隻的飼料。）但隨著氣候危機加深，達到全國碳排目標的需求可能比拉攏工業化農業業者更重要，大型肉品業者順風順水的時代可能即將終結，而大型大豆業者稱霸的時代即將展開。

5 益普索市場研究公司（Ipsos Retail Performance）於2000年所做的調查〈美國純素趨勢〉。

13
甜滋滋的罪果

可可

「在我們提問及我研究商店貨架上有哪些商品時，我總是留意到一點，就是我最喜歡的還是我小時候吃過的產品。這表示對我而言，懷舊的滋味勝過新口味……巧克力就代表了安全感。」

—— 食品趨勢分析師瑪西亞·莫傑勞斯基（Marcia Mogelonsky）
《食物面面觀》，2021 年

可可加上糖、香料有時還有牛奶，就成為本書形塑世界的食物中我們唯一純粹為了享受而吃的食物。可可具有某些營養價值：純可可粉富含抗氧化物及其他元素，可能有益於大腦和心臟健康。但可可之所以有如今的地位，卻是因為人類異常執著於透過食物獲得快樂。可可吸引人類來到某些奇特的地點，也使人類做出某些具有毀滅性及傷害性的舉動。這是一道哲學和生理學的難題：我們吃巧克力的真正目的為何？除了產生美妙的腦內啡及多巴胺，我們還得到了什麼？

如同咖啡，可可也具有特殊的故事，是人類發揮創造力所造就。我們究竟是如何把長在偏遠國家灌木叢裡的不起眼豆子，變成如今的卡布奇諾或復活節巧克力蛋？不同於咖啡豆只有少數野生動物會吃，可可樹上結的堅硬豆莢對早期住在美洲赤道區的人類而言十分有用，是便於攜帶的能量與水分來源。但從乳白色的可可果肉絕對看不出來可可會成為世界上最美味甜點的基本材料。

中美洲人帶著可可豆及可可樹往北經過加勒比海群島，順著地峽來到如今的墨西哥。到了 16 世紀，墨西哥當地的阿茲特克人將可可豆烘烤研磨，做出宗教儀式和慶典時所喝的飲料，其中可能還摻入了人血。但就我們所知，此時的可可飲仍無甜味。到了 1519 年，西班牙征服者在阿茲特克帝王蒙特蘇馬（Montezuma）的餐桌上，看到裝在滿是泡沫的大廣口瓶中的可可飲，當地人告訴他們這種飲

品是用來催情。雖然西班牙探險家喜歡，但可可飲並不是人見人愛。在同一世紀稍晚，一名造訪當地的義大利人吉羅拉莫・本佐尼（Girolamo Benzoni）形容這種飲品「更適合豬而不適合人喝」。他是首位詳細說明可可飲製作過程的歐洲人，也就是將可可仁曬乾後加以烘烤，搗碎後加入水和香料混合。

「味道苦澀，但可以讓人感到滿足並振作精神，而且不會喝醉；印地安人重視可可飲甚於一切⋯⋯」不過他遺漏了一個很重要的步驟：就像咖啡和紅茶，可可飲的原料也必須經過數天發酵才能曬乾、烘烤、剝皮和研磨。這個過程中的化學變化會讓可可豆產生二級化合物，使其具有比原豆更豐富的風味。

中美洲文明認為這種由烘焙過的豆子製成的發酵泡沫飲品蘊含了生命力。薩拉蒂諾為了《食物面面觀》節目研究可可的起源時，發現在墨西哥南部的瓦哈卡（Oaxaca）有時會由孕婦負責將這個飲料攪拌起泡，因為人們認為孕婦擁有更多活力來製作液態泡沫。

《巧克力的秘密生活》（The Secret Life of Chocolate）作者馬可士・派契（Marcos Patchett）表示，這些以烘焙可可豆製成的飲品名為巧克力飲（chocolate atole），「和巧克力棒極為相似，但味道卻強烈得多，酸味更濃，口感也更醇厚，有時還有點類似葡萄酒，也和咖啡十分相像，但風味和效果更為複雜。對我來說，如今吃巧克力就像在代替喝巧克力飲。」

薩拉蒂諾和派契列舉了巧克力會影響精神的特性：「咖啡因、咖啡鹼、黃嘌呤生物鹼，這些都會刺激中樞神經系統，就像咖啡和茶一樣。巧克力也含有微量多酚。」而多酚就是吃了巧克力後，腦內多巴胺與血清素會升高的原因。所以吃巧克力確實會帶來興奮感。

「我認為這種植物之所以被大量栽種，是因為它可以持續且穩定地強化快樂感，」派契說。（中美洲）是全球生物多樣性最豐富的

地區，該地區還有其他各種具有令人興奮效果的植物，但可可仍是非常重要的世俗和宗教飲品。」可可也與性有關：「許多生育女神和小雕像都有可可豆筴做成的胸部或生殖器。」

在西方文明中，巧克力的歷史雖然短得多，卻發展出更複雜的關聯與文化儀式。巧克力超凡的基本特質早就獲得認可：植物學家林奈在他1753年的植物物種名單中便將可可樹命名為 *Theobroma cacao*（眾神之糧），這個名稱從此沿用至今。如今巧克力與愛情、快樂和禮物相關，而其自古以來便與性與罪惡有關。人類沒有經過深思便將巧克力用在基督教的宗教儀式中：復活節怎能沒有巧克力？此外，不斷玩弄人類矛盾心態的行銷手法，也讓巧克力成為一種「罪惡的快樂」。除此之外，還有更多一般巧克力消費者不知道的巧克力相關知識。

巧克力與軍隊

不難想見，這些西班牙征服者將可可豆及相關技術帶回大西洋的另一邊。巧克力在他們西班牙的家鄉流行了起來，而調製巧克力飲很快成為一種複雜又有深度的烹飪藝術。一道1631年的食譜指示將可可豆磨成粉，加入辣椒粉或胡椒粉、八角、3種不同的花朵香料、大茴香、肉桂、杏仁、榛果、2種來自胭脂樹和墨水樹的染料，以及糖。

到了17世紀後期，可可在法國、義大利和英國都已廣為人知也深受喜愛，當地人會在可可飲中加入香草與糖。而將可可粉加入牛奶的發想，則是起源於倫敦的咖啡館。一名遊歷甚廣的英國醫師亨利・史都比（Henry Stubbe）在1662年寫下他在西班牙見到的可可豆的另一種作用，當地人將整顆可可豆當成「點心」來食用：「在

晚上食用可以讓人徹夜不眠，因此對士兵很有效，對守衛也是。」巧克力包含的咖啡因再次為人所知。其實早在幾世紀前，馬雅戰士就已經發現咀嚼乾可可豆的效用。

巧克力與軍工企業的關係源遠流長：從19世紀起，英國陸軍二等兵的軍糧包裡就有一條巧克力棒。在西班牙內戰中，共和軍發給士兵的巧克力裹上了一層糖以避免融化。福雷斯特‧瑪氏（Forrest Mars，他的名字至今仍印在巧克力棒的包裝上）將這個創意介紹給美國的好時公司（Hershey Company）。1941年，好時推出了M&Ms巧克力，當時專門供應給美國軍隊。

英國最知名的巧克力製造商吉百利，讓大眾明白該公司的產品在戰爭期間的貢獻有多大。大西洋護航艦隊的每一艘救生艇上都備有巧克力。在二次大戰期間，吉百利的其中一張廣告海報上就印有一名從「突尼西亞猛烈砲戰」生還士兵的感謝詞：「幸好我有一瓶水和一條巧克力，讓我撐過了那4天。」這條巧克力想必就是牛奶巧克力（Dairy Milk），也是史上最成功的巧克力產品之一。該產品自1905年推出後就一直是吉百利的主力商品，尤其它含有較多的牛奶與糖分和較少的可可用量，而帶來更高的獲利率。吉百利對此毫無隱瞞。牛奶巧克力的行銷標語是：「一杯半的鮮乳做成了什麼？」吉百利根據相同的巧克力配方，於1920年代又推出了葡萄堅果（Fruit & Nut）與原粒堅果（Whole Nut）巧克力，而牛奶巧克力如今已在英國熱銷超過110年。

但英國在1973年加入當時的歐洲經濟共同體後，吉百利卻因為這個配方而遇上了麻煩。歐洲法規要求可可含量更高的產品才能稱為巧克力棒，而吉百利則是早就發現可以用植物脂肪取代可可脂，因此當時「牛奶巧克力」的可可固形物含量還不到20%（如今該公司保證自家產品可可含量至少達26%，而高級品牌的牛奶巧克力可

可含量則達到32%以上）。直到2003年所有歐盟國家才終於同意廢除「代巧克力」（chocolate substitute）這個名稱，並允許牛奶巧克力可以標示為「家庭牛奶巧克力」（family milk chocolate）。

瑞士與現代巧克力

18世紀開始出現固體可可粉製品的食譜。Chocolat（借用自中美洲的單字）是在法國銷售的巧克力糕：一半是可可，一半是糖，外加香草與肉桂調味。食品史學家哈洛德・馬基（Harold McGee）以文字描述了忙碌的法國人如何用一杯水做出這種巧克力糕，可說是第一代的即食早餐。接下來便是組織化生產加工可可粉磚。

流浪義大利商人在瑞士的市集上販售一條條由可可粉與糖和香草混合製成的香腸狀產品，引起了瑞士商人注意。到了1820年代，菲利普・蘇查德（Philippe Suchard）在賽爾里埃（Serrières）建了一座巧克力工廠，以水車提供動力。瑞士人雖然沒有產可可的殖民地，卻獲得歐洲最佳巧克力製造商的名聲，其次便是比利時人。

而現代巧克力製程的最關鍵步驟則是由荷蘭人發明。梵豪登家族（van Houten）是巧克力商人，他們以機械壓榨可可豆分離出油脂，也就是我們所知的可可脂。此方法可以降低可可飲的油脂含量，而將可可脂與可可粉和糖混合後，也可以製作出更容易塑形的固體巧克力。英國布里斯托的弗萊父子巧克力公司（J.S. Fry & Sons）正是藉由此方法，為其販售的「用吃的巧克力」打下基礎。該公司的產品「巧克力奶油」（Chocolate Cream）成了1850年代的暢銷商品。到了1873年，弗萊公司從復活節彩繪雞蛋的傳統得到靈感，推出復活節巧克力蛋。

在歐洲掀起的這股永無止境的巧克力熱潮中，義大利人可說最

為狂熱。19世紀出現了各種食譜，包括肝臟佐巧克力、茄子佐巧克力、玉米粥佐巧克力，根據馬基表示，甚至還有千層麵佐杏仁、胡桃、鰻魚和巧克力醬。而唯一呼應此熱潮且流傳至今的英式料理就是罐燉野兔肉，這道傳統燉肉使用了野兔血，而某些現代版的詮釋也會用巧克力。多數人覺得加了巧克力味道太濃，但薩格尼特在她的著作《風味事典》中表示，黑巧克力搭配動物血可說是相得益彰，並在書中提到義大利甜點豬血布丁（sanguinaccio），一種用豬血、巧克力、松子、葡萄乾和血做成的嫩布丁。

巧克力的輝煌年代

　　《巧克力冒險工廠》（*Charlie and the Chocolate Factory*，1964年）的作者羅德‧達爾（Roald Dahl）談到自己如何愛上巧克力棒。他就讀的寄宿學校位於達比郡（Derbyshire），而這所學校被吉百利選為實驗場所：公司的研發廚房會將原型產品的樣品送到學校讓男學生試吃，並請他們回報試吃心得。達爾在1989年於BBC的一個談話電視節目中侃侃而談英式巧克力的輝煌年代：「除了純巧克力棒，最厲害的就是英國人第一個發明的產品，也就是1921年上市的『牛奶巧克力千層棒』（Dairy Milk Flake）。顯然當時曾有人提議『把巧克力從隙縫擠出來讓它一層層疊起來』。我覺得這個點子真是棒透了，這個產品熱銷了60年。瑪氏巧克力棒或許是最棒的發明。它是在1932年上市的。所有人都應該記住這些日期！想知道英國

諸王的誕生年代嗎？就是巧克力產品問世的時候。奇巧巧克力（Kit Kat），1935年。麥提莎巧克力（Maltesers），1936年。這每一種巧克力，你如今吃的這些美味巧克力棒，都是在30年代問世的……30年代之於巧克力，就像義大利文藝復興時期之於繪畫。」

道德巧克力

伏爾泰在他影響深遠的小說《憨第德》（*Candide*，1759年）中，說巧克力（以及洋紅）是哥倫布從美洲帶回來的物品之一。他認為，巧克力彌補了哥倫布另一項進口物品「梅毒」的負面影響。伏爾泰知道的細節不太正確。帶回可可和洋紅（一種由墨西哥甲蟲製成的紅色染料）的其實並非哥倫布，而是後來的西班牙探險家。（至於梅毒的來源，醫學考古史學家至今仍在爭論。）但伏爾泰在一場關於巧克力、性與道德的爭論中表態，而這場爭論的結果則出人意表。

在歐洲知識分子承認其對巧克力及欲望（從大西洋另一邊的「新世界」來到歐洲的許多物品，包括番茄與馬鈴薯，都被認為與欲望有關）的興趣後，另一股菁英式教化力量，即禁酒運動（temperance movement），也接納了這項新興奢侈品。飲用巧克力被視為是這場聖戰中用以對抗下層百姓喝酒的方法。在茶被引進歐洲前，都市人民的休閒飲品選項並不怎麼理想：水和牛奶可能會受到汙染，因此最安全的日常飲品就是啤酒或烈酒，但這些飲料都有

很明顯的副作用。但茶、咖啡和可可改變了這個狀況。

　　三個貴格教派家族，也就是弗萊氏、朗特里氏（Rowntrees）和吉百利氏掌控了英國的巧克力棒貿易，而他們有一部分都是受到宗教信仰驅動，透過製造業，也就是貴格教派信徒的傳統天賦，來成就更大的利益。他們在19世紀興起的禁酒社群中找到順應時勢的盟友。弗萊氏於1874年推出了「英國勞工的可可」（British Workman's Cocoa），而位於倫敦的艾倫父子巧克力公司（F. Allen & Sons）則是印製了聳動的宣傳圖片，圖片的一邊描繪的是一個快樂、清醒、喝著可可的家庭，另一邊則是一個骯髒房間內有一群悲慘的酒鬼。

巧克力與健康

　　早期飲用巧克力的歐洲人深信巧克力的醫療效益大於其催情助興的效果。如今，可可所含的多酚及抗發炎抗氧化物被視為有益血液和循環系統。研究中美洲飲用可可的民族後發現，飲用者的血壓比當地不喝可可的人低得多。

　　羅伯特・洛克哈特（Robert Lockhart）是一名愛丁堡商人、浸信會教徒，也是絕對禁酒主義者，他在1870年代於英格蘭北部及蘇格蘭開了不供應酒的連鎖英國勞工酒吧（British Workman's Public Houses），後來又將店名改為「洛克哈特的可可屋」（Lockhart's Cocoa Rooms）。這些店供應茶、咖啡、氣泡飲和可可，以及在禁酒請願書上簽名的機會。直到20世紀初，這些可可屋都是城市街景的一項特色。洛克哈特在倫敦開了60間分店，其中一間還有供禁酒人

士使用的會議室，店內供應可可給史密斯菲爾德肉市場（Smithfield Market）裡那些出了名愛喝酒的肉販。

吉百利家族又更進一步。他們就像其他貴格教派的實業家，不僅關心員工的肝臟，更過度干涉他們的道德生活。公司創辦人約翰‧吉百利之子喬治‧吉百利（George Cadbury）在伯明罕市郊的工廠附近買地蓋了一座名為伯恩維爾（Bournville）的「模範村」，這個村名至今仍是吉百利某款巧克力棒的商品名。設立這座模範村的用意在於「消除現代擁擠居住環境的罪惡」，並讓一群心存感激的員工住在工廠附近。房子都有大花園、健康設施、運動場，村里甚至還有一座音樂廳。

1903年一篇關於工廠的報導以讚許的口吻描述工廠鼓勵員工住在附近，還為單身女員工設置了宿舍。所有女性員工（當時一共有2,400名）都穿著白色服裝，從女性專用入口進入廠房。較年輕的女員工一週會上2次體育課。員工的健康和飲食都「經過悉心研究」，員工食堂裡也提供水果。

這位佚名作者宣稱這座大型工廠每個部門裡的「員工表情都很愉快」，而且「一切井然有序，洋溢著歡樂氣氛」。吉百利工廠的工作十分搶手，主要因為吉百利並非在員工完成工作時「按件計酬」，而是如同1903年的這位作者所說，「支付一般員工薪水，足以讓他們過著滿意的生活」。到了1928年，吉百利在伯恩維爾村已經蓋了350間「陽光之家」，並以低於市價的租金出租。某些房舍至今仍由慈善信託機構經營；而村里依舊禁止賣酒。

吉百利的管理風格如今看來雖然略嫌專制和擾人，但當時一般員工所受的待遇或許比吉百利管理階層事後證明的還要好。吉百利家族的最後一位成員於1989年自董事職位退休，而公司也於2010年在一場飽受爭議的收購案中被國際食品公司卡夫集

團（Kraft）併購。雖然卡夫保證不裁員，但併購不到一個月，卡夫便關閉了吉百利的其中一間工廠。此後數年間爆發了一連串的罷工與爭議，卡夫將生產移往歐陸，由卡夫的巧克力事業部億滋（Mondelēz）來生產瑞士三角巧克力（Toblerone）和其他品牌的商品。卡夫於2016年退出吉百利與公平貿易基金會（Fairtrade Foundation）的協定。

奴隸可可

　　雖然吉百利家族在伯明罕做了許多慈善事業，但吉百利創辦人的孫子威廉‧吉百利（William Cadbury）與這個家族對於產線另一端工人的遭遇則沒這麼謹慎。該公司使用的可可大多來自聖多美普林西比（São Tomé and Principe），也就是西非外海的一座葡萄牙殖民島嶼。1901年，有人將島上一座農園的出售廣告拿給威廉‧吉百利看，農園的工人也被當做財產的一部分納入交易。這點並不讓人意外，因為早有多個反奴隸組織對葡屬西非（Portuguese West Africa）的情況提出警告。後來在1905年，追求正義的記者亨利‧尼文森（Henry Nevinson）揭露了有多達4萬名奴工在聖多美普林西比的可可農田裡工作，而且其中大多是兒童。

　　一世紀以前吉百利對於奴隸種植的可可態度搖擺不定，而如今企業對於勞動環境和可可的公開立場也同樣不明確。威廉‧吉百利確實造訪西非，並向葡萄牙殖民官員尋求保證，他說：「如果我非必要地破壞了某種耕作方式，而且是我認為在熱帶地區能提供最佳勞動力的耕作方式，那我會覺得十分遺憾；但與此同時，我們也不想與任何形式的奴隸交易扯上關係。」

　　但吉百利直到1909年才與殖民地切斷關係，當時該公司在英屬

黃金海岸（British Gold Coast），也就是如今的迦納，找到了新的原料來源。科林漢在她的著作《帝國的滋味》中提到有美國巧克力公司介入，承接了吉百利在聖多美的合約。

吉百利的新可可來源是位於英屬黃金海岸的農園。英屬黃金海岸在獨立後更名為迦納，該國與鄰國象牙海岸至今仍是全球6成可可的產地。這些地方以及西非的其他可可農園始終未能擺脫奴隸制度的餘毒，尤其籠罩在壓榨童工的陰影下。在二次大戰期間，英屬殖民地的可可農被迫增加產量報效國家（這些可可都運往美國替英國抵銷戰爭債務）。增加產量卻無法獲取更多利潤，一如既往，就會造成剝削勞工的情況發生。

威廉‧吉百利的觀念「壞工作總好過沒工作」，至今仍是可可公司用來辯解的理由。雖然數十年來有人不斷提倡應給予勞工合理的薪資及付給農民合理的價格，但壓榨的情況依舊持續。2000年紀錄片工作者為英國的第四頻道拍攝被販賣的兒童在象牙海岸的農田裡工作的情況。這些童工大多來自於馬利（Mali），他們唯一的工作報酬是食物，如果想逃跑就會遭到毒打。據說90%的農田都採用童工，他們都在這種條件下工作。

為了促使大家採取行動，2001年各國政府與業界擬定了一份國際公約來終止可可園裡「最惡劣形式的童工勞動」。這項由美國促成的協議，目的在推出各方都支持的「未使用童工奴隸」標籤。但由於沒有決定執行的時間或具體目標，這個以發起協議的美國政治家之名來命名的「哈金安格協議」（Harkin-Engel Protocol）就這樣不了了之。這個協議最後一次被提起，是巧克力產業根據該協議承諾在2015年減少7成童工之時，但後來期限又延至2020年，而這個目標始終沒有達成。

2015年杜蘭大學（Tulane University）所做的一項官方調查顯

示，「單是迦納和象牙海岸的可可園裡就有超過200萬名童工，其中有超過50萬人是在受虐的情況下工作。」這項調查進一步揭露其中150萬名兒童的年齡不到11歲。有一個重大問題就是，這些兒童會接觸到可可生產過程中使用的大量有毒殺蟲劑。

3年後，一篇由美國勞工部委託撰寫的報告表示，隨著可可產量擴增，這些國家的童工人數也跟著增加。報告中提到，有148萬名兒童正在從事「危險工作」，包括使用鋒利器具、搬運重物及接觸有毒化學物質。

你所知道的巧克力品牌大廠是否也使用兒童或奴隸所採收及種植的可可呢？這些公司很難斬釘截鐵地否認這點，因為可可是國際貿易的大宗原物料，而且多數種植者都是小規模農家。要巡查每一座農園對這些公司或農園所在的國家而言都是力有未逮。然而，巧克力和可可產業對於童工議題的反應始終很激烈，因為他們有可能因此蒙受大筆損失，也可能因此獲利。

全球規模數一數二使用可可原料的企業，包括雀巢、瑪氏、吉百利和卡夫，都在2000年代初期加入了公平貿易標籤組織。但這些企業與組織的關係並不穩固，或許因為童工問題的規模太大，要解決這個問題，這些企業必須將更多獲利返還農民。億滋如今就有自家的勞權組織。

此外，雀巢自2020年起不再於奇巧巧克力及其他熱銷巧克力產品的包裝上加印公平貿易標籤。該公司宣布其正在取得雨林聯盟（Rainforest Alliance）認證，該組織更重視永續性而非勞動環境。據瞭解，雀巢公司此舉將導致2.7萬名農民每年減少總計200萬美元的收入，因為這些農民過去都以較高價格與雀巢公司交易。2021年9月，雨林聯盟宣布實施一項新舉措來解決迦納境內可可生產及採金礦相關的童工問題。當地政府也承認這個問題持續惡化。

> 66 消費者明白我們必須改變那個世界。人們不希望自己在享
> 受之餘心懷愧疚：我們知道自己無法獨力實現改變，必須
> 要整個巧克力產業一起努力才行。任何地方販賣的商品都
> 不應該涉及任何形式的非法童工。
> —— 東尼的寂寞巧克力公司（Tony's Chocolonely）發言人恩
> 佐・凡・札頓（Ynzo van Zanten），《食物面面觀》，2021 年 99

　　2021年，8名在象牙海岸的可可園裡當過奴工的馬利兒童做
出一項驚人之舉：他們為自己的遭遇試圖向美國法院提告雀巢、嘉
吉、嘉麗寶（Barry Callebaut）、瑪氏、奧蘭國際（Olam）、好時
和億滋等企業。其中一名兒童在11歲時進入可可園工作，2年工作
期間都沒有領到當初雇主承諾支付的薪資。而他們經歷過的危險包
括了昆蟲咬傷、刀傷，以及在毫無保護措施的情況下接觸殺蟲劑所
造成的傷害。

　　儘管有各種討論和標籤變更，但對於在可可園裡工作的人而
言，情況顯然沒有太大改變。2020年，億滋與公平貿易基金會的聯
合報告指出，象牙海岸與迦納的多數可可農每人每天的收入仍低於
1.5美元，遠低於世界銀行訂定的官方貧窮線。

良善巧克力

　　2010年，我深入獅子山國內陸走訪西非最偏遠的可可園。這座
農園是英國在殖民時期逼迫最貧瘠的殖民地生產可可以供出口所遺
留的產物。這是一個奇特的地方，經過長達10年的內戰後才剛開始
恢復生產。園裡的某些工人已經斷斷續續在這裡工作了40年之久。
我們驚訝也難堪地發現，這些工人都不曾品嘗過巧克力，也就是世

代勞動下的最終成品。因此我坐在一株可可樹下，將巧克力分給可
可工人瓦塔‧娜布（Wata Nabieu）和她三歲的女兒伊瑪（Yema）
吃。這棵樹是娜布的父親在30年前所種。她的父親、兄長和丈夫都
在獅子山國的內戰中身亡。

　　她小心翼翼地拆開巧克力的鋁箔紙包裝咬了一小口。「牛奶、
糖、可可，」她說，然後又吃了一口。「很好吃，」她說出感想，
同時間伊瑪則一邊舔著手指，一邊將融化的巧克力抹在肚子上。

　　我很榮幸能看到這一幕。此時的我真正體會到威利‧旺卡
（Willie Wonka）[1]的感受。但這座可可園裡沒有任何人吃過或甚至
看過巧克力，這點透露出經濟作物及世上較貧窮國家的悲傷真相。
西非的可可加工業者極少，更沒有出口巧克力的製造商。迦納是該
地區相對富裕的國家，每年的巧克力進口額達800萬美元。

> 　　公平貿易組織表示，以一條巧克力而言，可可農的獲
> 利不到售價7%，其餘35%是給製造商，另外44%則是給
> 了零售商。

　　這表示種植可可的人根本享受不到可可經過加工及包裝後的附
加價值。雖然可可需求持續攀升，但農民的收入並未因此增加。以
2020年及2021年的產季而言，迦納政府給農民的可可公定收購價
為每公噸1,837美元，是10年前價格的2/3。

---

1 小說《巧克力冒險工廠》中的天才巧克力製作者，也是巧克力工廠所有人。

　　娜布和她女兒伊瑪在可可樹下吃的那塊巧克力來自非凡巧克力（Divine Chocolate）品牌，該品牌是眾多公平貿易組織之一，而這些組織成立的目的，是為了解決這個全球最喜愛的甜點所引發的殘酷不公貿易問題。非凡巧克力於 1998 年成立，由迦納農民合作社「良善可可農」（Kuapa Kokoo）持有 4 成股分。在多個發展組織的支持下，獅子山國凱內馬區（Kenema）的可可農情況略有改善。這 1,743 位農民於 2000 年共出口了 20 公噸經過公平貿易認證的可可。

　　非凡巧克力的生意越來越好，巧克力銷售至歐洲各地及美國。良善可可農民合作社已經有超過 10 萬名農民加入，其中 1/3 是女性。該組織的主席法蒂瑪・阿里（Fatima Ali）就是女性。這個合作社也針對女性提供教育課程，協助她們提升識字與算術能力。

　　如今有許多品牌在保證公平對待農民的前提下，於歐洲的良善巧克力市場中販賣創意巧克力。這些品牌的保證或許比大廠牌的承諾更可信。也有些人努力與可可產國分享更多巧克力加工業的價值。巧克力師香塔爾・科迪（Chantal Coady）在 1980 年代創立了高級巧克力公司「洛可可」（Rococo）。她便支持某個組織在加勒比海的格瑞那達島（Grenada）上，為經營合作社的 200 個可可農園設立一座太陽能工廠。美國企業超越良善公司（Beyond Good）也在馬達加斯加島設立工廠。2020 年該工廠的巧克力棒產量已達 100 萬根。廠方保證會將產量提高 50%。

市售的寂寞巧克力

　　保障永續性及公平交易的巧克力棒，售價可能高達一般品牌的 2 倍，這表示有消費者喜歡這些商品且願意多花錢購買。近年最讓人開心的新創品牌之一就是「東尼的寂寞巧克力」，這個迪倫最愛

的品牌在歐洲市場產生了實質影響。這個品牌的產品設計兼具傳統與有趣的巧思：一大塊的巧克力上有隨意拼湊的複雜形狀，宛如鋪砌路面，可讓人順著線條剝開享用，而外層則是採用鮮豔原色的紙質包裝。不過這個品牌的宣傳標語倒是很平實：「我們來做百分之百不使用奴工的巧克力吧。要加入我們嗎？」

品牌名裡的東尼指的就是荷蘭電視新聞工作者東尼・凡・德・柯肯（Teun van de Keuken）。他在2002年製作了一個關於迦納可可童工與奴工的節目。他還一度想讓荷蘭檢察官起訴他，因為他在知情的情況下使用了非法生產的物品，也就是一塊品牌大廠生產的普通巧克力。但他並未成功，於是柯肯決定自行生產巧克力，並使用他確信是由合法受僱的工人種植及摘採的可可豆。

東尼的寂寞巧克力（品牌名稱裡的寂寞二字是表示他「孤軍奮戰」爭取可可園裡公平的工作環境）如今在歐洲各地及美國都有販售，是荷蘭最大的巧克力品牌之一，銷售量甚至超越瑪氏和雀巢。柯肯如今雖不再參與經營，但該品牌的發言人，也可說是「巧克力佈道者」，對《食物面面觀》表示這家公司承諾的已不僅僅是「公平交易」和保證價格。

「我們跟一個完全透明的體制合作，」凡・札頓於2020年對《食物面面觀》表示。「我們清楚掌握了可可豆的產地及生產時間，以及這些豆子在價值鏈中的位置。大家對於認證往往多有懷疑，包括良善商品認證、雨林聯盟或公平交易組織的認證等，而且通常會做出一個結論，就是認證根本沒有用。我們認為這些認證雖好，但只是起點。」

其他新聞工作者也善盡職責，仔細檢視了東尼的寂寞巧克力及其主張，結果發現榛果口味巧克力裡的堅果是在土耳其由兒童摘採。公司於是更換了供應商。這家公司也因其主張供應鏈未使用奴

工而遭另一家巧克力公司提告，結果是東尼勝訴。

但在2022年初，有人揭露曾有1,701名兒童於2021年在該公司迦納和象牙海岸的供應鏈中非法工作，高於2020年的387人。這項事實其實是東尼的寂寞巧克力在年報中自行揭露，這個行為值得稱許。該公司表示：「在您大肆批判之前，請瞭解一點：在供應鏈中找出童工個案表示改變正在發生。我們要找出這些兒童……只有這樣做才能與這些家庭一同解決問題。」

當然，主要問題始終都出在貧窮。不同於公平交易巧克力產業中的多數品牌，東尼的寂寞巧克力確實詳細說明了農民從巧克力零售價中可以分到多少利潤：「超過9.2%。」該品牌的原味巧克力、32%可可含量巧克力和牛奶巧克力，在英國超市的售價約為「牛奶巧克力」售價的2倍。

苦澀的巧克力

到了2022年，認證制度和大企業顯然仍不足以確保消費者所吃的巧克力是在公平環境中生產。食品中是否還有其他方面是即使消費者針對道德爭議提出抗議也沒什麼實際效果的？2021年象牙海岸的農民威脅要退出永續性計畫，因為買家再度未依照協議價格或國際巧克力企業承諾的價格支付費用。

自古至今，可可貿易以及仰賴可可為生的人的問題核心，始終在於他們無法將透過巧克力取得的財富運用於改善供應鏈中最貧困者的生活，讓他們過得跟最富裕者一樣好。這個貧富差異數十年來經過研究、討論、抗議，卻始終懸而未決。企業依舊拿走了大部分利潤，而可可農依舊陷於貧困之中。本書最後，在我們思索這些食物如何持續形塑全球經濟及人類的生活之際，你或許得出了一個結

論，就是我們必須將這些不公義和不平等視為文明及品嘗食物的一部分。

那8名試圖控告跨國巧克力企業縱容奴隸制度的馬利可可工人，發現他們控告美國企業使用奴工生產巧克力的案子，已經在2021年底被美國最高法庭駁回，但他們仍繼續尋求法律途徑制止美國企業在國外的非法行為。從人們首次揭露西非的情況至今已經過了120年，但我們對巧克力的欲望仍持續與我們的罪惡一同膨脹。

謝詞

感謝 Jenny Brown、Ruth Burnett、希拉·迪倫、Liz Marvin、Adam Renton、Mimi Spencer、Nell Warner，以及 BBC 廣播四台《食物面面觀》節目過去、現在所有的工作人員及撰稿人。

參考書目

Banana: The Fate of the Fruit That Changed the World, Dan Koeppel (Hudson Street Press, 2007)

English Food, Jane Grigson (Penguin, 1992)

Hungry City: How Food Changes Our Lives Carolyn Steel (Chatto & Windus, 2018)

Mrs Beeton's Everyday Cookery, Isabella Beeton (1890)

Much Depends on Dinner, Margaret Visser (Grove, 2010)

On Food and Cooking: the Science and Lore of the Kitchen (revised), Harold McGee (Scribner, NY, 2004)

Planet Chicken: The Shameful Story of the Bird on your Plate, Hattie Ellis (Sceptre, 2007)

Plucked! Maryn McKenna (Little, Brown, 2017)

Sitopia: How Food Can Change the World, Carolyn Steel (Chatto & Windus, 2020)

Swindled: From Poison Sweets to Counterfeit Coffee, Bee Wilson (John Murray and Princeton University Press, 2008)

The Hungry Empire, Lizzie Collingham (Penguin, 2007)

The Way We Eat Now: Strategies for Eating in a World of Change, Bee Wilson (HarperCollins, 2019)

在BBC Sounds平台上可收聽到《食物面面觀》製播43年來的許多集節目。

附錄

　　BBC的《今日農業》與《食物面面觀》節目於2000年設立BBC食品暨農業大獎，以「表彰對推廣優質食品有卓越貢獻的業者」。以下是20年來一些榮獲砧板獎（Chopping Board Prize）的食品製造商、零售商和餐飲服務業者。

2000 Eastbrook Farm, organic meat producers, Wiltshire; Neal's Yard Dairy, London; Bristol Cancer Help Centre, Bristol for catering; Henrietta Green, local food advocate; The Scottish Community Diet Project.

2001 Pam and Nick Rodway, organic fruit farmers, Moray; Steve Morgan, Bedford Hospital NHS Trust, Bedfordshire for catering; James Aldridge, pioneering artisan cheesemaker.

2002 Jeff and Chris Reade, Isle of Mull Cheese; Chris Williams, Treloar College for catering, Hampshire; Joe and Hazel Relph of Yew Trew Farm, traditional breed meat farmers, Cumbria; Toby and Louise Tobin-Dougan, St Martin's Bakery, Isles of Scilly.

2003 Yeo Valley dairy; Lochinver Larder, pie shop, Assynt; Tebay Services, Cumbria; Booth's supermarkets; Thompson Brothers, horticulturalists, Surrey.

2004 Roskilly's of Tregellast, dairy farm, Cornwall; Bondgate Bakery, West Yorkshire; ASDA supermarkets; The Seaforth Chippy, Ullapool; Riverford Organic Vegetables, Devon; 'Dinner laddies' Ron Mackenzie at Darlington Memorial Hospital and Ian Woodhouse at Stoke-on-Trent Civic Centre for catering.

2005 John Cottrell, dairy farmer, Somerset; Mettrick's Butchers, Glossop; Waitrose supermarkets; 'Dinner laddy' Al Crisci MBE, HM Prison High Down, Surrey for catering; Peter Barfoot of Barfoots of Botley, vegetable farmer, West Sussex.

2006 Iain Sprink, fish smoker, Arbroath; Northern Harvest veg box deliveries, Warrington (closed 2020); Marks & Spencer supermarkets; Zest, Milton Road Primary and Gerard Rogers of St Luke's School, Southsea for catering; David and Wilma Finlay, dairy farmers, Dumfries & Galloway.

2007 Peter and Henrietta Greig of Pipers Farm, meat and dairy farmers, Devon; Latimers Seafood, fishmonger, Tyne and Wear; Hugh MacLennan, Ruislip High Secondary School, London for catering; Wirral Farmers' Market, New Ferry; Robert Wilson of Scotherbs, Dundee.

2008 Calon Wen, dairy co-op, Carmarthenshire; Conrad Davies's Spar Store, Pwllheli; Unicorn Grocery, Manchester; Nick Copson, Teesdale School, Co. Durham for catering; Bury Market, Bury; Adam's Fish and Chips, St Martin's, Isles of Scilly; Mary Mead, dairy farmer and co-founder of Yeo Valley, Somerset.

2009 Trealy Farm Charcuterie, Monmouth; A. Ryan of Wenlock, butchers and piemakers; Growfair Pride of Cornwall, fruit and veg wholesale (now Total Produce); John Rankin, Penair Secondary School, Truro for catering; The Goods Shed market, Canterbury; Thali Cafe, Bristol; Andrew Dennis, Woodlands Organic Farm, Boston.

2010 Alex Gooch, baker, Hereford; Darts Farm Shop, Exeter; Sainsbury's carbon footprint initiative; Bob Davies, Easingwold Secondary School, York for catering; Richard Lutwyche, traditional meat breeder; Jonathan Birchall, Pilkington Farms, Hitchin; Richard Bertinet, baker, Bath.

2011 Loch Arthur Camphill Community creamery, Dumfries;

Brockweir and Hewelsfield Village Shop, Chepstow; True Food Community Co-op, Reading; Wayne Wright, Harper Adams University College, Newport for catering; Brighton Smokehouse, Brighton; Food for Life partnership, Bristol.

2012 Pump Street Bakery, Suffolk; Westcombe Dairy, Evercreech, Somerset; Eurospar shop, Dolgellau; Growing Communities organic farms, East London; Lyndsey Anderson, Excelsior Academy, Newcastle-upon-Tyne for catering; Sutton Bonington farmers' market; Mike Duckett, former head of catering at Royal Brompton Hospital, London; Guy Watson, Riverford Organic.

2014 Gigha Halibut, Isle of Gigha; Edge & Son, butcher, Wirral; Feeding the 5,000 food waste initiative; Aberystwyth Farmers' Market, Ceredigion; The Pembrokeshire Beach Food Company, Pembrokeshire; Neil Darwent, Free Range Dairy, Frome; Elizabeth Carruthers, Head of Redcliffe Children's Centre.

2015 Doddington Dairy, Northumberland; The Food Assembly, local food direct buying initiative; Liverpool 8 Superstore, Liverpool; Doncaster Market, Doncaster; Hang Fire Smokehouse, Cardiff; Randolph Hodgson, Neal's Yard Dairy; Steve Griffiths, community vegetable gardener, Bristol; Joan Bomford, farmer, Worcestershire.

2016 Charcutier Ltd, Carmarthenshire; The Almeley Food Shop, Herefordshire; Our Cow Molly, dairy farm, Sheffield; Dee Woods, Granville Community Kitchen, Kilburn, London; St Dogmaels local producers' market, Pembrokeshire; Gourmet Goat, London; Julia Evans, farmer and educator, Worcestershire.

2017 Hodmedod's, grain and pulse producer, Suffolk; Unicorn Grocery, Manchester; Growing Underground, city farm underneath Clapham, London; Patrick Holden, farmer and eco-activist; Vicky Furling, farmer, Northumberland; MagMeal by AgriProtein, South Africa; Seafood Shack, Ullapool.

2018 Small Food Bakery, Nottingham; Peace and Loaf Bakehouse, Barrow-in-Furness; Hands Free Hectare, experimental automated farm, Shropshire; Manjit's Kitchen, Leeds; Peter Hannan, meat producer, Northern Ireland; Aimee and Kirsty Budge, farmers, Shetland; Jose Andres, founder of World Central Kitchen.

2019 The Cornish Duck Company, Fowey; Squash community cafe, Liverpool; Mossgiel Farm, organic dairy farm and shop, Ayrshire; Liberty Kitchen, London; Helen and Nigel Dunn, farmers and fosterers, Devon; Iain Broadley and Ally Jaffe, nutrition and health educators; Akshaya Patra Foundation, school meals project, India.

2021 The Black Pig, butcher, Deal; Food Circle York, farmers' and growers' market; Waitrose/Scotland's Rural College's animal welfare project; Lucy Antal, food and environment campaigner, Liverpool; Greidy's Wings & Strips, Birmingham; Jessica Langton, dairy farmer, Derbyshire; Scotland the Bread's Flour to the People initiative; Gabriella D'Cruz, conservationist and seaweed farmer, India.

ViewPoint 114

形塑世界的 13 種食物：飢餓如何改變人類的
過去、現在與未來

作者——亞歷克斯‧倫頓（Alex Renton）
譯者——林佩蓉、方淑惠
企劃選書——羅珮芳
責任編輯——羅珮芳
版權——吳亭儀、江欣瑜
行銷業務——周佑潔、賴正祐、賴玉嵐
總編輯——黃靖卉
總經理——彭之琬
事業群總經理——黃淑貞

發行人——何飛鵬
法律顧問——元禾法律事務所王子文律師
出版——商周出版
台北市 104 民生東路二段 141 號 9 樓
電話：(02) 25007008・傳真：(02)25007759
發行——英屬蓋曼群島商家庭傳媒股份有限公司城邦分公司
台北市中山區民生東路二段 141 號 2 樓
書虫客服服務專線：02-25007718；25007719
服務時間：週一至週五上午 09:30-12:00；下午 13:30-17:00
24 小時傳真專線：02-25001990；25001991
劃撥帳號：19863813；戶名：書虫股份有限公司
讀者服務信箱：service@readingclub.com.tw
城邦讀書花園：www.cite.com.tw
香港發行所——城邦（香港）出版集團
香港灣仔駱克道 193 號東超商業中心 1F
電話：(852) 25086231・傳真：(852) 25789337
E-mail: hkcite@biznetvigator.com
馬新發行所——城邦（馬新）出版集團【Cite (M) Sdn Bhd】
41, Jalan Radin Anum, Bandar Baru Sri Petaling,
57000 Kuala Lumpur, Malaysia.
電話：(603) 90563833・傳真：(603) 90576622
Email: service@cite.com.my

封面設計——徐璽設計工作室
內頁排版——陳健美
印刷——卡樂彩色製版印刷有限公司
經銷——聯合發行股份有限公司
電話：(02)2917-8022・傳真：(02)2911-0053
地址：新北市 231 新店區寶橋路 235 巷 6 弄 6 號 2 樓

初版——2023 年 6 月 6 日初版
定價——480 元
ISBN——978-626-318-701-6

國家圖書館出版品預行編目 (CIP) 資料

形塑世界的 13 種食物：飢餓如何改變人類的過去、現
在與未來／亞歷克斯‧倫頓（Alex Renton）著；林佩蓉、
方淑惠譯 . -- 初版 . -- 臺北市：商周出版：英屬蓋曼群島
商家庭傳媒股份有限公司城邦分公司發行，2023.06
　　面；　公分 . --（ViewPint；114）
譯自：The food programme: 13 foods that shape our world:
how our hunger has changed the past, present and future
ISBN 978-626-318-701-6（平裝）

1.CST：飲食風俗 2.CST：食物 3.CST：歷史

538.71　　　　　　　　　　　　　　112007190

（缺頁、破損或裝訂錯誤，請寄回本公司更換）
版權所有・翻印必究　　Printed in Taiwan

Copyright © Alex Renton, 2022
Foreword © Sheila Dillon, 2022
First published as 13 Foods that Shape Our World: How Our Hunger
has Changed the Past, Present and Future in 2022 by BBC Books, an
imprint of Ebury Publishing. Ebury Publishing is part of the Penguin
Random House group of companies.
This book is published to accompany the radio series entitled *The Food
Programme* Broadcast on BBC Radio 4.
Complex Chinese translation copyright © 2023 by Business Weekly
Publications, a division of Cite Publishing Ltd.
ALL RIGHTS RESERVED

 商周出版

| 廣　告　回　函 |
| 北區郵政管理登記證 |
| 北臺字第000791號 |
| 郵資已付，免貼郵票 |

104　台北市民生東路二段141號2樓

英屬蓋曼群島商家庭傳媒股份有限公司城邦分公司　收

- -

請沿虛線對摺，謝謝！

 商周出版

書號：BU3114　　書名：形塑世界的13種食物　　編號：

讀者回函卡

線上版讀者回函

感謝您購買我們出版的書籍！請費心填寫此回函卡，我們將不定期寄上城邦集團最新的出版訊息。

姓名：_____ 性別：□男 □女

生日：西元_____年_____月_____日

地址：_____

聯絡電話：_____ 傳真：_____

E-mail：

學歷：□ 1. 小學 □ 2. 國中 □ 3. 高中 □ 4. 大學 □ 5. 研究所以上

職業：□ 1. 學生 □ 2. 軍公教 □ 3. 服務 □ 4. 金融 □ 5. 製造 □ 6. 資訊

　　　□ 7. 傳播 □ 8. 自由業 □ 9. 農漁牧 □ 10. 家管 □ 11. 退休

　　　□ 12. 其他_____

您從何種方式得知本書消息？

　　　□ 1. 書店 □ 2. 網路 □ 3. 報紙 □ 4. 雜誌 □ 5. 廣播 □ 6. 電視

　　　□ 7. 親友推薦 □ 8. 其他_____

您通常以何種方式購書？

　　　□ 1. 書店 □ 2. 網路 □ 3. 傳真訂購 □ 4. 郵局劃撥 □ 5. 其他_____

您喜歡閱讀那些類別的書籍？

　　　□ 1. 財經商業 □ 2. 自然科學 □ 3. 歷史 □ 4. 法律 □ 5. 文學

　　　□ 6. 休閒旅遊 □ 7. 小說 □ 8. 人物傳記 □ 9. 生活、勵志 □ 10. 其他

對我們的建議：_____

_____

_____

【為提供訂購、行銷、客戶管理或其他合於營業登記項目或章程所定業務之目的，城邦出版人集團（即英屬蓋曼群島商家庭傳媒（股）公司城邦分公司、城邦文化事業（股）公司），於本集團之營運期間及地區內，將以電郵、傳真、電話、簡訊、郵寄或其他公告方式利用您提供的資料（資料類別：C001、C002、C003、C011 等）。利用對象除本集團外，亦可能包括相關服務的協力機構。如您有依個資法第三條其他服務之處，得致電本公司客服中心電話 02-25007718 請求協助。相關資料如為非必要項目，不提供亦不影響您的權益。】
1.C001 辨識個人者：如消費者之姓名、地址、電子郵件等資訊。　　　2.C002 辨識財務者：如信用卡或轉帳帳戶資訊。
3.C003 政府資料中之辨識者：如身分證字號或護照號碼（外國人）。　　4.C011 個人描述：如性別、國籍、出生年月日。